D0765385

# A E
# & I

# Tierra roja
La novela de Lázaro Cárdenas

Autores Españoles e Iberoamericanos

# Pedro Ángel Palou

# Tierra roja

## La novela de Lázaro Cárdenas

 Planeta

Diseño de portada: Alma Núñez y Miguel Ángel Chávez / Grupo Pictograma Ilustradores

Investigación iconográfica: Luis Arturo Salmerón
Fotografías de páginas interiores reproducidas con autorización de:
Centro de Estudios de Historia de México CARSO Fundación Carlos Slim, A.C./
Cd. de México: p. 17
Sinafo/Secretaría de Cultura/INAH/Mex.: pp. 57, 71, 101, 115, 173, 259, 293
Getty Images: pp. 41, 87, 135, 155, 191, 207, 225, 241, 277, 309, 323, 341

Parte de este libro se escribió con una beca del Sistema Nacional de Creadores de Arte.

Primera edición: septiembre de 2016
ISBN: 978-607-07-3610-0

Impreso en los talleres de Litográfica Ingramex, S.A. de C.V.
Centeno núm. 162-1, colonia Granjas Esmeralda, Ciudad de México
Impreso y hecho en México – *Printed and made in Mexico*

*Para Ignacio Padilla, siempre en presente*

Tierra roja, tierra virgen impregnada de la sangre más generosa, tierra donde la vida del hombre no tiene precio, siempre dispuesta, como el maguey que la expresa hasta donde la vista alcanza, a consumirse en una flor de deseo y de peligro. Queda al menos en el mundo un país donde el viento de liberación no ha amainado.

ANDRÉ BRETON

¿Qué es lo que comienzo a comprender? Esto: que cuando se entra en contacto directo con la historia y de pronto se encuentra uno en el remolino, la historia desaparece de nuestra vida y no sabemos verla ni nos damos cuenta de que la estamos haciendo (cada quien a su medida y a su modo). Los acontecimientos, las tareas, las gentes, las relaciones, tienen más o menos la misma vulgaridad de siempre... Pues bien, esto, todo esto, es la historia; así es la forma en que se presenta siempre... Así se presentan los procesos, en la vida real y práctica, por más grandes que sean, pero son la historia, el devenir que nos trae de un lado para otro, como al azar, gratuita y tontamente, porque todos somos multitud, masa, fuerza histórica, al margen de la importancia del papel personal que desempeñemos en el proceso, grande o pequeño y también sin darnos cuenta. (Por supuesto no me refiero a la conciencia histórica y política de los hechos, sino a la fatigosamente antiheroica y minúscula vida diaria.) ¿Por qué estamos todos trabajando como locos y en muchos casos sin necesidad o con un gasto inútil de energía? Porque la historia está obrando sobre todos nosotros y el proceso no sabe discriminar lo congruente, lo racional, lo sistemático y útil, de lo incongruente, de lo ineficaz, de lo absurdo, en los casos individuales que participan dentro del impulso.

José Revueltas, *Diario de Cuba*

# ANTES

1932

Solo la lanza que causó la herida puede curarla.

WAGNER, *PARSIFAL*

# I

## El general lee *La sombra del caudillo*

Un muchacho camina. Apenas un chamaco, se esconde entre los matorrales, detrás de los escasos árboles. Uno tras otro, enjutos, proyectan su sombra larguísima en la tierra ardiente. No fue buena idea salir al alba, pero temía por su vida. Ahora teme por su sombra, por eso se oculta al llegar a cada árbol, para que la sombra, que lo persigue, desaparezca. Dos horas atrás confundió a un espantapájaros con un jornalero y estuvo a punto de orinarse en los pantalones. Tardó unos instantes en percatarse de la confusión y luego anduvo más aprisa, sudoroso y jadeante, jugando a escapar de su sombra hasta que el sonido lejano de un riachuelo lo desvió de su camino. Bebió agua tan deprisa que el abdomen comenzó a dolerle y solo entonces, contrito por el dolor, se permitió descansar, sentarse en la tierra, poner una pausa en su huida. Ha reanudado la marcha, sin darse cuenta de su propio cansancio. No es la primera vez que tiene que salir así de Jiquilpan, por piernas. Esta vez, sin embargo, cree que su destino será el pelotón de fusilamiento. Se ve ya con los ojos vendados, cayendo al polvo, gris, frente a un muro apenas cubierto con cal. Pero no es eso lo que se había imaginado para sí tiempo atrás cuando escribió en su diario casi infantil, como si otra mano detrás de la suya dictara las palabras:

Creo que para algo nací. Para algo he de ser. Vivo siempre fijo en la idea de que he de conquistar fama. ¿De qué modo? No lo sé. Soñaba una noche que andaba por las montañas con una numerosa tropa libertando a la patria del yugo que la oprimía. ¿Acaso se realizará esto?

Puede ser. De escribiente jamás lo lograré, pues en este puesto no se presentan hechos de admiración. ¿De qué pues lograré esta fama que tanto sueño? Tan solo de libertador de la patria. El tiempo me lo dirá.

El tiempo atina solo a decirle que quizá morirá antes de alcanzar fama alguna. Si sus escasas dotes de escribiente le consiguieron entrar a la Revolución, ahora todo parece estar llegando a su fin. Para él y para el país que soñaba liberar en ese apunte de junio de 1912. Desde muy pequeño ha sentido que solo lo que queda escrito ha tenido lugar, por eso lleva ese diario donde registra de un plumazo lo que le va ocurriendo, como un notario o un contable. No es momento, sin embargo, de escribir nada. ¿Logrará huir de sus perseguidores? Esa es la única pregunta que lo mueve en el momento en el que se levanta del suelo, con la sed saciada, y piensa por vez primera con la cabeza fría hacia dónde debe dirigir sus pasos para salir bien librado de esta nueva fuga.

A lo lejos el fuego. Se percata de ello por los intensos nubarrones de humo. Por la lejanía seguramente se trata de la hacienda de Guaracha, cerca de Jiquilpan. ¿Estarán los federales quemándolo todo? Piensa entonces que lo mismo puede ocurrir con la casa de su madre, con sus hermanas dentro. Lo curioso del fuego, tan lejos, es que no huele, pero igual asusta. Una hilera de huizaches, pródiga, vuelve a esconder su sombra delatora. En aquella primera escapada, al día siguiente estaba en el rancho de su tío, La Concha. Así le dice su madre, el rancho de su tío, pero no es suyo, él solo lo administra. Ha trabajado desde la muerte de su padre, primero como meritorio en la oficina de pagos del ayuntamiento y luego como aprendiz de impresor. Se hizo socio del lugar cuando el dueño tuvo que venderlo y allí imprimió una proclama revolucionaria que él mismo —hace tanto y hace tan poco— llevó a Guaracha. Pero la guerra tiene sus reveses y los alzados fueron vencidos y él huyó en aquella ocasión, diciéndole a su madre que se iba con su tío para alistarse con las fuerzas del general García Aragón. El revolucionario lo tomó a sus órdenes como secretario porque el suyo propio había ido a hacer unas diligencias a la Ciudad de México y le gustó su letra izquierdilla; le dio grado de capitán. Para poder alistarse con los *bandidos* tuvo que mentirle a su madre, Felicitas, y escaparse de su tío. Lo prendieron en Jiquilpan, pero logró fugarse saltando bardas con la complicidad de dos amigos: los hermanos Medina. Esta zona es huertista y lo pueden prender y fusilar. ¡Cuánto miedo da tener miedo!

Hace tiempo que los recuerdos le vienen así, sin decir agua va. Está sentado leyendo el periódico y le aparece una escena de su juventud, completa. Puede oler, puede oír y hasta sentir cada imagen de su memoria. Percibe la hierba, el olor a mojado de la tierra, como si el tiempo no hubiese pasado. Pero ya son muchos años desde que aquel muchacho de diecisiete saliera a pelear la Revolución. Pudo escapar en aquella vez y se fue para Guadalajara donde ya había estado pero de incógnito, como acomodador de botellas en una cantina, La Perla. No se iba a seguir escondiendo, al contrario. Con su rango de capitán segundo se iba a alistar. Algo de la aventura le picaba con su comezón de incertidumbre. ¿O sería la cercanía de la muerte? Dos meses después de haberse ido con los *bandidos* de García Aragón aprendió el sabor de la derrota militar. Un general huertista de singular nombre, Rodrigo Paliza, casi acaba con su batallón y él tuvo que salir pitando en las ancas de un caballo. La guerra enseña a punta de madrazos y de heridas si se tiene la suerte de salir vivo. Uno de los lugartenientes de su general García Aragón, Zúñiga, lo toma de nuevo. No le gustaban sus formas. Aún tiene presente cuando iba a fusilar a un cura y fue preguntado por la causa del castigo: «Por bonito y por cabrón», se limitó a sentenciar. En la guerra hay también muchas injusticias, quizá porque no hay tiempo para pensar o quizá porque las batallas sacan también lo peor de los hombres. El muchacho asustadizo que huía de su tierra había aprendido, y rápido. Para el 8 de julio de 1914 ya está bajo las órdenes de Lucio Blanco y comanda el 22º Regimiento de la división de caballería del Ejército del Noreste. Se bate contra las fuerzas de José María Mier en Atequiza. Luego se va con las fuerzas obregonistas a la Ciudad de México, encargado de contener a los zapatistas. Lo nombran mayor pero se queda huérfano. Lo piensa ahora que pasa revista a esos años de formación: nunca tuvo padre. Desde la muerte de don Dámaso él hizo las veces de papá de sus hermanos y se encargó de llevar dinero a la casa —magro esfuerzo que su madre paliaba cosiendo ajeno—. A Eugenio Zúñiga se lo matan a puñaladas de marrazos por un pleito absurdo y a su general Guillermo García Aragón, con su hermosa barba de candado, lo ajustician por órdenes de Zapata en la Escuela de Tiro. Vienen otros oficiales a dar órdenes, pero ya no es lo mismo. Además el río anda muy revuelto y sus superiores se incorporan al ejército de Maytorena. No le gusta nada Villa —le parece impulsivo, casi animal— y decide pasarse con todos los elementos de guerra al bando carrancista que ha roto con la Convención de Aguascalientes.

Así, sin padre, llega a Agua Prieta. Dos años ha estado metido en la contienda. Es un 28 de marzo. Lo ha apuntado, como siempre, en su diario. El general Calles le da la mano y lo recibe con cariño. Allí están Francisco Serrano y Adolfo de la Huerta. Lo mandan a combatir a Anivácachi y al mando de medio millar de hombres gana la batalla y desplaza al enemigo. Toma Naco y prohíbe el alcohol. Calles le regala su caballo. Es todo valentía, todo bravura. Algo nuevo ha nacido en él con el triunfo militar. En Santa Bárbara resiste el ataque de ochocientos hombres. Tres días de balas y sin víveres. Lo nombran coronel. «Se lo merece, chamaco», le dice Calles y le encarga el primer sector en la defensa de Agua Prieta. El 6 de noviembre, después de haber conseguido hacerse de un cañoncito dejado por los villistas, conoce a Álvaro Obregón. Calles lo presenta como un jefe muy bravo. Pide permiso para ir a ver a su madre enferma en Jiquilpan. Regresa a su pueblo como un héroe, ya no como un forajido. Felícitas está rezando el rosario cuando él llega. Se la lleva a Guadalajara para que la atiendan y se trae consigo a sus hermanos como parte de su Estado Mayor. Se está en Sonora, junto a Calles, pero lo manda a combatir a Villa. Le hubiese gustado tanto quedarse a ver cómo la Revolución, cuando no es lucha a muerte, sirve para algo; su nuevo jefe está empeñado en reformarlo todo. El Centauro del Norte, como se hace llamar, ha tomado Columbus en Estados Unidos y luego se ha vuelto a esconder en la sierra de Chihuahua.

Cuando por fin le es dado regresar a Michoacán para combatir a Jesús Cíntora, a José Altamirano y a Inés Chávez García, esos sí verdaderos bandidos que tienen asolada a su tierra, pasa a Guadalajara a saludar a su madre. Está agonizando. Muere al día siguiente. Su hermana Angelina la cuidaba, a ella y a Alicia. Porque ha tenido una hija con una mujer en el norte y se la ha traído un año antes con su familia, para que la eduquen. Ahora la niña se ha quedado sin abuela y él sin madre. Apenas tuvo aliento para esperar su llegada, escribe desesperado en el diario esa tarde. Con su precisión notarial apunta: «Mi madre murió el 21 de junio de 1918, en la ciudad de Guadalajara, en la casa no. 70 de la calle Morelos», como si esos datos borraran la tristeza. Dos meses estuvo muriéndose y él sin poder ir a verla, mientras le hacía campaña a Villa y Maytorena. Ha detenido a su Columna Expedicionaria de Sonora en Guadalajara para verla morir y enterrarla. Felícitas logra aconsejarle: «Cuida de tu chiquita Alicia».

En la Huasteca permanece como jefe de Operaciones Militares. La Revolución lo ha curtido. Se suma al Plan de Agua Prieta y desconoce a Carranza. Es 20 de mayo de 1920 y la columna del viejo presidente pasará por su zona. Siente que debe capturar al presidente. El Espinal se ha salido de cauce y no puede cruzarlo por dos días. Carranza ha muerto y Calles le pide que escolte al general Herrero a la Ciudad de México para que rinda cuentas por lo ocurrido en Tlaxcalantongo. Tiene veinticinco años y ya es general brigadier. Han pasado ocho años de guerra y está harto de las balas. Quisiera regresar a Jiquilpan e iniciar un negocio. Licenciarse del ejército. La vida tiene otros planes para él, quizá porque la vida no es muy seria en sus cosas. Lo nombran gobernador interino y jefe de Operaciones Militares en Michoacán. Una tarde, saliendo de una cantina, se le acerca el general Francisco J. Múgica, que contiende a la gubernatura. Lo increpa: «Usted representa a la Revolución, no me explico cómo es posible que venga a beber y ande de parranda». Está a punto de pegarle al chaparrito, pero recapacita. La ira se convierte en pena y atina a pronunciar una disculpa. No volverá a beber, aunque sigan otros años de anarquía amorosa y vengan otras varias mujeres como la madre de Alicia. Le quedan ciertos vicios.

En 1922 salva la vida de Múgica, a quien Obregón crípticamente había pedido eliminar: «Suyo de hoy —le llega el telegrama de Obregón al tren—, enterado que el general Francisco J. Múgica fue muerto al pretender ser libertado por sus captores». Mejor aparentar que nunca se leyó la misiva, dejarlo escapar. Todos luchan contra todos. ¿Es ese el destino de cualquier revolución? Se matan entre sí, con ansia de poder. Eliminar contendientes es una especie de deporte. En 1923, «Granito de Oro Buelna», sin embargo, le enseña que entre los enemigos hay también hombres de ley. El 26 de diciembre se batió con él en Huejotitán. Dos mil hombres en cada bando: Buelna por los delahuertistas, él a las órdenes de Obregón. La necedad. La bravura sin razón. No lo sabe. Solo que no le hizo caso al general Paulino Navarro de tocar parlamento. Navarro murió y él resultó herido de gravedad. Buelna lo mandó a un hospital de Guadalajara, medio desangrado. Las mujeres devotas de su pueblo organizan rezos y rogativas públicas para que resucite, haciendo honor a su nombre. Y no al tercer día, pero pudo levantarse para seguir peleando, de nuevo en las Huastecas y el Istmo a causa de la nueva Ley de Petróleo de su maestro Calles. Porque la vida no es muy seria en sus cosas, ya lo decíamos, la suerte le lleva al mismo sitio donde ahora reside, Tuxpan, a Múgica. Vendrán los años de lecturas —el general y Luis Cabrera están allí porque han conseguido una pequeña concesión petrolera—. Su jefe de Estado Mayor, Manuel Ávila Camacho, también se incorpora a la tertulia y lleva otros libros sobre la Revolución francesa, que admira. Son meses de discusión y de planes. Él no tolera más muertes y rupturas. ¿Cuándo terminará la guerra y se construirá país? Es ya general de división. Siempre se referirá a esos meses como los de «Tuxpan de los ideales».

Esas preguntas la vida te hace contestarlas con encomiendas precisas. Se convierte en gobernador de Michoacán. Va y viene de ese cargo a otros para los que pide licencia —el recién formado partido, la Secretaría de Gobernación con Ortiz Rubio, a quien llaman sus malquerientes «Nopalito», por baboso—, intenta hacer como su general Calles en Sonora —y en sus primeros dos años con el país—: *reformarlo* todo. Para eso se tiene el poder, es lo único que lo hace legítimo, piensa. Le toca seguir en pie de guerra, combatiendo escobaristas. Pero cuando vuelve a Michoacán supervisa las obras que ha encomendado al hermano, Dámaso. Lo enorgullece la creación de su Confederación Michoacana del Trabajo. Le place ir derrotando *cristeros* sin derramar más sangre. Repartir tierras. ¡Para qué la Constitución del 17 si no para cumplirse! Y llega allí el amor, también. Una joven de Tacámbaro, Amalia Solórzano, a quien conoció en 1928 cuando estaba de gira para la gubernatura. Quería casarse con ella antes de tomar posesión, pero la familia lo impidió. Se la llevaron a Puebla y luego a la Ciudad de México con las monjas. Medio a escondidas fueron novios cuatro años y meses. El tiempo que duró la gubernatura, con sus idas y venidas. La iba a ver a caballo a su rancho El Ciprés cuando regresaba de vacaciones y hasta al Colegio Tacuba en la Ciudad de México, cuando estaba en clases. Las monjas nunca la dejaban a solas con él. Todos los días le escribía una carta, sin faltar.

Es un tiempo horrible, y es una gran época, no se la perdería por nada del mundo. Eso piensa el general al doblar el periódico que ha leído mientras el chofer, un cabo, lo conduce en el Packard a su casa en Pátzcuaro, que llama Quinta Eréndira. Demasiados años han pasado y el aún intenta recordar las palabras que le dijo su madre al despedirse de él, cuando decidió irse a la Revolución. Ha cambiado dentro de su cabeza la frase tantas veces que ha terminado por no creérsela. Con recelo, al apearse del auto, ve llegar a su memoria la dulce voz que le murmura al oído, mientras lo persigna: «Lázaro, tú no seas como ellos». ¿Lo ha logrado? Ha estado leyendo *La sombra del caudillo*, le han traído de España un ejemplar de la novela. Aunque no diga nombres es claro que el autor habla del asesinato de Francisco Serrano y los suyos en Huitzilac. Es atroz. Porque atroz ha sido la lucha encarnizada que lleva ya veintidós años desde que se iniciara la Revolución. Es absurdo seguirse matando. ¿Cuántos que han roto con el caudillo de carne y hueso, no el de la novela, han podido seguir vivos? Adolfo de la Huerta, a quien tanto estima, da clases de música en Texas. Cientos viven, como Luis Guzmán, en el exilio por su ideas. Eso no es paz. «O nosotros le madrugamos bien al caudillo o el caudillo nos madruga a nosotros; en estos casos triunfan siempre los de la iniciativa. El que primero dispara, primero mata. La política de México, política de pistola, solo conjuga un verbo: madrugar.» Ha subrayado esa frase, tan cierta y tan terrible. A él mismo le ha tocado aplacar a varios *madrugadores* por órdenes del caudillo. ¿Hasta cuándo será posible vivir felices todas las patrias?

Le han traído el periódico de la capital, *El Nacional*. Es el 6 de abril de 1932. El último mes ha estado lleno de viajes, de insinuaciones, de intrigas. El presidente Abelardo Rodríguez lo ha invitado a Cuyutlán, en compañía de Calles y del general Amaro. Luego se ha seguido con Calles a Guadalajara a la protesta del gobernador. Ha ido a Chapala a la finca de Amaro a seguir hablando con Calles. El llamado *Jefe Máximo* sigue dictando la lección, como cuando era maestro en Guaymas. Ya se están moviendo las fichas para suceder al presidente interino. Muchos piensan en él. El hijo del general Calles ha empezado a convencer a gobernadores en su favor. Otros muchos piensan en Manuel Pérez Treviño o en el propio Amaro. Mejor estarse quieto. Por eso ha ido por dos días a Pátzcuaro, a pensar. Benigno Serrato será designado gobernador y su hermano Dámaso senador en la convención del 17. Todas las fuerzas votarán en esos términos. En el periódico se entera de la noticia y después de desayunar monta en su caballo. Irá a ver a Amalia, a darle la funesta noticia. Su compositor favorito, Guty Cárdenas, el de «Un rayito de sol», con el que han bromeado tanto, ha sido asesinado en una cantina de la Ciudad de México. «Tú deberías ser como ese rayito, Lázaro, y meterte por mi ventana para despertarme, como la aurora», bromeaba seguido Amalia. Se lo tiene que decir personalmente, sabe que le causará mucho pesar. Su joven novia es sentimental. Llega a El Ciprés a mediodía y le tiende el periódico doblado con la noticia encerrada en un círculo rojo. «¡No puede ser! ¿Cómo pasó?», solloza ella. Leen juntos la nota roja firmada por Eduardo Téllez.

\* \* \*

—¿Y usted qué carajo hace aquí, Téllez? —inquirió el policía cuando entró a la cantina ubicada en el número 32 de la avenida Madero. La calle mustia, se diría tímida, mostraba la violenta oscuridad de la noche. No había música, ni voces, ni ruido. La silenciosa soledad de la muerte era lo único que podía sentirse, palparse, esa madrugada.

—Lo mismo que usted, Filiberto, investigo un asesinato.

—¿Y para qué, si mañana de todas formas escribirá *murió misteriosamente?* A usted no le interesa la verdad, solo vender periódicos.

—Mire, Filiberto, yo sé que no le gusta verme en sus casos y menos si llego al lugar antes que usted, pero en esta ocasión puedo ser hasta su informante: fui testigo ocular.

—¿Me va a decir que estaba ya usted acá, en el Salón Bach, cuando ocurrieron los hechos?

—Efectivamente, capi. No le voy a mentir declarando que vi todo, porque estaban en un *pullman* de los reservados y yo en otro. Pero escuché los balazos y me asomé a ver de qué pistola salían.

—Menudo testigo será entonces, Téllez. Ande, vamos adentro.

—Lo sigo, capi. A sus órdenes —bromeó el periodista.

El bar era un infierno. Filiberto García se tocó el sombrero tejano a manera de saludo cuando se acercó el dueño a recibirlo. Gordo, sudoroso, porcino el gachupín. Luego también se presentó el barman, solícito. Se le acercó un policía de placa y le hizo el saludo.

—Me mandaron de la Cuarta Circunscripción a hacer el levantamiento de los hechos, capitán. Todavía llegué a tiempo para desarmar al atacante —pronunció airoso, como si hubiese resuelto el crimen. Un gendarme con vocación de héroe.

—¿Y dónde está el desgraciado? —preguntó García, haciéndose una idea de lo ocurrido. El muerto estaba en el suelo, ahogado en su propio charco de sangre. Una mujer lloraba, con suspiritos entrecortados, cerca del cadáver. La ambulancia de la Cruz Verde había llegado ya pero no le permitieron tocar nada hasta que se hiciera el levantamiento respectivo. Unos camilleros intentaban sacar a otro hombre, herido, en su camilla.

—¿Adónde creen que van? ¿No será ese el homicida? —gritó Filiberto.

El policía de placa negó con la cabeza y luego dijo:

—Descuide, capitán. Es el hermano y está gravemente herido. El que disparó está allí —señaló con la mano, ufano, casi felino, mientras García miraba al hombre esposado a una de las columnas del local.

Eduardo Téllez, el Güero, apuntaba todo en su libretita, en taquigrafía, desesperadamente veloz, como si no quisiera perderse ningún detalle. «Pinches periodistas metiches, ahora voy a tener que aguantar a Téllez toda la noche. Y luego para colmo quién era el muerto, Agustín Cárdenas Pinelo, el compositor yucateco. La noticia se va a regar como pólvora y hasta el pasquín más rascuache va a sacar raja del tema.» Su jefe, Valente Quintana, lo había mandado con una simple advertencia:

—Este es un caso para resolver en un par de días, García. ¿Me entiende? Enterramos al cantante y a la chingada. Nada de ocho columnas ni de periodistas husmeando en los sótanos de la Policía Reservada o preguntando de más. Ya sabe lo que pienso de esos cagatintas.

«Y ahora Téllez, medio pedo, haciéndose el testigo ocular. Pinche oficio este de policía, mal pagado y peor comido.»

Más le valía encontrar a otros que hubiesen visto lo que sucedió o tendría que apretar tuercas en el sótano de la Policía Reservada y su jefe, Quintana, quería resultados rápidos. Una mujer lloraba, desconsolada, como si las cosas hubieran ocurrido recién. García se le acercó:

—Señorita, discúlpeme la intromisión en medio de su pena —y le extendió su pañuelo para que secase los lagrimones de cocodrilo—, ¿es usted algo de la víctima?

—Su amiga —respondió apenas, sorbiéndose los mocos y extendiendo una mano lánguida al tiempo que se presentaba—: Rosita Madrigal, para servirle a usted.

Filiberto García pensó que todos tenían nombre artístico esa noche.

—¿Amiga o novia?

—¡¿Cómo voy a ser su novia, si está casado con Anita Patrick?! Soy su amiga nada más.

—Pues será muy íntima —se atrevió García.

—Él me invitó a salir esta noche, se sentía tristón —se justificó la mujer.

—¿Él? —preguntó García haciéndose el menso.

—Guty. Estaba en la nevería de la XEW cuando me encontré con Guty y con Eduardo Gálvez, y me dijeron que venían para acá, para tomarse unas copas y cerrar una gira por Yucatán.

—Gálvez Torre es empresario musical —susurró Téllez al oído del policía, como si alguien le hubiese preguntado. Apuntaba aún en su maldita libreta. Rosita Madrigal, que seguía llorando, continuó su relato entre sollozos:

—Guty se sentía medio enfermo, con la presión baja. Por eso nos vinimos para acá, porque dijo que unos coñacs le servirían para reanimarse.

Por supuesto, la mujer no se daba cuenta de la ironía de sus palabras. Menuda reanimación la que consiguió el cantante. Gálvez, que venía del baño, se acercó al grupo y se presentó. García lo amenazó:

—Considérese sospechoso mientras sepamos quién lo mató.

—Ya todos lo sabemos, capitán —dijo el empresario, socarrón—. Fue uno de los hermanos Peláez. Ángel. Allí lo tiene un policía esposado desde hace rato. Usted debería empezar por él y dejar que los demás nos vayamos a descansar.

—De aquí no sale nadie hasta que yo lo permita.

—Nada más nos estábamos divirtiendo —siguió Rosita.

—¿Cómo a qué hora llegaron? —interrumpió Téllez.

—Tempranito, apenas después de las dos.

—Aquí yo soy quien hace las preguntas, Téllez, a ver si deja su reportaje para otro día. Usted también es sospechoso.

—Uy, capitán. No se me sulfure. Ya le dijo el señor Gálvez Torre quién disparó. Parece que su caso está resuelto de antemano.

El barman, Pepe del Valle, terció:

—Sí, capitán. Como que vamos cerrando este problema.

—Lo único cerrado será su cantina, Del Valle. ¿O me los llevo a todos a la comandancia para interrogarlos?, ¿qué prefieren? —Se quedaron en silencio.— ¿Quién quiere seguir, usted o la señorita?

Rosita Madrigal, por fin más tranquila, relató las horas siguientes en el Salón Bach:

—Eduardo bromeaba con Guty diciéndole que estaba crudo, que no era la presión. Pero, total, que sí se veía con mucha murria y nomás llegamos acá se tomó dos coñacs de golpe y luego llegó Arturo Larios con su guitarra, y se vino al reservado con los tres. Comimos sándwiches y Guty empezó a ponerse pesado, por las muchas copas, ¿me entiende?

—No fueron tantas, Rosita. Es que así se ponía siempre que andaba enmuinado o triste —interrumpió el empresario—, además luego se nos acercó Murillo a hacer sus trucos.

—Vayamos por partes —dijo García—, ¿quiénes son y dónde están el tal Murillo y el otro, Larios?

El barman los señaló. Estaban sentados al fondo, medio pedos. García le ordenó al policía de placa que los interrogara.

—Nomás corrobore datos, no le haga al detective.

Rosita prosiguió:

—A Guty ni le gustaban los trucos de cartas, además quería cantar, sacar su tristeza con la guitarra. Como a las diez llegó el Mallorquín y se vino a nuestra mesa, se reconocieron de inmediato. Hasta se puso a hacer su cante jondo. Guty le aplaudía y como a la tercera canción se vinieron también al reservado otros españoles, atraídos por las notas del Mallorquín, yo creo.

—Ya le dije, capi. Los Peláez. Interrogue al que disparó, porque al hermano ya se lo llevaron al hospital —intervino el barman, de nuevo.

—Deje que la señorita termine su testimonio.

—Le dijeron a Guty que lo admiraban, que eran comerciantes, que tenían una zapatería en la calle de Gante. Andaban ya borrachos, la verdad. Y como que Guty no les caía bien porque se burlaban de él. Arturo Larios le prestó la guitarra y le pidieron que cantara, pero estaba muy borracho y se le barrían las palabras: «No que muy estrella y muy famoso, no puedes ni terminar una canción», lo provocaron. La verdad, todos estaban tomados.

El Mallorquín intervino, a gritos, desde su mesa:

—No es que no pudiera cantar, es que escogió mal la canción. O lo hizo a propósito. ¿Ha oído «La República en España»? Es una loa sobre el fin de la monarquía. Él la escribió. Y los Peláez se molestaron de que Guty se burlara de ellos.

—¿Es cierto eso? —preguntó Filiberto García. Primero nadie le respondió, pero luego Rosita:

—¡Qué sé yo! Cantó dos canciones antes de que se le barriera la lengua. Esa, que es un corrido, tal vez. Y otra que usted habrá oído en la radio: «Rayito de sol».

Filiberto García no escuchaba la radio ni leía periódicos, lo consideraba una pérdida de tiempo, así que no respondió.

—Eso es todo. Ya le dije que le tenían ojeriza a Guty. Igual y andaban buscando pleito desde el principio. Además estaban bien tomados.

—Tan tomados que empezaron a retarse a jugar vencidas de dedos, hágame el favor, capitán —volvió a interrumpir el empresario—, y ahí fue cuando se armó, porque Guty le ganó y le reclamaba que le pagara la apuesta. Casi abofetea a Peláez, pero lo detuvimos.

—Ya le dije que permita primero que la señorita nos relate lo ocurrido. Luego sigo con usted.

—Es verdad, capitán. Ahí salió la pistola. Ángel Peláez traía una grande y amenazó de muerte a Guty. Ay, no puedo más —gritó y volvió a llorar. No le salían lágrimas, pero gritaba y se sacudía en pequeños espasmos.

—Una Browning, nada más. Menuda arma —dijo el empresario—. Ojalá allí hubiera terminado todo. El Mallorquín se llevó a los Peláez a la barra y se disculpó con Guty, pero de nada sirvió porque al rato Guty hizo como que iba al sanitario pero se fue a mentarle la madre a los hermanos y los retó a otras vencidas.

—Todos en este lugar son responsables —dijo García—, por no parar una tonta pelea de borrachos a tiempo. Si ya habían visto la pistola de Peláez.

—¡Qué íbamos a saber que Guty venía armado! —agregó Rosita—. Cuando el hermano, José Peláez, se puso loco y le estrelló una botella en la cara, él sacó su pistola y disparó.

—¿Dónde está esa pistola? —preguntó García al policía de la delegación, que ya había intentado interrogar a los otros borrachos.

—La hemos buscado por todos lados, pero no aparece.

—¿Me van a decir que desapareció por arte de magia? Nos vamos a madrugar aquí, entonces, porque ya lo dije: nadie se va hasta que conozcamos los hechos.

Unos hombres de la Cruz Verde se llevaban el cuerpo del cantante después de que el médico forense diera el permiso. El doctor se acercó a Filiberto:

—Véngase mañana como a las doce y le daré los resultados de la autopsia.

—Mi jefe quiere que esto se resuelva pronto, doctor —le dijo bajito—, así que se apura con su informe y me lo tiene, digamos que, como a las seis de la mañana. Nadie va a dormir hoy, ¿está claro?

De mala gana el médico asintió y le extendió la mano en señal de despedida.

—Así que tenemos un muerto, otro medio muerto y solo una pistola. Como que aquí se me amanecen —volvió a amenazarlos.

—Dos balazos. Esos fueron los primeros que escuchamos —dijo

entonces Téllez—. Me asomé desde mi reservado y luego le dije a Estelita que se escondiera debajo de la mesa.

—¿Estelita? Me quiere marear, Téllcz; y ¿quién viene a ser Estelita?

Una mujer delgada y hermosa se acercó. Ojazos. Cinturita. «Pinche Téllez, se la tenía muy escondida.» La jovencita lo saludó, asustada.

—¿Usted vio algo? —preguntó y la muchacha negó con un movimiento de cabeza.

—¿No le dije que le pedí que se escondiera, capitán? —la defendió Téllez.

—Aquí parece que nadie quiere decir lo que vio.

Entonces Del Valle se justificó:

—Yo también me escondí. Eso es lo primero que se aprende en una cantina: cuando suenan los balazos, una bala perdida puede ser la peor de tus suertes. Debiera entender, capitán García.

—Entiendo que o todos se hacen güeyes y por eso se volvió perdidiza la pistola de Cárdenas, o me están contando lo que se les antoja. Rosita, ¿usted vio algo más?

—No. Como dice Eduardo, él fue el único que se levantó del *pullman*, preocupado por Guty, porque lo vio muy tomado.

—Oímos a José Peláez gritar «¡Que me ha matao! ¡Que me ha matao!» —dijo el empresario— y los nuevos balazos, y ya solo vi el cuerpo de Guty en el suelo.

—Ocho tiros, capitán. Por lo menos ocho tiros —terció entonces el barman.

A la mañana siguiente el doctor diría que solo cuatro. Al menos fueron los que hirieron al famoso trovador del Mayab, pinches cantantes borrachos. Una bala le perforó el corazón, otra entró en la *apófisis mastoidea derecha*, otra más le chingó para siempre la espina dorsal, que a esas alturas ya ni importaba, y la última en el tórax, a nivel del *décimo espacio intercostal derecho*. En la línea media, escribiría el doctor en su informe. Pinche español cabrón: cuatro tiros a sangre fría. Y otro de los ocho tiros, que el barman aseguraba se habían disparado, había rozado al famoso Mallorquín que seguía pedo y medio herido del brazo, aunque alcanzaron a saber que se llamaba Jaime Carbonell Ferra y que vivía en el número 7 de la calle

Mesones. Le habían hecho un torniquete medio maletón arriba de la herida y uno de los camilleros le había colocado unas gasas.

Rosita le dijo entonces a Téllez, quien apuntó en su libreta de inmediato:

—Eran las once de la noche. Las once treinta y nueve cuando mataron a Guty Cárdenas.

El policía de la Cuarta Circunscripción, de placa 840 y que al fin reveló su nombre a García, José Tapia Morales, y dos de sus compañeros, informaron que en ningún lugar se hallaba la pistola de Guty Cárdenas y que habían también revisado a todos los allí reunidos, hasta las bolsas de las señoritas:

—Se perdió, como dice usted, como por arte de magia.

Filiberto García preguntó otras cosas por aquí y por allá mientras unos meseros, por instrucciones de Del Valle, servían café en las mesas. Luego ordenó que se llevaran a Peláez a la comandancia para interrogarlo en privado y pidió un teléfono. Marcó a Valente Quintana y le refirió a grandes rasgos lo ocurrido. Tenemos un culpable, tenemos un móvil del homicidio. Tenemos un arma, alcanzó a decirle.

Una sola arma, pensó en sus adentros. Esperemos que no se nos muera el otro español, para que podamos cerrar el caso. De lo contrario, va a ser un lío del carajo.

Nunca había oído una canción de Guty Cárdenas. Para él, era como cualquier otro pleito idiota de borrachos. La gente se mata por pura pendejada, pensó. En su mesa Téllez consolaba a la tal Estelita.

—¿Y de dónde sacó a su novia, si puede saberse?

—Más respeto, capitán, mire que trabaja en el despacho del general Calles.

—No me diga, Téllez.

—Sí le digo, es la asistente de Cholita González. Quién quita y un día a usted también le sirve que uno de sus amigos tenga dónde tocar la puerta.

—Uy, mi Güero. A mí ni así me las abren. Solo me llaman para que les quite de en medio a alguien que les estorba. Soy como el camión de la basura, nada más que menos ruidoso.

—Bueno, ya sabe. De todas formas en mí tiene un amigo.

—¡De qué le sirvieron a Guty Cárdenas sus dizque amigos! Mejor ahí la dejamos, Téllez. Y ya se puede llevar a su amiguita a descansar —condescendió finalmente—, pero páseme a ver por la tarde para intercambiar historias. Le voy a pedir que no publique nada. Ya se lo había dicho, ¿no?

—No me puede pedir eso, capitán. Los dos servimos al mismo amo.

—¿Y cuál es, Téllez? Porque yo trabajo para el gobierno y usted, que yo sepa, tiene otros dueños.

—La verdad, Filiberto. Los dos trabajamos para saber la verdad.

—Ah, qué pendejo es usted, mi Güero —repuso riéndose entonces Filiberto García—. La verdad no existe. Se la llevan guardada para siempre los muertos.

El Güero Téllez sintió entonces cómo le rozaba la piel la pistola niquelada de Guty Cárdenas y rio por dentro. «A veces también se la llevan guardada los vivos, capitán.» Su crónica, aparecida unos días más tarde, cuando Filiberto García le dijo que ya podía publicarla, omitió ese pequeño detalle. Y por eso Guty Cárdenas nunca disparó un arma esa noche. Un borracho le estrelló una botella en la cara y después otro *beodo* —como escribió Téllez—, hermano del primero, le vació los tiros de su Browning. El informe de Filiberto García mencionó, también, solamente una pistola. Esa misma: matrícula 4027.

Aunque el barman José del Valle asegurara que disparó ocho tiros nada más se encontraron cinco casquillos. En el informe policiaco, solo se menciona que en los bolsillos de Guty Cárdenas había un afinador para guitarra, un reloj extraplano Movado, un anillo grabado con el escudo yucateco y su apodo, dos billetes de cincuenta pesos, una cartera de piel fina, dos papeles de apuntes con versos o canciones, una caja de pastillas para la garganta y un telegrama. No refiere un sobre de la Secretaría Particular de la Presidencia, porque ese también lo tomó Téllez y se lo dio a Estelita para que lo discutiera con su jefa, no fuera a ser. En este país la justicia no es ciega, sí que ve, pero cuando quiere se hace de la vista gorda.

Quintana tuvo su caso cerrado y la familia pudo velar al cantante el 6 de abril y enterrarlo al día siguiente en el Panteón Francés. El juez, José Joaquín César, encontró culpable a Ángel Peláez Villa.

Afuera del número 32 de la calle Madero parecía no haber ocurrido nada. Estelita y el Güero Téllez caminaron hasta el coche, un viejo Packard. Dos patrullas se llevaban al Mallorquín y a Larios por un lado, y a Rosita Madrigal y al empresario Eduardo Gálvez Torre a declarar. Filiberto García miró la cintura delgada de Estelita abrazada por Téllez. «Pinche Güero, qué suerte tienen los feos.»

No había estrellas, solo un cielo negro, enlutado, como una escenografía, también falsa.

# AHORA

1934-1940

Articular el pasado históricamente no significa reconocerlo «tal y como ha sido», en palabras de Ranke. Significa apoderarse de un recuerdo que relampaguea en el instante de un peligro.

WALTER BENJAMIN, *SOBRE EL CONCEPTO DE HISTORIA*

# II

## Los amigos del general Calles

Todo es confeti y porras en el Estadio Nacional de la colonia Roma. Más de treinta mil personas abarrotan el lugar. Va acompañado de Abelardo Rodríguez y de la comisión de diputados. Se escuchan vítores del público. Hay música de banda. El general Lázaro Cárdenas se dispone a pronunciar su primer discurso a la nación después de una campaña exhaustiva por toda la República que ha cronometrado con precisión de soldado: en siete meses, 27,609 kilómetros, de los cuales recorrió 11,827 en avión; 7,294 en ferrocarril; 7,280 en automóvil; 735 en barco, 475 a caballo. Repetía una y otra vez para quien quisiera y para quien no deseara escucharlo: habría de crearse un frente único de trabajo y activar las dotaciones a que tienen derecho los pueblos.

Por la mañana ha salido de su casa en el número 50 de la calle de Wagner como si fuese cualquier día. No ha aceptado vestirse con jaqué y chistera, irá en traje de calle. Se acabaron los tiempos de boato y zalamería. Debe quedarle claro a todos desde el primer día. Tampoco vivirá en el castillo de Chapultepec, otro guiño contra la dilapidación y sus ejércitos de cortesanos. Lo convertirá en museo, pero no lo pisará nunca como presidente. Conoció las maldiciones del lugar en la época en que era secretario de Gobernación del ingeniero Ortiz Rubio. Como Juárez, piensa despachar en Palacio Nacional y ha pedido que se busque un lugar más adecuado para el hogar del presidente en el propio Bosque de Chapultepec. Algo modesto y digno, nada más. Mientras tanto seguirá en su casa. El andar se demuestra andando, decía su madre.

Hace tiempo, cuando fue gobernador en Michoacán, aprendió a pronunciar discursos y perder la pena, pero no es algo que le guste. En ese entonces citaba a Mirabeau para asombrarse de la respuesta de quienes lo escuchaban. Me voy a creer orador, le escribió a su amigo Múgica —Juan Ge Mu, en su fórmula privada para nombrarlo—. Ya no se trata de creerlo. Lo escuchan con atención miles y su discurso se reproducirá en la radio y en los periódicos y serán millones. Hay que ser claros, ir al grano.

Habla de las inicuas injusticias que encontró en campaña, del país sumido en la ignorancia o la pobreza. Dice basta y es contundente, nada conciliador. La Revolución no ha podido, a pesar de los esfuerzos, vencer las resistencias que se le han presentado. Habla de socialización del trabajo, de explotar las riquezas del país, de generar trabajo. Le aplauden, lo interrumpen, se escuchan vivas. No lo distraen. Habla del campo, de la industria, del municipio, del aseguramiento de elecciones libres desde el municipio. Dice claramente escuela socialista, colaboradora del sindicato, de la cooperativa, de la comunidad agraria. No deja de mencionar, entre más vítores, la necesidad de un sistema civil para los burócratas del Estado, reformando la Constitución. Pasa revista al ejército y su papel revolucionario. Alza la voz por vez primera: «Ninguna noble ambición, ni la confianza nacional, pueden sustentarse a base de promesas, si estas no se convierten en realidades perdurables. Todos los auspicios nos son favorables: inspirados en las necesidades de nuestro pueblo; apoyado en la ley y en nuestro partido, y con el más hondo propósito de merecer en todo instante la confianza de las clases trabajadoras, llego a la presidencia del país invocando de todo el pueblo que me ha elevado a un puesto de tan grande responsabilidad, su cooperación y su fe en los destinos de la República».

Termina enardeciendo a quienes lo escuchan. Pero sabe que no será fácil. Hay muchos obstáculos, dentro y fuera, que buscarán descarrilar su tren de reformas. Sonríe, se deja apapachar por quienes lo saludan y abrazan, y sale ya con la banda presidencial a su quinta en Cuernavaca, a festejar con Amalia y Cuauhtémoc, su pequeño hijo. Pocos más. Los miembros de su gabinete, casi todos, irán a otra quinta en la misma ciudad, pero a visitar al Jefe Máximo. Son los amigos del general Calles a quienes, inevitablemente, tuvo que convocar en su gabinete. Mañana les tomará posesión a sus ministros, hoy que hagan política donde creen que está el que manda, piensa mientras se sube al coche con Múgica y Luis Ignacio Rodríguez, su secretario particular, un joven guanajuatense al que apodan «Pico de Oro» por sus dotes oratorias. De hecho, durante la campaña él pronunció muchos de los discursos. No habrá banquetes en la ciudad. Hay que empezar con el pie derecho. Junto al chofer, su fiel mayor, Manuel Núñez. Hay que tener un par de ojos extra donde se pueda, para que no te metan una zancadilla, reflexiona.

—Señor presidente, ya es usted solo cabecilla, no divagado cabecilla. El país está a sus pies —bromea Múgica—. ¡Felicidades!

El general sabe a qué se refiere la chanza. Recuerda los tiempos en Tuxpan de los ideales y sus divagaciones. No responde, quizá para no tenerle que explicar a Rodríguez de qué se trata. Una remembranza de la época de mujeriego que a Múgica le preocupaba siempre. Alguna vez, ahora lo recuerda, le escribió desde las Islas Marías, donde estaba de servicio, una hermosa carta en la que siempre jugando le decía: «…ha ingresado usted al gremio de los sumisos y abnegados. Aunque es peligrosa esta carrera que ha emprendido yo la deseaba siempre para usted, atendiendo a sus divagaciones múltiples y a la anarquía amorosa en que pudo usted correr más de un riesgo. Por otra parte, sé que la agradecida vencedora tiene el encanto juvenil necesario para predominar en todos los momentos de la vida y, si tiene discreción para aplicar su inteligencia y cordura, podrá hacer del aguerrido cabecilla un hombre tranquilo y prudente».

Eso era verdad, como tantas cosas que decía Múgica: la prudencia y la tranquilidad le habían venido con Amalia, no antes. Lo que aún le cuesta contener es la rabia de la traición. Necesitará mucha paciencia para que no se note cuando se exaspere. Una treta: casi no decir nada, dejar que los demás sean quienes, como el pez, mueran por su propia boca.

Él ha optado en los últimos meses por una especie de mudez. Solo habla lo necesario, casi siempre en primera persona del plural, para diluir quizás el peso de su investidura. Múgica ha sido nombrado ministro de Economía. El resto del gabinete es casi callista, lo que ya los periódicos le reprochan: Narciso Bassols, el pequeño creador de la educación socialista, sería encargado de Hacienda tras sus espejuelos de letrado; el hijo de Plutarco Elías Calles, uno de sus principales promotores, de Comunicaciones; el doctor Abraham Ayala, esposo de la secretaria privada y mano derecha del caudillo, Cholita González, de Salubridad; Pablo Quiroga de la Secretaría de Defensa, pero con su fiel Manuel Ávila Camacho, como cuña, de subsecretario; el antiguo presidente Portes Gil de Relaciones Exteriores, y el íntimo del Jefe Máximo, Juan de Dios Bojórquez, de Gobernación, para no dársela —como Calles quería— al radical Tomás Garrido Canabal, antiguo gobernador de Tabasco, quien se quedó con el Ministerio de Agricultura. El gran apóstol del árbol, Miguel Ángel de Quevedo, fue asignado al recién creado Departamento Forestal. El general, tan amante de los árboles, lo había conocido en plena campaña y no dudó en convocarlo. Hay tanto que hacer y tan poco parece el tiempo. Piensa nuevamente en su madre, le hubiese gustado tanto tenerla cerca en estos momentos. Espanta el recuerdo como quien ahuyenta un mal presagio, se dice que no es tiempo de ponerse melancólico. El mayor Núñez le pasa unos periódicos del día.

—No, no hoy, Núñez. Dejemos que la tinta corra sin mirarla, al menos por esta ocasión.

—Usted disculpe, mi general —atina a responder, solícito, y se lleva la mano a la frente.

Múgica tercia:

—¿Sabe, general, que Garrido se ha traído a sus Camisas Rojas para que lo apoyen en el ministerio? Cinco mil, al menos. Está envalentonado por sus palabras en la campaña. Lo de que Tabasco era un verdadero laboratorio de la Revolución. Me preocupa que quiera instalar su *laboratorio* en la capital. No es lo mismo controlar a sus lugareños que luchar contra las fuerzas vivas aquí.

—Descuide, Francisco, que lo tendremos vigilado. No se nos puede salir del huacal tan fácil. Además, hay que probarlo. Él creía que iba a ser el secretario de Gobernación y que iba a tener injerencia en todo el gabinete. Ni loco. Hay que dejar que Garrido se vaya gastando solo, como la pólvora. Cuando visité Tabasco, Núñez le preguntó a una niña si sabía rezar. ¿Se acuerda, mayor? Y la niña le respondió orgullosa: En mi casa le cortamos la cabeza a los santos. No creo ni en el coco, ni en las brujas, me gustan más los cuentos de pastorcitos.

—A Garrido le gusta provocar a la Iglesia. ¿No le puso en esa exposición ganadera a un toro Dios Padre, al asno Jesucristo y a un cerdo el Papa? —recuerda el mayor.

—Solo lo prevengo, general. Puede hacer daño, aunque me agrade su anticlericalismo. La Iglesia es el peor de los males de este país. O al menos después del alcoholismo. Es un organizador nato y quiere ser presidente. Apuesta a que usted cae como Ortiz Rubio.

—El general Múgica tiene razón —interviene Rodríguez, el secretario particular—. En especial los contingentes de sus Camisas Rojas nos pueden meter en líos. Igual con mantenerlo a raya, como usted dice.

—Vamos a ver en estos primeros meses quién es leal y quién traiciona. Hay que mirar cómo masca la iguana —finaliza Cárdenas y se queda callado. Los demás respetan nuevamente su mutismo.

Recuerda la cuarteta satírica contra Ortiz Rubio:

> *El que vive en esta casa*
> *es el señor presidente,*
> *pero el señor que aquí manda*
> *vive en la casa de enfrente.*

Nadie puede gobernar con la sombra de Calles pisándole las espaldas, eso lo sabe. Desde que fue postulado a la presidencia intentó resolverlo, por las buenas, si así puede decirse. Visitó a Calles en El Sauzal, en la casa del general Abelardo Rodríguez. Esa tarde, después de unos ricos tacos de cabeza, le manifestó su preocupación por la actitud de los que se decían *amigos* del Jefe Máximo y que de alguna manera dirigían por encima y por lo oscurito los destinos del país.

—No quiero que se afecte nuestra amistad por asuntos políticos, general. Mi único propósito es cumplir el programa de la Revolución del que usted ha sido uno de los más fieles exponentes. Desde que lo vi gobernar en Sonora me impresionó su tesón para reformarlo todo.

—No, chamaco, yo a ti te quiero como a un hijo y no voy a dejar que me calienten la cabeza —le responde el viejo maestro Calles y lo mira a los ojos, con fuerza. Cárdenas no le quita tampoco la mirada. Hay cariño y un poco de recelo entre ambos.

—Es que algunos de esos que se dicen sus amigos ya se sienten afectados por lo que he ido anunciando de mi programa de gobierno. Vamos a intensificar el reparto de tierras, vamos a suprimir el juego, vamos a apoyar las demandas obreras.

—No apoyaré nunca resistencias o ataques al programa revolucionario. Descuida, Lázaro.

—El éxito de este gobierno, que seguro tendrá resistencias, será obra de todos. Si fracaso, general, asumo la responsabilidad como únicamente mía.

—Así habla un buen soldado —bromeó y le palmeó la espalda.

Hablaron de muchas otras cosas, de la salud de Calles y sobre todo de su esposa. Del destino de Pérez Treviño, al que pensaba mandar como embajador a España.

—A Puig, si usted lo permite, lo mandaré a Argentina también.

—Todavía es temprano para esos menesteres, chamaco, pero no me opongo.

Y no se opuso, quizá porque todos sus amigos, casi, estaban en el gabinete, y desde allí creyó que podía seguir mangoneando al país. Cárdenas contaba con que, al menos por un tiempo prudente, no hiciera acto de presencia en la Ciudad de México, que al menos lo dejara gobernar.

Pero el general sabía bien que por abajo del agua los movimientos no iban a parar y que el propósito único era que, como sus antecesores, no pudiese terminar su periodo presidencial. Desde sus tiempos en la Secretaría de Guerra comprendía que la labor, lenta y cansada, de un político es ir sumando lealtades, aunque las lealtades en política sean siempre provisionales, y por eso pensaba en pocos días cambiar a once jefes de Operaciones Militares. Es como un juego de ajedrez. Se trata de ir moviendo poco a poco las piezas, desplazando a los enemigos o comiéndoselos de plano. En cada una de esas jefaturas militares reside también buena parte del control político del país. Al primero que hay que neutralizar es a Manuel Medinaveytia, sacarlo de Sonora, quitarle de allí a su lugarteniente a Calles. Lo mismo en Coahuila: mandaría a Andrés Figueroa para neutralizar a los pereztreviñistas. Ninguna región es menor, todas deben estar bajo su control. Ávila Camacho en la subsecretaría asegurará esto. Pablo Quiroga puede reportarle lo que quiera a su antiguo jefe, pero él encontrará la manera de doblegar a los mandos desde la capital. Al jefe de la policía de la ciudad también había entonces que removerlo.

Así cavilaba, medio adormecido por el ruido del motor y los traqueteos del automóvil. Había llamado Palmira a su quinta de Cuernavaca en honor a su primera hija que nació, de escasos seis meses, el 18 de junio de 1933. Duró vivita unas cuantas horas. Nació en casa y no en un sanatorio. No hubo manera de llevarla a una incubadora. Se apagó la vida de la niña, aunque en su recuerdo siembran árboles y flores en la quinta. Un lugar de descanso sábados y domingos que casi no ha usado por el ir y venir de la campaña. Ahora allí lo esperaban su mujer y su hijo, nacido apenas el primero de mayo, como para festejar el Día del Trabajo. De ocho meses, también antes, como Palmira, pero muy sano. Nació tan anticipado que no había moisés y lo pusieron en una caja de cartón de un abrigo de la casa Vogue. El primero en verlo fue el general Múgica, no su padre, que estaba en un acto celebratorio del Día del Trabajo. Lo registraron en San Ángel.

Una caravana de autos frente a ellos impedía el paso a la Quinta Palmira. El general Cárdenas reconoció a algunos de su gabinete y ordenó al chofer que detuviera el auto.

—Déjelos que se vayan a gusto a reportar con su jefe. Vamos a ver a partir de mañana de qué cuero salen más correas.

\* \* \*

Doblan y redoblan, doblan y maldoblan las campanas con su talán talán de presagio y duelo. Doblan durante el santo rosario de la tarde y llenan todo Coyoacán con su doble y redoble, con su doble y maldoble, talán talán las incólumes. Afuera de la iglesia los Camisas Rojas de Garrido Canabal esperan con su furioso fanatismo a que salgan los fieles después del rezadero. Es una provocación porque la ley de cultos prohíbe el repique y la celebración de misas, pero los fieles han respondido a las diatribas de Garrido y sus Camisas Rojas. El arzobispo Díaz se atrevía a dictar misa más allá del Distrito Federal y a vestir ropa eclesiástica y pedir limosna a los fieles. Es el domingo 30 de diciembre en la Plaza de la Conchita, en el Templo de la Inmaculada. Los garridistas han creado sus *Sábados Rojos* en Bellas Artes, donde el oficial mayor de la Secretaría de Agricultura, Arnulfo H. Pérez, gritaba:

—Yo soy el enemigo personal de Dios. ¡Dios no existe! ¿Quieren ustedes una prueba definitiva, irrefutable? Si existes, Dios —gritó mirando hacia el techo del teatro—, mátame ahora mismo. Te doy, Dios, ¡tres minutos para matarme! Solo tres minutos que contaré con este reloj. Uno… dos… tres. ¿Lo ven ustedes? ¡Dios no existe! —terminó gritando como chiflado.

Sus revistas *Juventud Roja* y *Cristo Rey* eran repartidas, en ocasiones, cerca de templos, y no faltó quien disparara contra una imagen de Jesucristo. Pero esas bravuconadas crisparon a los católicos cuando el 26 de diciembre —cuatro días antes de los sucesos nefastos— entraron al templo y quisieron prenderlo con un bote de gasolina. Sustrajeron la corona a la Inmaculada. Filiberto García fue el encargado de aprehender a los pirómanos. El juez Martínez Zorrilla les impuso una multa de cinco pesos, como consta en la nota del Güero Téllez publicada el 28, aunque no vaya a ser que solo por tratarse del Día de los Inocentes. Tanto el periodista como el policía estaban avisados de que habría represalias de los Camisas Rojas por la enorme multa, pero no sabían si acaso se atreverían a regresar a La Conchita, aunque decían entre ellos: «Ahora el jefe es ministro, pero cuando caiga el Trompudo, como Nopalito, el licenciado Garrido será el nuevo presidente», lo que los envalentonaba.

Es la mañana del 30 de diciembre. Y las campanas doblan y redoblan y maldoblan al aire limpio de Coyoacán. Setenta muchachos arriban a la plaza y colocan sus chunches de propaganda: unas mesas y unos toldos, y piensan repartir allí sus folletos y revistas. Adentro se escucha al arzobispo Díaz cantando la misa. Afuera los Camisas Rojas gritan y alebrestan, otras campanas que dan voces sin su timbre de bronce:

—¡La religión es el opio del pueblo! ¡Los curas son unos ladrones! ¡Las beatas se dejan enamorar en los confesionarios!

Se asoman los feligreses primero con miedo y luego con disgusto y finalmente con ira gritan hacia dentro del templo:

—¡Allá afuera están los asesinos a sueldo del Anticristo! Insultan a Dios, a la santísima Virgen de Guadalupe.

Uno de los jóvenes, Julio Díaz Quiroz, toma el micrófono en el tinglado provisional que han puesto en la plaza y sube a la tribuna:

—¡Nosotros, la juventud revolucionaria…! —Carraspea, nervioso ante la turba de feligreses que han salido del templo.— Nosotros, enemigos del fanatismo, de esta falsa religión que embrutece. Aquí estamos todos nosotros, jóvenes de México, anunciando un futuro mejor.

Una muchacha con los ojos inyectados lo increpa:

—¡Vergüenza te debería dar! Si nuestra mamá te oyera te daría una zurra de los mil demonios. Me avergüenza ser tu hermana, óyelo bien. Deberías entrar a la iglesia y pedirle perdón a Dios y confesarte, ¡no puedo creerlo!

Los fieles se acercan al toldo rojinegro y empiezan a cantar. Alguno grita «¡Viva Cristo Rey!», pero lo único que se escucha es el canto unánime que rodea a la carpa de la misma forma que los hombres y las mujeres que antes rezaban se unen y entrelazan con sus ropas negras y sus velos negros y sus miradas negras.

Los muchachos se intimidan. Uno de ellos, tabasqueño como la mayoría, Agapito Domínguez, da una orden, no se sabe si envalentonado o asustado:

—¡El que traiga pistola que pase adelante! Los demás, a retaguardia.

Los católicos siguen cantando y cercando al grupo de Camisas Rojas. El más miedoso quizá dispara primero, o se le dispara por torpe. Algunos de los hombres de negro también disparan. Los tiros se hacen decena. Unos y otros corren. Eduardo Téllez Vargas, a quien apodan el Güero, ha ido anotando todo lo ocurrido y lo allí dicho en una libretita para escribir su nota del día siguiente. Ha perdido el empleo en *El Nacional* luego de que el Trompudo decidiera cerrar la sección de nota roja, pero se ha ido a *La Noche*, a llevar todos los casos policiacos. El Güero también corre a buscar refugio, pero teme perderse el desenlace de la refriega. Los Camisas Rojas huyen despavoridos, pero a la Delegación de Policía, a levantar la fe de hechos. O al menos su versión. Otro tabasqueño, Homero Margalli, está de turno y los acoge como hermanos al recibir la primera entrecortada explicación de Agapito Domínguez:

—Nos vienen persiguiendo y también están armados.

Téllez se ha escabullido entre el grupo sin ser notado y lo escucha decir, clarito:

—¡Hay que esconder las armas! Cierren todas las puertas.

Antes de que los policías cumplan la orden, puede salirse, furtivo. Nadie ha seguido a los miedosos tabasqueños. El aire de Coyoacán huele a pólvora y a incienso y a odio. Téllez regresa a la plaza a mirar lo que ha ocurrido, ver cuántos heridos hay o si hubo muertos.

Un autobús se detiene en la esquina y baja, vestido de rojinegro, un distraído que ha llegado tarde, y que luego Téllez se enterará que se llamó Ernesto Malda. Se llamó, porque sin tiempo alguno para percatarse de lo ocurrido, solo atinó a escuchar a una mujer enlutada, con el velo cubriéndole el rostro, que lo señalaba vociferante:

—¡Ahí está uno de ellos! ¡Agárrenlo, que no escape!

Intentó correr, alcanzar un tranvía con la puerta entreabierta, pero fue demasiado tarde. Empezaron las pedradas, los golpes, las patadas. La ira de la muchedumbre, a la que le han matado a algunos frente a su iglesia esos locos, es aún más orate. Malda no siente ya los golpes ni puede ver su sangre derramada en los adoquines de Coyoacán.

Los policías, atrincherados con los atacantes, no podían hacer nada, nada sabían de lo ocurrido. Los feligreses se llevaban a sus muertos adentro de la iglesia. Las campanas habían enmudecido pero su eco aún retumbaba en los oídos del periodista, que se metió a La Guadalupana y pidió una copa de ginebra con agua tónica, su bebida favorita.

—¡Que sea doble!

—¿Escuchó los tiros? ¿Qué pasó allá afuera? —le pregunta el cantinero cuando le trae su bebida.

—Dos grupos de locos odiándose a muerte. Como cinco han perdido la vida.

Cuando una hora después Filiberto García entró al lugar, lo vio, medio borracho, y se acercó a hablarle:

—¡Siempre me lo encuentro en medio de balazos y metido en bares, Téllez, me preocupa su suerte.

—Ay, capitán. Esto estuvo de la refregada. Ni cómo empezar a contarle.

—Veo que tiene ya título para su nota —le dice mientras lee en su libreta abierta: *Matanza en Coyoacán*—. Han aprehendido ya a varios, de los dos bandos. Y al arzobispo Díaz y al curita de la parroquia también los metieron al tambo. Esto se va a poner de la cachetada.

—Ya se puso, jefe. Ya se puso.

—Así que, para variar, usted lo vio todo, Téllez. Qué pinche tino para estar en el lugar correcto siempre.

—Llámelo olfato. Los buenos reporteros deben tener ese instinto para la noticia.

—Pues ahora sí que tiene una gorda. Me pregunto qué va a hacer el presidente.

—¿El Trompudo, García? Nada. Es una marioneta del Jefe Máximo y Garrido es uno de sus más cercanos. No puede tocarlo ni con el pétalo de una rosa. Al michoacano le va a pasar lo del Nopalito, pero antes.

—Igual y sí. Está cabrón hacerse de la vista gorda con los Camisas Rojas, ahora sí se les pasó la mano.

—Pero como hubo balazos del otro lado también, es fácil mover la balanza hacia los otros culpables. ¿Sabe ya si Garrido vino por sus muchachos a la delegación?

—Negativo. Está en Tabasco. Aunque ya le han de haber avisado y se viene pitando. Tendrá que hablar con el presidente.

—O con el de enfrente. Se va a ir a recibir órdenes de don Plutarco, García. El otro no lo manda.

—Pues esta vez dudo que Cárdenas se quede con los brazos cruzados. Mal haría.

—¿No dices que ya el arzobispo también está en la cárcel? ¿De qué lo van a acusar si no llevaba arma dentro de la sotana, y me consta que no incitó a los suyos?

—Pues cuénteme cómo estuvo, Téllez, que los dos estamos ya sacando conclusiones. ¿Me invita una ginebrita?

Al calor de dos copas, el Güero le cuenta lo que ha visto, quién disparó primero, por pendejo, por no saber usar su arma, y cómo siguieron los balazos. Le narra, sobre todo, la muerte del último joven, pateado y lapidado como en la Biblia.

—Me va a tocar consignar a varios. Me han pedido que me lleve a algunos católicos a la comandancia.

—¿Y los van a torturar o cómo piensan sacarles la verdad?

—Van a cantar solitos. Les toca cadena perpetua por homicidio o una sentencia reducida si cooperan.

—¿Si cooperan o si se culpan?

—Ya está medio borracho, Téllez. No me venga a acusar a mí de corrupto. No se lo permito. Yo sacaré la información por las buenas.

Un uniformado entra a la cantina, a pesar del letrero que lo prohíbe, y le susurra algo al capitán Filiberto García. Le pregunta a Téllez:

—Ya se llevaron los cadáveres. Son seis muertos, incluida una joven del lado de los católicos y el garridista que responde al nombre de Ernesto Malda. Las necropsias se van a hacer en el hospital Juárez, como siempre. ¿Quiere venir a verlas para escribir su nota?

—No me interesa, García. Todos los muertos tienen los ojos cerrados y ya no pueden hablar.

El capitán Filiberto García se despidió del periodista con una palmada en el hombro:

—¡Pinche vida!, mi Güero, ¡pinche vida!

No era una frase cualquiera, sino una filosofía existencial.

Los legistas dictaminarán más tarde dónde hicieron daño las balas en quienes murieron por arma de fuego. Malda tenía dos heridas de arma punzocortante en el parietal y el temporal izquierdos que interesaron el hueso. Reportaron más de ochenta lesiones con desgarraduras, la pérdida de uno de los ojos y el tórax fundido por machacamiento con piedra. Casi todo el cuero cabelludo fue arrancado a mechones y el cadáver arrastrado al menos cien pasos. Sesenta y cuatro rojinegros fueron ingresados a la penitenciaria. Aunque Téllez nunca lo escribió en su crónica, otros periodista dijeron que el párroco de Coyoacán, Rafael Medina, había instigado la agresión. Alguno incluso escribió: «Cristiana agresión a joven estudiante en Coyoacán». La de Téllez conservó el título, más certero, de *matanza*. La prensa opositora organizará, sin embargo, una cruzada contra los garridistas, pidiendo su condena. El presidente esta vez, como muchas otras, guardará silencio. Quizá por eso se ganó el mote de «Esfinge de Jiquilpan».

# III

## El país estalla en huelga

El primero de enero de 1935 el general leyó por radio un mensaje a la nación. La idea era dar a conocer el programa de gobierno a los mexicanos. Como otros mensajes suyos, lo transmitió a las ocho de la noche desde Palacio Nacional, acompañado por el pleno de su gabinete. Era una manera también de tranquilizar a la gente. Por la mañana habían enterrado los católicos a sus muertos y los Camisas Rojas a Ernesto Malda. Garrido, por órdenes de Calles, según se enteró, pagaba las fianzas de los consignados. También supo que al Jefe Máximo no le gustó nada lo ocurrido y que amoncstó a su discípulo. Había que tener orejas, no solo ojos, en ciertos lugares. El ejército está lleno de gente dispuesta a ser leal solo con el presidente, a pesar de las apariencias. O con el que detenta el poder, es lo mismo. Él había dejado correr la tinta y la sangre, pero también había llamado a cuentas a su secretario de Agricultura, faltaba más.

Por eso dictó un acuerdo para que fueran, a partir de ese día, clausuradas las casas de juego en todo el país, aunque afectaran entre otros al propio Abelardo Rodríguez, que lo había ayudado a llegar al poder. Escribió en su diario: «Gobernante que aparenta lo que no es, consigue el desprecio del pueblo». Aunque la Revolución las había suprimido, la nueva burguesía revolucionaria había abierto los propios. Agua Caliente, El Tecolote, muchos en la frontera y en Baja California. El Casino de la Selva y, sobre todo, el fastuoso Foreign Club en las afueras de la capital, en San Bartolo Naucalpan. Cuando firmó el decreto, Bojórquez, su secretario de Gobernación, se alarmó:

—General, va a pisar muchos callos poderosos. Van a lloverle enemigos.

—Deben combatirse con energía los intereses que se atrincheran en los desvíos del poder público —le contestó—. Nosotros pensamos que mientras existan complacencias para la inmoralidad, no podrá haber un gobierno popular.

El general Calles, de cualquier manera, no se encontraba en el país: lo iban a operar en el hospital San Vicente en Los Ángeles.

Todo el mes lo dedicó a mover sus piezas. Los periódicos utilizaban las declaraciones de sus enemigos para llamarlo «Nopalito Segundo» o «Lázaro el Mudo». Debía empezar desde ya el reparto agrario, se lo instruyó a Gabino Vázquez y a Garrido. Detener las aguas perdidas en el mar y buscar que el riego se propague por toda la República, como ya se hacía en Aguascalientes. Instauró los *acuerdos colectivos* con todo el gabinete para que, sabedores de sus órdenes, no fueran uno por uno a *acusarlo* con el Jefe Máximo. Tendrían que ir en bloque y él podría saber a ciencia cierta de qué lado se hallaban. Aunque desde antes de nombrarlos los tenía bien calados.

Para marzo le llegan los informes de las *inconformidades* de Saturnino Cedillo en San Luis Potosí con el gobierno. En realidad lo que no puede aceptar es que, pese a su gran apoyo, no lo haya convocado al gabinete. Es su conservadurismo contrario al programa revolucionario lo que le impide invitarlo. Parece que prepara un levantamiento. Otro más. ¿Cuándo se terminará este correr de sangre que él se prometió detener antes de ser nombrado candidato? Los petroleros apoyan la insurrección. Los informes secretos que ha recibido lo dejan claro. Petróleos El Águila, por conducto de Alberto Braniff, ha ofrecido quinientos mil dólares a Cedillo para su causa, con apoyo del arzobispo exiliado Leopoldo Ruiz y Flores. A los enemigos mejor tenerlos cerca. Si se vuelven más comprometedores los informes, lo traerá a un ministerio. Quizás es la única forma de detener otro disturbio.

Lo que verdaderamente le preocupa son las constantes visitas al general Calles en Sinaloa, ahora que ha regresado repuesto de Los Ángeles. En todas ellas, el Jefe Máximo ha insistido en que se deben impedir las huelgas. Para él las cosas son claras: a los que menos les ayuda la anarquía y la depresión económica es a los obreros. Escribe una noche con claridad en sus *Apuntes*: «Los obreros planean, pulsan su propia situación, estudian el estado económico de las empresas y cuando la investigación les es favorable, van a la huelga».

Lo cierto es que han estallado en todo el país, y que en Puebla Lombardo lo ha injuriado diciendo que no apoyará sus ideas jacobinas y su falso socialismo. Lo cierto es que los obreros padecen la profunda injusticia económica que sus patrones no están dispuestos a aminorar. Los *amigos* de Calles hacen campaña por todo el país en contra del gobierno. Los periódicos se le echan también en su contra.

El Congreso, por su parte, se divide. Un ala se proclama de izquierda y la otra de derecha. El diputado Soto Reyes, por los izquierdistas, se bate a duelo verbal en un banquete contra el senador callista Ezequiel Padilla, quien acusa al gobierno y a los líderes sindicales de agitación incesante, de publicaciones de color rojo subido, alerta sobre la zozobra en los círculos inversionistas. El propio Padilla intentó una celada al presidente y le pidió una entrevista de prensa, *para conocer su verdadera opinión.*

—En México reina la paz y el orden —comenzaba su perorata Padilla—, y en Europa solo se escucha el rugido de las bayonetas. Hay un hondo anhelo de confianza y en un país presidencial, como el nuestro, nadie puede satisfacerlo con más autoridad que el presidente de la República.

Cárdenas entiende la jugada de Padilla —quien, entre líneas, insinúa que Calles sigue mandando y responde con cautela, pero firme:

—Tenemos conciencia de la oportunidad de engrandecimiento que significa para México esta época excepcional y estamos resueltos a que la nación se aproveche de tan favorables condiciones.

Él también puede jugar a no decir nada, si lo apuran.

—Todo el arte de un hombre de Estado —lo interrumpe el senador Padilla— consiste en saber combinarse con la fortuna. El periodo presidencial de usted puede pasar a la historia como el constructor de nuestra grandeza económica.

—No vivimos en los tiempos en que basta fundar una prosperidad a secas —le responde tajante el presidente—; correríamos el peligro del porfirismo: creyó que estaba afianzando la prosperidad y solo estaba preparando la Revolución. Tenemos que destruir los moldes de una injusta organización económica.

Se asegura que el énfasis de su frase caiga en la palabra *destruir*.

—Nadie discute la justicia social —sigue ahora, altanero, Padilla—. El dilema no es entre el *laissez faire* y el comunismo, sino entre la economía bien dirigida y el caos.

—Una economía bien dirigida —responde con una sonrisa que es una mueca— reclama hacer justicia a las clases trabajadoras.

Ezequiel Padilla se exaspera. Se le nota en el semblante. Sube la voz. El presidente lo tiene atrapado en su propia madriguera.

—Lo que siembra inquietud, general —sigue Padilla—, es nuestra indecisión política, entre el comunismo como sistema activo de gobierno y el sistema de ideas socialistas que sustenta la Revolución mexicana.

—Es una fortuna que todos estos movimientos reivindicatorios de los trabajadores se estén realizando al principio de nuestra administración. Si algo hemos hecho desde las tribunas y la prensa, en todas las formas de lucha social, es insistir en el derecho legítimo de los obreros y campesinos a elevar sus normas de vida con mejores salarios, tierras propias y condiciones de trabajo más justas. Los espíritus timoratos se asustan cuando pasamos de las palabras a los hechos. No es posible hacer otra cosa que cumplir con las justas promesas.

Hay una pausa incómoda. En el silencio, Cárdenas mira con sus ojos claros a Padilla. Lo escruta. El senador saca un pañuelo del saco y se seca la frente y el cuello.

—¡Qué calor hace para ser abril! —se justifica—, y luego las polvaredas por la sequía del lago de Texcoco. No se puede siquiera respirar.

—El ingeniero Fabela está abocado a solucionarlo. Me ha dicho que para fines de año tendremos más de ocho mil hectáreas ya en cultivo en las tierras salinas del lago. La labor, como todo, es titánica. Hay que drenar y bordear. Pero le vamos a ganar a la sequía, se lo aseguro.

Ezequiel Padilla tiene una encomienda y no va a dejar que el presidente se vaya por las ramas. Lo cuestiona:

—¿Usted cree que la empresa particular podrá contar con las seguridades y garantías necesarias para sus inversiones y legítimas ganancias?

—Tengo motivos para afirmar que estamos pasando el punto culminante de las reclamaciones obreras. Dos grandes beneficios se experimentarán en brevísimo plazo. Por una parte, las empresas quedarán sometidas a iguales normas, desapareciendo esa nociva competencia que las empresas logreras puedan hacer a las que cumplen generosamente con nuestras leyes. Por otra parte, senador, un sentimiento de equidad hará a los obreros solidarios y leales con la producción. Si en dos años queda terminado, como creemos, el problema agrario, llegaremos a esa tranquilidad y prosperidad que usted anhela, como todos nosotros, y que ofrece la explotación de un país tan rico como México.

—Siento contradecirlo, general, pero la política actual del gobierno parece hacer todo menos fortalecer el espíritu de la empresa y el estímulo a la iniciativa privada, única fuente de riqueza posible.

—Padilla, los impacientes y los indisciplinados no tienen derecho a comprometer las oportunidades de México. Vamos a seguir la marcha de las reivindicaciones de la Revolución, solo que de manera escalonada, para no seguir limitados por las objeciones de la realidad.

—Le agradezco estas declaraciones, general Cárdenas, que serán útiles para las mismas organizaciones obreras que fácilmente pueden dejarse seducir por caminos contrarios a la ley, como la acción directa y el sabotaje.


Esa tarde, el general Cárdenas regresó a casa y pidió que le ensillaran un caballo para ir a montar. Sabía que le habían querido tender una trampa. Pero él detestaba esa práctica común de la política de hacer lo contrario de lo que se dice. Al llegar a casa, y antes de cenar, escribió en su diario: «Distintos amigos del general Calles, entre ellos algunos de los que forman parte del gabinete, vienen insistiéndole en que debe seguir interviniendo en la política del país. Estas gentes lo perderán».

—No sé por qué, Filiberto, pero creo que usted y yo terminaremos siendo buenos amigos.

—Déjese de mamadas, Téllez. Yo no tengo amigos. Solo voy dejando muertos regados por todos lados.

—Yo que quería ser reportero de toros y box, ahora solo escribo sobre muertos. Suficiente razón para intimar, ¿no cree?

Filiberto García solo respondió con un gruñido, luego inquirió:

—¿Y a qué debo el placer de su visita?

—Tengo que escribir una nota para esta noche y nadie me quiere dar información. Mi jefe fue claro: o la tengo a las ocho o de patitas a la calle. La prensa necesita alimentarse del sensacionalismo de la muerte. Y si alguien mata a sus hijos, entonces hay mucho con que alimentar a los lectores.

—Ya veo por dónde va, Téllez. No me diga que del asesinato político y de la nota seria lo han mandado a cubrir crímenes de barrio. ¿Qué quedó del autor de *Los ahorcados de Topilejo*? Lo admiraba, Güero.

—*La Noche* —se refería a su periódico— se alimenta de basura, como todo en este país.

—Lo sé, y yo soy quien recojo la mierda.

—Y yo quien la escribe. Quien muestra el cadáver entre las mandíbulas de mis lectores antropófagos.

Lo invitó a sentarse. Era la primera vez que el periodista lo visitaba en sus oficinas.

—Usted siempre empieza por los títulos. ¿Cuál será? ¿«La madre asesina»?

—Gracias por proporcionármelo. La voy a comparar con Medea, la de la tragedia griega.

—El caso de María de Jesús Rodríguez no da para tanto, Téllez. Una pinche loca, si me apura. Es todo.

—Una loca celosa, según he oído.

—Los celos, eso he aprendido en este oficio, son una consecuencia, no una causa. ¿Ha leído los últimos números de *Criminalia*? Una fuente inagotable de sabiduría, Téllez, ahora que tenemos academia de Ciencias Penales. Allí escriben sobre los delincuentes natos; yo, en cambio, me topo con ellos todos los días. Gente que nace, que está predispuesta por así decirlo, al crimen. Solo hace falta un motivo y aparece el monstruo que estaba dentro, como dormido. Pero estaba allí. Es el caso con esta mujer. A veces me gustaría que siguiera habiendo pena de muerte en este país.

—Mientras siga existiendo la *ley fuga*...

García se fue por la tangente y solo afirmó:

—De verdad, Téllez. Esta mujer es una pinche orate.

—Pues déjeme entrevistarla para el periódico, capitán.

—No se permitirá la prensa hasta que el juez dicte sentencia. Mis superiores fueron muy claros y no voy a perder la chamba. Le puedo dar algunos pinches datos, pero se va a tener que conformar con eso.

Filiberto García le narró los pormenores del caso.

María de Jesús Rodríguez, una mujer pobre de veinticuatro años, empieza a sentir celos de su marido. Unos celos enfermizos que la carcomen y no la dejan dormir. El esposo es obrero de la recién inaugurada Santiago Textil, y se desplaza desde muy temprano al trabajo para no regresar hasta entrada la noche, algunas veces borracho. Ella lo increpa, lo amenaza con dejarlo y llevarse a sus hijos. Casi todas las noches ella espera, creyendo que su hombre se ha ido con otra. Huele sus ropas. Busca fotos, recados, cualquier indicio que alimente su zozobra. No encuentra nada, lo que lejos de persuadirla alimenta su ansiedad. El exceso de cuidado le parece tan sospechoso como la evidencia franca de su amasiato. María de Jesús tiene cuatro hijos, dos niñas y dos niños. El más pequeño cuenta con apenas un año, y el más grande, con seis. No puede cargar con ellos ni mucho menos dejarlos para seguir a su marido y descubrirlo. El hombre empieza a estar harto y llega borracho más a menudo, a veces tan beodo que cae rendido y comienza a roncar. La mujer con mayor recelo hurga, husmea, huele. No hay perfume ni lápiz labial en el cuello de la camisa de mezclilla. La piel del hombre solo huele a pulque. Ha oído en las radionovelas cómo ocurren esos amores furtivos, las pruebas que las mujeres hallan indelebles en la ropa. La constatación de la culpa, de la traición más vil. Empieza a usar esas palabras. Vil. Infiel. Un día lo increpa:

—¿Me vas a decir ya el nombre de esa ramera?

El hombre, solo por molestarla, o por quitársela de encima, inventa alguno:

—Cecilia.

—¿Qué Cecilia?

—No la conoces —sigue él en la farsa—, trabaja en la fábrica y no me está chingando todo el día como tú.

Ella se le va a los golpes, pero él no reacciona. Es mucho más fuerte que la esposa y no la golpea. La deja hacer. Hasta que ella, llorosa y cansada, se encierra en su cuartucho con los niños. Él duerme en la cocina, improvisando una cama. Viven en las afueras de la ciudad, en una accesoria, apenas y caben. A la mañana siguiente se pasa gomina por el pelo y sale de prisa al trabajo.

Entonces ocurre la tragedia.

El teléfono de Filiberto García suena e interrumpe la historia para responder. Es el jefe de policía. Ha habido una trifulca en la Plaza de Santo Domingo, le pide que vaya pitando y que se lleve algunos gendarmes y una *julia*, por si hay que traer rijosos a la comandancia.

—Va a tener que disculparme, Téllez, pero el deber me llama.

—La policía siempre en vigilia, capitán. Lo entiendo. ¿Se puede saber por qué la alarma?

—Un pinche enfrentamiento a dos cuadras del Zócalo. ¿Me acompaña? Igual esa nota le vale un ascenso y su jefe no lo increpa por no terminar la de la loca.

—Lo dudo, García, pero vamos. Nunca hay que estar lejos de la fuente. Y allí donde hay escaramuzas siempre aparece el Güero, ¿o no?

—Una de cal por las que van de arena. Ahora soy yo quien lo introduce en el bajo mundo de las trifulcas callejeras. Démonos prisa.

La ciudad, en los pasados días, se ha vestido de rojo y negro. Hay huelgas por todos lados. Los obreros textiles, los empleados tranviarios, los ferrocarrileros. Huelgas generales en Puebla y Veracruz. Estalla una huelga cada dos días. El país está hecho una pinche mierda, piensa Filiberto García mientras revisa la pistola, la guarda en la cartuchera y se cala el Stetson gris.

Con la sirena encendida avanzan rápidamente hasta la calle República de Cuba, a la sede del Partido Comunista. Varios policías custodian el lugar. Mejor sería decir que se limitan a observar lo que ocurre sin atreverse a actuar.

Ahora se trata de los llamados Camisas Doradas, capitaneados por el general y expresidente Roque González Garza. Algunos de los alebrestados montan a caballo. Un gendarme le informa a Filiberto García que dentro se encuentra el expresidente, que han escuchado tiros pero no han querido ingresar.

Más de cincuenta hombres salen del lugar antes de que el capitán pueda actuar; llevan enormes retratos de Lenin y de Stalin que han descolgado de la pared. Una pila de libros a media calle arde y en la hoguera tiran las descomunales pinturas que se chamuscan como ceras de Cuaresma, con cansina lentitud.

—¡Abajo el ateísmo! —grita el expresidente, y dispara tres tiros al aire.

Filiberto García interviene, decidido:

—¡Qué abajo el ateísmo ni qué mis polainas! Se me están quietos todos, que ha llegado la autoridad. Han allanado propiedad privada y están saqueando los bienes de un partido regular y permitido por la ley. Me temo que se me van a ir a chirona. Sargento, proceda a arrestarlos. Y usted, general, me va a acompañar a mí a la comandancia.

—¡Qué se cree, mequetrefe! Parece que no sabe con quién está hablando.

—Lo sé de sobra, pero no me gustan nada los pinches escándalos en la vía pública, vengan de quien vengan. Entrégueme su arma si no quiere que le dispare.

El Güero Téllez no podía creer lo que estaba viendo. Los vidrios de la casona estaban rotos, por allí los Camisas Doradas habían arrojado mesas, sillas, hasta archiveros completos. Solo faltaba una barricada para que pareciera una escena de la Comuna francesa, pensó con su usual pedantería. Entonces notó que desde la azotea los comunistas arrojaban piedras a los hombres de González Garza. La escaramuza seguía en pleno. Se resguardó en una cornisa y absurdamente comenzó a tomar notas.

Filiberto García logró esposar al general y siete de sus lugartenientes lo acompañaron en la *julia*. Había heridos y una ambulancia de la Cruz Roja ya atendía a un niño y a un policía al que rozó una bala. Otra ambulancia recogía a una señorita más maltrecha y se la llevaba. Nadie supo decirle a Téllez de quién se trataba. Apenas y pudo recoger dos nombres para la nota.

Una patrulla iba detrás de la camioneta con los arrestados. Desde el asiento del copiloto, el capitán García le gritó:

—Güero, nos vemos a las siete en La Ópera. Le debo el final de la historia.

Fue al periódico a redactar la nota sobre los Camisas Doradas, pero el director volvió de cualquier forma a amenazarlo:

—Un día más, Téllez, quiero lo de la multihomicida. Esta historia no va a tener en ascuas a los lectores, lo siento. Un lío más entre cristeros y comunistas ya a nadie le interesa.

Le habló desde la redacción a Estelita para contarle que tenía una cita por la noche con García y que iba a quedarle mal con la invitación al cine. Daban *La mujer del puerto* y todos hablaban de la película como la nueva *Santa*.

—Le prometo, Estelita, que mañana sí vamos. Es que si no consigo una información me corren.

—Yo le puedo conseguir información, eso usted bien lo sabe, Eduardo.

—Pero de las antesalas del poder, donde usted pernocta o pervive, mi Estelita. No del mundo del hampa ni de los bajos fondos. Para eso necesito a Filiberto García.

—Por cierto que su amigo anda bien pila. Ayer estuvo por acá con el jefe de la policía y otros dos comandantes, y el mismísimo presidente lo felicitó por haber desmantelado una conspiración militar en su contra. Más que policía me huele a espía, ándese con cuidado. Y mañana no me falle, ¿de acuerdo? Ahí le mando un besito para que no me olvide.

—Mañana sin falta, Estelita.

Salió del periódico con prisa, con la huelga de tranvías quién sabe si podría encontrar un taxi y caminando se le iba a hacer tardísimo para su cita. Así que desmantelando complots y tan calladito García, pensó el Güero.

Una extraña neblina, para ser ya 2 de marzo, cubría la noche.

El capitán ya estaba esperándolo en La Ópera.

—Pídase su ginebra y se viene al reservado, Téllez. Esto lo hago no por amistad, sino por mi propio beneficio. Va usted a poner en la nota, eso sí, que yo llevo la investigación pero que una fuente anónima suministró los datos. Cuidado y se le vayan las pinches teclas, Güero.

El periodista regresó con su vaso. Después de darle un largo trago, y sin seguirle el juego a García, lo increpó:

—Me enteré de algo más jugoso que lo de la asesina, capitán. Se tenía muy guardadito su último logro.

—No lo sigo. De plano no sé de qué chingaos me habla.

—Una rebelión militar que, por arte de magia, se logró sofocar.

—Se lo cuento pero ni una pinche palabra. Como lo ponga en su periódico yo mismo lo dejo frío y sin autopsia, ¿estamos?

Téllez asintió. Casi no le quedaba ya ginebra en el vaso, así que pidió otra con señas al cantinero detrás de la barra.

—Me encargaron espiar al general Juan G. Cabral. Llevaba una semana siguiéndole los pasos como un perro. Y, por suerte, o por pinche instinto, en una de las ocasiones decidí no seguirlo y me escabullí dentro de su casa. Buscaba en realidad al general Villarreal que, se decía, estaba allí escondido. No encontré a nadie ni un arma, pero sí indicios de una casa de seguridad en las calles de Palestina, y allí sí que me encuentro un arsenal y a dos cabrones que cantaron rapidito. Siete más fueron apresados de inmediato en Celaya gracias a la información. Y dimos con el verdadero cabecilla, el general Lauro Rocha, y algunos cristeros de Los Altos.

—¿Arrestó a alguien?

—Eso está en manos de la justicia militar, Téllez, no se me haga pendejo. Yo allí no tengo jurisdicción. Solo entregué a los alzados.

—Me dicen que el mismo presidente lo recibió.

—Y a los jefes. Yo nomás fui de mirón. ¿Cómo se anda enterando de mis coordenadas? ¿Quién es el soplón?

—Estelita, ¿se acuerda de ella?

—¡Cómo olvidarla! Así que siguen en amoríos. Qué lástima, pensé que ella estaba libre, ganas no me faltan de acercármele.

—No se mande, capitán.

—Pero lo cité para hablar de María de Jesús Rodríguez, no de mis incursiones en el mundo castrense.

—Soy todo oídos, pero con tantas cosas que han pasado no recuerdo dónde nos quedamos.

—Para qué le sirve entonces su pinche libretita, Téllez. Revísele.

—Lo último que me contó es que el marido se fue a trabajar como todos los días..

—Y ella se escabechó uno por uno a los cuatro hijos. A cuchilladas. El marido la encontró por la noche, aún sin habla, con el arma en las manos llenas de sangre. Sangre había por todos lados. Los cuerpitos de los niños en la cama, por el suelo y el más pequeño a sus pies. A ese parece que lo estranguló, pero también luego le clavó el arma. ¿No le dije que estaba orate? Y el marido igual ni le era infiel.

—¿Pero todo lo sabe por él? Él rindió su declaración, ¿no? ¿O ella también ya le dijo cómo estuvieron las cosas?

—A mí no, qué va. Esa es cosas de doctores. Psiquiatras forenses, como se hacen llamar. Ellos la tienen encerrada en el pabellón de observación de La Castañeda.

—¿Ellos?

—José Gómez Robleda. Usted ha escrito ya del doctor, quién más iba a ser.

—Una eminencia.

—Lo menos que se necesita para tratar a esa pinche enferma. Lo que sí le digo es que al menos le echan veinte años. Lástima que aquí no hay pena de muerte, ya se lo decía yo. Para mí que es lo único que vale en este caso.

—La pena de muerte no cura la ignorancia, que es seguramente la causante de lo que usted llama locura.

—Si todos los ignorantes le clavaran el cuchillo a sus hijos, este pinche país ya no tendría escuelas, Téllez. No diga pendejadas. Estamos ante una esquizofrénica, como diría su querido doctor Gómez Robleda, o una demente, tan simple como eso. Ora que en este país de locos, pues habría que encerrarlos a todos.

—En eso le asiste la razón, capitán.

—Invíteme otra copa, me debe su pellejo en el pinche periodiquito en el que trabaja.

—¡A su salud, mi capitán!

# IV

## El Jefe Máximo señala el rumbo

El general está en su despacho, sentado frente al escritorio. Pasa de la medianoche y el tictac del reloj ya no lo molesta. Revisa sus apuntes de la semana anterior, como cada domingo desde que se vinieron a vivir a la nueva casa presidencial, que de inmediato bautizó como *Los Pinos*. En los dos meses que estuvo cerca de Ortiz Rubio vivió en una casa en la parte baja del Castillo de Chapultepec. Los numerosos hijos del ingeniero no cabían en la zona habitable del Castillo. Era una monserga. Y los visitantes, cada vez más numerosos. Imposible tener una vida privada. Pidió a Bienes Nacionales que le buscaran algo en el mismo bosque. Primero le mostraron la Casa del Lago, medio habitable, aunque pequeña. Luego por fin dieron con el rancho que llamaban La Hormiga. La casa estaba muy destruida, con un campo grande, una alberca maltrecha y un solo baño. Pero al menos era amplia. Mandó que la remodelaran y le puso el nombre, como un homenaje a la hacienda de los Espinosa en Tacámbaro, donde conoció a Amalia. Hizo sembrar cientos de pinos para que se justificara el bautizo. No sea que le vayan a cambiar el nombre, bromeaba con su mujer. Se había llevado también a su hija Alicia, y Amalia la cuidaba. Teresita, la muchacha que los ayudaba, quería a la niña y le hacía sus comidas favoritas. Al fin estaba en una casa grande, donde se podía levantar temprano sin que hubiera mirones pegados en las rejas. Se bañaba en el agua helada de la alberca y luego un soldado lo afeitaba, costumbre que no se pudo quitar desde las cruentas campañas contra Villa. Instaló una peluquería en la parte de abajo, junto a su despacho. Pero en este momento no hay ruido. Todos están dormidos menos él, que tampoco se mueve. Solo lee sus apuntes, contrariado. En ocasiones quema lo que ha escrito para que su hijo, cuando lo lea, no guarde rencor por ninguna persona. Las más de las veces conserva lo allí contado, para tomar conciencia de lo que le va ocurriendo. Para obrar con cautela. Los años de lucha le han enseñado a ser un zorro con piel de cordero. A no confiar en nadie. Solo así cree que podrá cumplir los sueños de la Revolución.

Cada vez está más molesto con su antiguo mentor. El general Calles parece no entender que estos son nuevos tiempos y que él no se va a dejar mangonear. Ha apoyado a Lombardo, aun a sabiendas de que el nuevo líder no es de fiar. Pero solo así puede restarle fuerza a Luis Napoleón Morones y su CROM. ¿Se puede ser ministro y líder sindical y amigo íntimo del Jefe Máximo a la vez? Sí, pero la fórmula segura implica corrupción a manos llenas. Por eso visitan al general Calles todos los enemigos de la reforma. En El Sauzal, en la casa de Abelardo Rodríguez, donde pasa largas temporadas, en Sonora o, más recientemente, en Cuernavaca. Había tenido la delicadeza de no *bajar* a la Ciudad de México para no entrometerse de más con las decisiones de su chamaco, pero había terminado por romper su promesa de ya no inmiscuirse en la política. Quería seguir teniendo el control total. El propio presidente se ha ido a reunir dos veces con él, únicamente para pedirle que haga oídos sordos a sus amigos. El viejo caudillo solo le responde:

—Ya les he dicho hasta el cansancio que me dejen en paz.

Pero él mismo no se puede estar en paz, y eso lo sabe muy bien su discípulo. Ahora ha regresado al centro del poder y Cárdenas tiene la certeza que desea influir activamente para que cambie la política obrera del gobierno. No puede permitírselo. Había que jugar carambola a tres bandas, no a la política, pensó. Proteger a los obreros sin importar que se ampliara el conflicto laboral y que Lombardo, por ahora, adquiriera un protagonismo peligroso; apoyar a la llamada *ala izquierda* de la Cámara de Diputados y contener cualquier sublevación del ejército, controlando sus mandos en todos los territorios de la República.

En mayo ya era claro que las cosas iban a estallar, de una manera u otra. Había informes clarísimos de que buena parte de su propio gabinete, múltiples diputados e incluso algunos generales, se reunían casi a diario en Las Palmas o en la casa de Anzures del general Calles. Él les hablaba bien de su chamaco pero toleraba que le llamaran «Trompudo», incluso algunos miembros del propio gabinete hacían mofa del presidente y sus raras costumbres, como comer en cuclillas rodeado de indios o preferir dar audiencia a los obreros que a cualquier otra persona. Todavía Cárdenas quiso prevenir la confrontación total y también fue a visitarlo. No dejó de ser irónico:

—Veo que se encuentra muy repuesto de salud, general Calles. Y sé de buena fuente que lo han venido a ver todos su amigos para manifestarle el gusto que les da el estado de su salud.

—No se crea, Lázaro. Muchos achaques. Son la vejez y los golpes de la Revolución en un cuerpo maltrecho. Pero me defiendo como puedo.

—Le he venido a pedir que no aliente la oposición a las políticas de este gobierno, general. He de ser directo con usted. Muchas de esas visitas ocultan el verdadero motivo, que es desestabilizarnos. Y además contraponernos. Yo mismo intenté en otra ocasión, y usted lo sabe, que los ánimos no llegaran a caldearse. En los pocos meses que acompañé al ingeniero Ortiz Rubio, parte de mi labor fue pacificar a los opositores y tratar de que el presidente hiciera las paces con usted. Nuestro caso es distinto. Nos conocemos desde hace décadas y le pido por el bien del proyecto revolucionario que les hable claramente y los ahuyente de su lado si es que vienen a pedirle que intervenga.

Plutarco Elías Calles, como tantas otras veces, mintió:

—Se lo dije en El Sauzal y se lo repito ahora, general: no me interesa la política y estoy cansado de que me inmiscuyan en ella. Puede usted también decirles que nuestra amistad es sincera y que a usted lo quiero como a un hijo.

—Mucho le agradecería, general, que usted mismo se los repitiera.

Pero otros eran los planes de Calles.

El 10 de junio el presidente despachaba en Palacio a unos campesinos de Uruapan y el secretario particular lo interrumpió con una visita urgente.

—Luis, ya le he dicho que no hay nada más urgente que el campo.

—Le pido, señor presidente, que atienda al señor director de *El Nacional*. Lo he pasado a la otra sala.

Froylán C. Manjarrez venía realmente asustado, como si tuviese una bomba en las manos a punto de estallar:

—El general Matías Ramos, presidente del PNR, me ha enviado unas declaraciones incendiarias del general Calles para que las publique. Son terribles, señor. Ataca a los obreros directamente y se queja de la situación política del país creada por el gobierno. Por lo que más quiera, léalas usted mismo. No me atrevo a publicarlas a menos que usted me lo solicite.

Cárdenas las leyó en silencio, sentado detrás de su escritorio. Sin inmutarse, sin hacer gesto alguno que permitiera al periodista o a su secretario Rodríguez saber cuál sería la reacción. Cuando hubo terminado se las regresó a Manjarrez.

—Espero que quepa la prudencia, don Froylán. Al menos nosotros no debemos publicar esta bravuconada del general Calles. Deje que los otros periódicos aticen el incendio. Nosotros sabremos responder a tiempo. Ahora déjenme, que debo volver a mi audiencia con el juez de paz y su gente que han venido hasta la capital para, por primera vez, ser atendidos con dignidad por la autoridad correspondiente.

No dijo más. Ni siquiera esa noche, en casa, Amalia pudo saber lo que estaba pasando. Cenó temprano, como siempre, y se retiró a su despacho. No volvió a Palacio, como le era habitual después de las nueve de la noche. Su mujer lo encontró leyendo una novela recién aparecida, *El indio*, de Gregorio López y Fuentes. Le había dado por subrayar con lápiz las frases que más le interesaban de sus lecturas, era otra forma de pensar en voz alta con ayuda de los pensamientos de otros.

A la mañana siguiente, el de 10 junio, estalló la tormenta. Todos los periódicos importantes, salvo *El Nacional*, publicaban las declaraciones del general Calles dadas, curiosamente, al senador Ezequiel Padilla, pero ahora encabezadas con el nada sesgado título: «El general Calles señala los rumbos». Pues qué rumbos más equivocados, pensó el presidente mientras mojaba una concha en su café caliente. Se había metido a nadar en la alberca helada a las cinco de la mañana y apenas eran las seis y cuarto cuando Núñez le trajo los periódicos del día. Leyó como si la noticia hubiese ocurrido en otro país en el que él estuviese como embajador:

«Pasamos a la residencia de Las Palmas —el palacio, que no quinta, de Calles en Cuernavaca—», escribía el senador Padilla en su nota introductoria llena de zalamería. «El general Calles, vigoroso y sereno, se dispone a escuchar a la comisión de senadores. Designado previamente por mis compañeros, expongo ante el general Calles las razones que fundaron la resolución del bloque en el sentido de que toda acusación formulada por el Partido Nacional Revolucionario contra un miembro de la Cámara, debe ser juzgada y resuelta por la asamblea.»

Sigue Padilla:

«—La Constitución ha protegido con garantías e inviolabilidades al representante del pueblo. Las últimas reformas realizadas bajo la directa inspiración de usted sobre no reelección y prolongación del mandato, han contribuido a afirmar el sentimiento de dignificación e independencia de la representación popular. Creemos que sería conveniente a las relaciones cordiales del Partido con las Cámaras mantener el mismo espíritu de la Constitución.»

En realidad lo que Ezequiel Padilla dice sin nombrar en su perorata es que la otra ala, el otro bloque, el de izquierda, apoyaba las reformas del presidente y quería que un particular, Calles, interviniese con un golpe de timón, o de *rumbo*, como él mismo lo bautizó al encabezar así su nota.

Aún tenía fuelle Padilla para su diatriba:

«—El Partido tiene ahora más necesidad que nunca de la crítica sana, de la autocrítica. Necesita depurarse del lastre de falsas ideologías. Este partido está dejando a la deriva todas las desviaciones del programa y principios de la Revolución.»


El general Calles se aclara la garganta con un trago de coñac, brinda con sus leales y responde, primero por las ramas:

—Quiero saber claramente, señores, si la resolución del bloque del Senado que aquí se me presenta no tiene otros fines, digamos electorales, o censuras a nuestro instituto político, garante de nuestra unidad.

—Estamos aquí, señor —afirma categórico Padilla—, porque reconocemos las jerarquías del partido. Sabemos además que las orientaciones de usted, por sus convicciones definidas y el valor extraordinario de su experiencia y de su autoridad moral, constituyen una garantía de acierto en la política nacional.

El senador Ayala participa también y afirma que es así, que todo el bloque está de acuerdo y que no los mueve otro interés que el del crecimiento y la estabilidad del país. Allí están los otros: Talamantes, Padilla, Baca Calderón, Pineda y Campero. Todos suben sus copas y brindan por el general Calles y por la salud de la República, robustecida por su decisión de provocar un golpe de Estado. O eso, al menos, es lo que intentan. No es la primera vez que Calles termina con el futuro de uno de sus protegidos. Esta vez le tocó a su chamaco, están convencidos.

—Seguramente —afirma entonces el caudillo— debemos criticar, señalar errores al gobierno y al Partido. Es la única manera de conjurar males más graves.

Eso es lo que todos quieren escuchar. Ha salido al fin de su pragmatismo y empieza a manifestar lo que, en privado, siempre ha dicho:

—No hay otra manera de lograrlo, señores, que con un enérgico manotazo, aunque sea esta vez con palabras. Le pido, Padilla, que publique lo que a continuación voy a decirle, con claridad y sin mover una coma.

—Descuide, general.

—Deseo hablar a ustedes —enfatizó teatral el Jefe Máximo, sabiendo que lo que tanto había ensayado y pensado decir, esta vez sería recogido por el reportero en ciernes que era su senador—, deseo hablar a ustedes con la franqueza que acostumbro. Lo que ocurre de más inquietante en las cámaras, según los informes que he recibido, es que comienza a prosperar esa labor tendenciosa realizada por gente que no calcula las consecuencias, para provocar divisiones personalistas. Está pasando exactamente lo que sucedió en el periodo de Ortiz Rubio.

Se detiene aquí para que todos entiendan lo que verdaderamente quiere decir, pero prosigue:

—Un grupo que se decía ortizrubista y otro callista. En aquellos tiempos, en cuanto supe acerca de estos incidentes, traté en persona y por conducto de mis amigos de conjurarlos. Pudieron más los elementos perversos que no cejaron en su tarea hasta el desenlace de los acontecimientos que ustedes conocen. Sé los nombres de los que mueven la Cámara de Diputados, descuiden. No debemos seguir con la división entre callistas y cardenistas ahora, porque en estas divisiones llega incluso a inmiscuirse el ejército y como consecuencia llega el choque armado y el desastre de la nación.

Luego, para suavizar lo que ha dicho, taimado, declara:

—Debieran saber los que prohíjan y realizan estas maniobras que no hay nada ni nadie que pueda separarnos al general Cárdenas y a mí. Conozco al general Cárdenas. Tenemos veinte años de tratarnos continuamente y nuestra amistad tiene raíces demasiado fuertes para que haya quien pueda quebrantarlas.

Al senador Padilla se le atora el coñac en la garganta. Pero sabe que es una treta política, y que aún vienen las mejores declaraciones de su jefe.

—También ha llegado a mi conocimiento la formación en las Cámaras de *alas izquierdas*. Esta formación es un desacierto y un peligro. ¡Cómo puede haberla! Hemos actuado dentro de un partido, hemos concurrido a sus convenciones y discutido su programa de acción. Ahora vemos la formación de *alas izquierdas*, lo que quiere decir que habrá *alas derechas* y ahí comienza el maratón de radicalismos y de los excesos que a ningún acierto pueden conducir.

Talamantes interviene, tímido:

—Por eso este *bloque* del Senado no se tiñe de ningún color o bandera, general.

Calles no lo escucha, habla de la necesidad de cordura y tranquilidad espiritual en el país —la misma que él está agitando con conocimiento de causa—, y quizá por eso es más enfático cuando les dice:

—A la ola de egoísmos que viene agitando al país se suma que desde hace seis meses la nación está sacudida por huelgas constantes, muchas de ellas ciertamente injustificadas. Las organizaciones obreras están en muchos casos ofreciendo ejemplos de ingratitud. Las huelgas dañan mucho menos al capital que al gobierno, porque le cierran fuentes de prosperidad. El presidente puede tener buenas intenciones, pero estas se encuentran obstruidas y vamos para atrás, retrocediendo siempre. Es injusto que los obreros causen este daño a un gobierno que tiene al frente a un ciudadano honesto y amigo de los trabajadores como el general Cárdenas. Son los líderes, como Lombardo, los que dirigen el desbarajuste. Sus organizaciones no representan ninguna fuerza por sí solas, las conozco. A la hora del peligro ninguna de ellas acude y somos los soldados de la Revolución los que tenemos que defender su causa. Se están comprometiendo las oportunidades de México, no me canso de repetirlo.

Habla de la Compañía de Tranvías, en bancarrota; de la Compañía Telefónica, que ha concedido lo que no puede comprometerse; de la Papelera San Rafael. Luego sentencia:

—Nada detiene el egoísmo de las organizaciones ni de sus líderes. No hay en ellos ética ni el más elemental respeto a los derechos de la colectividad.

Padilla cierra su artículo con una serie de frases categóricas: «Tuvimos la rara oportunidad de sentir vibrando el pensamiento formidablemente combativo del general Calles. Hemos escuchado la voz de un gran estadista».

La reunión en Cuernavaca no terminó de la misma forma. Brindaron hasta muy entrada la noche y agradecieron la participación definitiva del caudillo. Sabían de sobra que el presidente Cárdenas tenía sus días contados. La gente en la calle, sin esperar unas horas, corría el mismo dislate: *Se cayó el Trompudo*, que algunos de los voceadores, al anunciar su *extra*, canturreaban al vender la edición incendiaria.

El presidente esperaba que más pronto que tarde esto ocurriera. Sus propios informantes, a lo largo del día, le hicieron saber de las muestras de adhesión que el general Calles iba recibiendo en su casa de Anzures. Todos llegan a manifestarle al caudillo su afecto, su apoyo. La Cámara Nacional de Comerció lo felicitó por sus audaces y contundentes declaraciones. Solo el Partido Comunista lanzó su «Ni con Calles ni con Cárdenas», que hizo reír al presidente. Ya habrían también de tomar partido, a su debido tiempo.

Las centrales obreras salieron a la calle a pedir la expulsión del Jefe Máximo del país. El general convocó a su gabinete para esa misma tarde. Salió a montar un rato, regresó a Los Pinos y se dirigió a las cuatro a Palacio Nacional.

No se anduvo con rodeos. De inmediato los fustigó:

—Señores, como ustedes comprenderán fácilmente, las declaraciones del general Calles me obligan a pedirles su renuncia para que yo quede en libertad de nombrar a nuevos colaboradores. Debo hacerles notar que el general Calles carece de razón al tratar los asuntos de mi gobierno de la forma en que lo hizo.

El silencio fue la única respuesta. Un silencio anticipatorio, como antes de la batalla. El general los veía, uno por uno, escrutándolos con sus ojos claros. Sin inmutarse, como siempre. Su secretario de Gobernación, Bojórquez, fue quien se atrevió a intervenir:

—Lázaro —lo tuteaba para manifestar su superioridad—, yo creo que la renuncia del gabinete tendrá como consecuencia el rompimiento de la unidad nacional. ¿No crees que convendría buscar un entendimiento que impida esta división?

—Si ustedes desean hablar con el señor general Calles, como creo que Juan de Dios propone, para buscar alguna solución al problema, no veo ningún inconveniente en que vayan a entrevistarlo.

Todos los secretarios callistas salieron corriendo a Cuernavaca esa noche. El procurador del Distrito Federal, el licenciado Castellano, se ofreció en privado con Cárdenas a asistir como testigo a la reunión. A las dos de la mañana llegaron a Las Palmas. Calles estaba en pantuflas y bata, pero sobre aviso telefónico de la visita.

—El señor presidente ha interpretado mal mis declaraciones. Lo lamento mucho, pero ya no tiene remedio. Ni modo que sostengamos esto con alfileres. Envíen sus renuncias.

—Pero, general… Piénselo. Pueden conciliarse las cosas.

—Nada se puede hacer ya, entiéndanlo. A ver a cuál de ustedes los vuelve a llamar. A mí me corresponde, creo, descansar.

El 12 el presidente designó un nuevo gabinete y, previendo cualquier levantamiento, también un nuevo secretario de la Defensa y un nuevo jefe de la policía. Eulogio Ortiz estaba al servicio de Calles, no de la ciudad a la que juraba servir. Al día siguiente hizo publicar su respuesta aclarando que él tampoco había aconsejado divisiones, pero que muchos elementos políticos habían usado la murmuración, la deslealtad y la traición. Apoyaba las huelgas y a los trabajadores y volvía a insistir en el cumplimiento del programa de la Revolución.

Pocos días después, el 18, Plutarco Elías Calles deja la capital y sus alrededores y se recluye en su finca de Navolato, anunciando que esta vez se retira de la política para siempre. El primero de septiembre, en su informe, insistirá Cárdenas en que él es el único responsable de la marcha política y social de la nación. Antes de terminar el año, aún dolido por la actitud de su viejo maestro, anota en su diario: «El distanciamiento definitivo con el general Calles me ha deprimido, pero su actitud inconsecuente frente a mi responsabilidad me obliga a cumplir con mis deberes de representante de la Nación. Recuerdo que en 1918 Calles decía: "Yo seré siempre un leal soldado de la Revolución. En la vida, el hombre persigue la vanidad, la riqueza o la satisfacción de haber cumplido honrada y lealmente con su deber". ¡Cómo hace cambiar la adulación el pensamiento sano de los hombres!».

Este será un crudo invierno.

\* \* \*

La fiesta de Navidad de 1935 sorprende a Filiberto García espiando a un general. Esta vez se trata, nada más y nada menos, que del expresidente Plutarco Elías Calles y su líder sindical, Luis N. Morones. Una cosa es espiar a lidercillos obreros o a vasconcelistas timoratos como Alfonso Taracena, al que incluso ha metido al bote por un par de días, y otra cosa muy distinta a un expresidente. ¡Al Jefe Máximo, que tiene su propia guardia! El comandante le dejó claro que tenía que proceder con extrema cautela. «Como te sorprendan en esta te tengo que sacrificar», le dijo. «Y no me gusta prescindir de mis mejores hombres.» Pinche comandante, quién le va a creer sus adulaciones. Es solo para que me vaya por la rayita, pensaba.

Acababa de llegar desde San Diego en avión a la Ciudad de México el 13, y para variar lo hizo tronando con sus declaraciones de prensa. Él debía, a ver cómo, descubrir si tramaban un levantamiento militar y si tenían armas en su haber. La soga se rompe siempre por la parte más delgada, por lo que decidió seguir a Morones y a su gente. Lo que significaba muchas desveladas. Al señor le gusta la parranda, pinche gordo medio golfo. Cantinas, cabarets y casas de sus amigos. Llevaba anotando por días los nombres de todas las personas con las que se veía. Le gustaba especialmente el Salón México, con sus tres salas de baile y sus tres orquestas. Filiberto había ido un par de veces pero solo a la sala del sebo. No a la de la mantequilla ni a la de la manteca. Esos nombres se los habían puesto por la cantidad de vaselina o grasa que sus usuarios utilizaban para aplacar el pelo. Morones siempre iba a la sala de la mantequilla, donde tocaba Consejo Valiente, «Acerina», con su sonora. Siempre bailaba una o dos piezas, pero la mayor parte del tiempo se la pasaba más bien *despachando*. Lo iban a ver diputados, policías y hasta gobernadores. En algunos casos había intercambio de dinero. Filiberto solo se limitaba a anotar y a informar. Bueno, y a pagar sus cincuenta centavos cada noche por entrar a espiar. Pinche lugar tan caro, aunque las damas no paguen. Le hubiera gustado invitar a alguna, pero era difícil estar ojo avizor y además anotar sin que la dama le preguntara cuál era en realidad la razón de estar allí. No ella, por supuesto. Así que mejor lo evitó.

Cuando pensó que no tenía caso continuar siguiendo al líder, utilizó una treta que le había aprendido a su maestro Valente Quintana. Ahora retirado por los nuevos comandantes, el antiguo policía había optado por poner una escuela y un negocio como detective privado. Lo había intentado llevar consigo, pero a Filiberto le parecía absurdo estar persiguiendo maridos cornudos o enseñando a pinches jovencitos imberbes los rudimentos de un oficio que solo se aprende en la calle, arriesgando el físico, siempre en peligro. Quintana utilizaba todos los disfraces posibles. No le importaba aparentar ser un indigente o un viejo. Así, con esas artimañas, había logrado descubrir muchos crímenes y consignar a los culpables. García se hizo pasar por representante de la Compañía de Luz y Fuerza y consiguió una credencial. Tras un falso bigote y un viejo sombrero Tardán se presentó en el domicilio de Morones cuando sabía que no había nadie allí, todos estaban festejando no sé qué triunfo en un cabaret de mala muerte en el Callejón de Jiménez esquina con Echeveste, «El 1».

La empleada doméstica, al principio, no lo quería dejar pasar, pero después de identificarse y entrar sin permiso a revisar el medidor, sintió que no había nada que temer. Él le pidió entonces contar las clavijas y los focos de la casa, para llevar la cuenta exacta de los kilowatts consumidos. La estratagema dio resultado y la mujer lo dejó vagar a sus anchas por las habitaciones y las dos salas. Sin orden de cateo alguno pudo percatarse del arsenal allí dispuesto. Pidió usar el teléfono y marcó a la comandancia. Cuando la sirvienta se percató de qué se trataba en realidad, quiso impedirlo, pero Filiberto García sacó su pistola y su verdadera placa, y le pidió que se sentara calladita donde pudiera verla. No tardaron en llegar el comandante y hasta el jefe de la policía.

Incautaron las armas y pidieron la ayuda de otros uniformados para esperar la llegada del líder con sus matones. A todos los arrestaron esa misma noche, aun a sabiendas de que no durarían mucho en chirona. Pinches influyentes, nunca acaban de pagar del todo. Siempre se salvan, por un pinche pelo de rana, pero se salvan.

De premio, en lugar de darle vacaciones, lo mandaron a Navojoa, donde volvía la agitación cristera usando a los indios. Al grito de «Cristo Rey», el país había vuelto a tomar las armas. En quince estados se levantaron los cristeros y había más de ocho mil rebeldes armados.


El Güero Téllez también cambió de chamba. Pasó a dirigir la sección policiaca del nuevo diario, *La Noticia*, bajo las órdenes de Miguel Gil, un reportero en serio. El único problema es que el verdadero dueño del periódico era Saturnino Cedillo, el cacique de San Luis Potosí, traído por Cárdenas para hacerse cargo de la Secretaría de Agricultura en sustitución de Garrido, a quien había mandado de embajador a Costa Rica para que dejara de dar guerra. Así que había que golpear de pronto, por órdenes superiores, a determinados políticos, o de plano no escribir ciertas notas comprometedoras. Lo verdaderamente intocable en *La Noticia* era la Iglesia, aliada del general Cedillo. Diciembre suele ser un mes tranquilo, los muertos de la nota roja salen allí por beodos o por pendejos, pero no hay nada a qué dedicarle horas de investigación. Se le hacía raro no ver a Filiberto García en ningún bar de la ciudad, andaría de comisión, siempre misterioso. Tal vez festejaba con unas vacaciones su arresto estrella. Váyase a saber. Estelita le había conseguido boletos para ir a escuchar al líder espiritual Krishnamurti, de visita en el país en octubre, y habían asistido a dos de sus conferencias medio ininteligibles. Por algo en un periódico dijeron que se trataba de «un rompecabezas en dos pies». Sin embargo, a Estelita le dio por ponerse a leer filosofía oriental.

—¿Oiga, Estelita, y en estos meses ya sin la tutela de Cholita González el presidente no le hace el feo?

—¿Piensa usted que yo soy callista? Ni loca. Yo estoy con el presidente en sus esfuerzos revolucionarios —contestó como un soldado.

—Pues fue gracias a Cholita que usted llegó a trabajar a la Secretaría de Hacienda. Por eso digo que quizá la identificaran como de la vieja guardia.

—No. Yo me he sabido hacer de nuevos amigos. Además ya ve usted que se aprobó el nuevo Estatuto Orgánico. Si no me quieren, pues que me cambien de dependencia burocrática, pero ya no se pueden deshacer de mí tan fácilmente.

—¿O sea que usted es como san Pedro, que niega tres veces?

—No sea mandado, Eduardo. Yo tengo bien puestas mis lealtades.

—No así el país. Los mismos diarios que ensalzaban al general Calles ahora lo niegan. Mire, le leo: «Nada en su historia podría conmovernos gratamente: Santa Anna tuvo su gloria de Tampico, su pierna mutilada por la metralla francesa; Porfirio Díaz sus innegables lauros de la Reforma, de la Intervención y del Imperio, si se quiere condenar en bloque toda su obra presidencial; pero, ¿Calles? ¿Con qué recuerdos suyos pudiera algún día hacer llorar de ternura al pueblo? Sembrador de odios, implacable perseguidor de enemigos suyos, segador de vidas inocentes, insaciable amontonador de dinero. Solo fue grande en la maldad, en la infundada soberbia, en la inmoralidad cotidiana». Se lo digo, Estelita. Todos andan pidiendo que el presidente lo expulse del país y ya hasta tuvo que hablar a la multitud ayer.

—No, pues tampoco. Se les pasa la mano. Del árbol caído todos hacen leña. Yo lo traté poco, pero era siempre gentil conmigo. No voy a andar hablando pestes ahora. El general Cárdenas es también amable pero como que siempre anda pensativo, mirando para adentro. Como que algo se le perdió muy hondo y no halla cómo encontrarlo.

—¿Me va a dejar invitarla a cenar hoy, por Nochebuena, Estelita?

—No me lo tome a mal, pero la voy a pasar con mis padres. Hasta viene mi hermano de Zacatecas.

—Igual y es buen momento para presentarme con su familia, ¿no cree? O nos vamos a quedar para vestir santos.

—Es usted quien no da el primer paso, que conste que ya se lo dije.

# V

## La patria de los pobres

¿Se podrá domar a un país como se hace con un potro salvaje? ¿Será posible algún día, cuando ya esté del todo pacífico, llevarle la rienda, dejarlo a ratos ir a su paso, someterlo a galope, frenarlo de un tirón? Todo eso se pregunta el general esa fría mañana de febrero. No es del todo optimista pero al menos siente que 1936 será un mejor año. De alguna forma lo sabe. Con Calles medio derrotado, aunque de regreso —llegó de Los Ángeles, donde convalecía, aparentemente rejuvenecido—, pero expulsado del PNR por Portes Gil, junto con varios diputados del ala derecha; con el corrupto de Morones descubierto por la policía con un pertrecho de armas en su domicilio capaz de sostener un pequeño ejército, y ya siendo juzgado; con un gabinete nuevo pero ya experimentado en sus labores, estos meses tienen que ser decisivos para el reparto agrario y para la consolidación del movimiento de los trabajadores.

Los periódicos de oposición —¿todos salvo el del gobierno?— y los extranjeros, sin embargo, coinciden en un diagnóstico que puede costarle al país: México está derivando hacia el comunismo. El propio Lombardo ha ayudado a ese retrato irreal que hace daño. Mucho daño, piensa el general. Cuando en febrero estalla la huelga de los vidrieros en Monterrey, el país es un polvorín. El líder teziuteco ha ido a encender la llama. El presidente Cárdenas lee en el periódico extractos de su largo, interminable discurso —por algo en *Excélsior* lo llaman ya «Don Cloroformo»— a los obreros regiomontanos del 6 de febrero. Tiene razón en muchas de las enfermedades que detecta en el país. Pero no en la cura, al menos eso es lo que piensa cuando, antes de irse a Palacio, lee las preguntas interminables, como lanzadas desde una ametralladora, de Lombardo sobre la patria:

«¿Cuándo surgió aquí, en esta región del territorio de América? ¿En 1821, o antes? ¿En 1875, o antes? ¿En 1910, o antes? ¿Quiénes la formaron? ¿Los indios? ¿Solamente ellos? ¿Los españoles agregaron algo a la Patria anterior o crearon una nueva Patria? ¿Las guerras con el extranjero contribuyeron a crear a la Patria Mexicana que no existía? ¿La dividieron, si era fuerte? ¿La destruyeron, si era débil? La invasión yanqui del 47, ¿qué repercusión tuvo en la Patria Mexicana? La invasión de los soldados de Napoleón III, ¿en qué forma contribuyó a que la Patria cuajara, o a que la Patria rodara, o por lo menos vertiera sangre por sus heridas? ¿Quiénes la hicieron? ¿Qué fisonomía ha tenido en el curso de nuestra evolución histórica, y cuáles características tiene hoy? ¿Quiénes la detentan? ¿Quiénes la sufren? ¿Quiénes la disfrutan? ¿Quiénes la lloran? ¿Quiénes la cantan? ¿Cuál es la patria de 17 millones de habitantes en un vasto territorio casi despoblado?»

No tiene tiempo para contestarse mentalmente las preguntas de Lombardo, pero el general Cárdenas reconoce su persuasiva oratoria y no deja de envidiar su facilidad de palabra, algo de lo que él carece. Lo que tiene Lombardo de leguleyo él lo posee de introversión, como si nunca hubiese dejado de ser el niño trompudo y huérfano que entró un día a trabajar en la oficina de recaudación de rentas de Jiquilpan. Sigue leyendo esa especie de lección de *Historia Patria* que es el discurso de Lombardo y que va desde antes de la llegada de los españoles, se detiene en el Virreinato, en la guerra de Independencia, en la que llama Revolución Liberal de Juárez y luego la Revolución. Subraya, como hace siempre que se interesa, con un lápiz rojo, lo que sigue:

«Hay dos patrias en cualquier nación del mundo: la patria de los explotados y la patria de los explotadores. La patria de los que explotan es siempre una patria sonriente; la patria de los que sufren, siempre es una patria llena de lágrimas. Por eso en esta noche, a propósito de la actitud pérfida, ruin, falsa, cínica, de la clase patronal de Monterrey, llega el momento de reivindicar lo que es nuestro, y de colocar a esos llamados patriotas en el terreno que merecen, de traidores de la Patria Mexicana.»

Sabe que durante esa noche del 6 de febrero —él lo lee al día siguiente, por la mañana en Los Pinos— los ánimos se contuvieron, pero está seguro de que por poco tiempo. Habla por teléfono con Rodríguez y le dice que aliste el tren *Olivo*. Ha leído los epigramas satíricos sobre sus giras interminables, que le causan risa:

*Pita y pita el tren* Olivo,
*y va diciendo en su llanto:*
*¡Ah, qué señor tan activo!*
*¡Nunca me han molido tanto!*

Sale por la noche a Monterrey. Es una decisión nueva en él, pero se convertirá en una marca de casa ir al lugar de los hechos, no esperar más a reportes, informes, comisiones que lleguen a la ciudad. Él personalmente, el presidente de la República, irá a donde lo llame la necesidad de la Patria, esa de la que Lombardo habla. Y no dejará que pasen las cosas, como en una película, lejos de su despacho. Se enfrentará a los poderosos empresarios regiomontanos, lo sabe. Pero no hay alternativa, porque esa huelga, tiene razón Lombardo, es la de los pobres, la de la inmensa mayoría de la gente de México que tiene que huir a veces a los Estados Unidos, como dice el líder obrero, a buscar qué comer mientras los ricos no aceptan que la patria de los pobres es también la patria de ellos.

Las puertas de todos los comercios de Monterrey están cerradas, le informan al presidente; hay un miedo enorme de lo que pueda pasar. En las fábricas ondean, sin embargo —y en las casas de los obreros por órdenes de Lombardo—, banderas mexicanas. Una de esas banderas le sirve de apoyo a Lombardo para su discurso, la toma y enarbola en alto:

—Esta bandera —les grita a los miles de obreros reunidos esa noche— no representa, no debe representar sociedades anónimas que enriquecen a sus gerentes y defraudan a sus accionistas, como las de Monterrey. Esta bandera representa a millones de cadáveres de indios, ríos de sangre en la revolución de Independencia; sangre también a raudales en la guerra hasta la mitad del siglo pasado; más sangre en la Reforma; sangre después en Ulúa, en el Valle Nacional, en todas las prisiones políticas de México; sangre en 1910:

la de Madero, la de Serdán, la de Flores Magón, la de tantos obreros y campesinos anónimos que lucharon por ella. Esto es sangre, compañeros, es carne de la masa mexicana, no es trofeo de bandidos que explotan al pueblo.

El general se lleva apenas a unos cuantos del gabinete y en el trayecto en tren, después de cenar en su vagón, intenta escribir un discurso para los obreros de Monterrey. ¿Qué decir después de las palabras de Lombardo? ¿Cómo resolver el conflicto sin conceder a los empresarios, pero sin echarle más leña al fuego?

Aunque le preparan su compartimento en el vagón presidencial, prácticamente no duerme. En Guadalajara le pasan información por telegrama de la situación en Monterrey y la lee preocupado. El gobernador es empleado de los empresarios, no del pueblo, lo que complica las cosas.

Por la mañana, mientras lo afeitan y el tren se acerca a la estación, le queda claro cuál es la respuesta: serenidad. Esa será su arma, le ha servido en otros momentos. Así derrotó, sin una sola bala, al último cristero de Michoacán. El primer día es frenético: se reúne con el gobernador, con el jefe de Operaciones Militares y con la familia Garza Sada, quienes no aceptan sus términos. Se hace un plano de la batalla frente a sí, como si estuviese en campaña, y decide dar su propio discurso en un templete que colocan afuera del palacio de gobierno. Es claro. Su voz no tiene el timbre de la de Lombardo, no enfatiza. Se limita a leer, pero sus palabras todos quieren escucharlas, propios y extraños:

—En seguimiento de las normas que he trazado para mi propia gestión de gobierno —comienza— juzgué mi deber trasladarme a esta ciudad para cerciorarme de la realidad que prevalece en la situación social de Monterrey, porque en la prensa nacional se denunciaban maniobras para subvertir nuestras instituciones de derecho. He sustanciado en persona todas las investigaciones que juzgué necesarias, he escuchado a las partes y he oído el testimonio de autoridades y particulares para llegar a la conclusión de que nada autoriza a creer en la existencia de un movimiento comunista o de cualquier otro carácter que busque subvertir, ni siquiera trastornar el orden social, político y económico que garantizan la Constitución y sus leyes.

La tarde es clara, pero pega el viento. No hay una sola nube y el cielo despejado permite ver, majestuoso, el Cerro de la Silla. Les habla entonces de lo justo de la petición del sindicato obrero y de la huelga considerada lícita por la Junta de Conciliación. Acusa a los patronos de la agitación y declara, firme, en su voz baja y pausada:

—Hago un llamamiento a las clases obreras y patronal y a la prensa de toda la República para que presten su concurso al gobierno nacional, a fin de que se serenen los ánimos y no se desvíe la opinión atribuyendo a hechos que son normales, dentro de la natural pugna de intereses sociales y económicos que condicionan nuestro porvenir, propósitos disolventes muy lejanos a la conciencia de nuestro pueblo.

Ahora sí cambia el tono, enfatiza, sube la voz sin vociferar pero ante el silencio atónito de sus escuchas:

—Trabajador del campo y la ciudad, trabajador de la enseñanza de Nuevo León: ya llegó el tiempo de la justicia social y el gobierno está aquí para proteger sus legítimos derechos. Los maestros están en el deber de convertirse en guías, en directores de las clases laborantes, ofreciendo a estas el concurso de sus enseñanzas, el alcance de sus derechos y también de sus obligaciones. Aplaudimos la actitud de las mujeres de Monterrey que al igual que los maestros se mezclan con los obreros y campesinos para ayudarles en ocasiones como esta y en todo el curso de su lucha.

En el tren ha redactado catorce puntos esenciales que les enviará tres días después y que difundirá cuanto pueda en los siguientes meses. Ahora termina con el último, para que lo escuchen bien claro:

—Los empresarios que se sientan fatigados por la lucha social pueden entregar sus industrias a los obreros o al gobierno. Eso será patriótico. El paro, no.

Lo aplauden, hay gritos de júbilo. Pero él no ha venido a recibir la ovación del pueblo, sino a hacerle justicia. No siente fatiga alguna, al contrario, percibe que apenas empiezan sus verdaderas *faenas*. Por eso no regresa a la capital, a qué. Prefiere aprovechar y visitar la frontera, ese espacio que es de cruce y en el que la miseria es más patente. También se trae al gobernador consigo y permite que opere su Junta de Conciliación.

Dos días después baja hacia Tampico, donde la situación de los obreros petroleros no es más halagüeña. Había que dar cobijo a todos, impedir la fractura y la división. En un giro inesperado declara a la prensa: «El gobierno no incurrirá en el error cometido por administraciones anteriores, de considerar la cuestión religiosa como problema preeminente. No compete al gobierno promover campañas antirreligiosas». Esperaba que sus palabras dichas en Ciudad Guerrero, Tamaulipas, al reivindicar la educación socialista, aplacaran las rebeliones diseminadas por el país, nada despreciables en número de efectivos, aunque mal pertrechadas y peor financiadas ya.

¿No será que esa es la única manera de domar a la patria, conciliar en la medida de lo posible, pero manteniendo el paso de lo que él llama el porvenir social? El mismo día en que habla en Monterrey firma una ley de indulto para todos los procesados civiles y militares —más de diez mil personas— que han tomado parte en rebeliones o motines en administraciones pasadas, y escribe por la noche en sus *Apuntes*, ya en el ferrocarril: «El espíritu de esta ley es liquidar las divisiones entre los mexicanos y a la vez dar mayor confianza al país».

Los exiliados de la Revolución, los entonces apestados, pueden al fin regresar a México.

Pero le preocupa que lo mismo que ha ocurrido en Monterrey está pasando en La Laguna y en Yucatán, y se dice —y lo dice a los cuatro vientos— que serán sus siguientes prioridades. Si se resuelve el problema obrero, pero se olvida al campo, el país no tendrá escapatoria.


La agitación, sin embargo, no cesa. Porque está financiada. Le siguen llegando los informes de que Luis N. Morones y el general Calles piensan hacerlo renunciar por las buenas o por las malas, no hay vuelta de hoja. El general lo sabía: no se hace uno de amigos despidiendo al gabinete entero, incluso al hijo de quien finalmente accedió a *colocarlo* como candidato en lugar de otros. Uno no es el favorito nomás porque sí, se piensa que han de devolverse los favores. Ha ordenado el cierre de *El Instante*, el diario que el Jefe

Máximo ha fundado para difundir sus ideas y fustigar a su antiguo chamaco. Pero no solo piensan hacer volar al país en pedazos con palabras, pasan a la acción, lo que es imperdonable.

El 7 de abril es dinamitado el tren de Veracruz en la estación llamada *Paso del Macho* —un furgón con dinamita había matado en marzo a dos personas pero ahora fueron trece los muertos y dieciocho los heridos. La prensa consigue entrevistar a uno de los sobrevivientes de la desbarrancada, Eduardo Hernández. En medio del torpor alcanza a decir que hablará con el presidente, pues le recuerda cómo en tiempos de Ortiz Rubio él pronosticó que Calles no dejaría gobernar en paz al presidente. «Es lo mismo ahora», declara. «Se van a atrever a todo con tal de que caiga.»

La pólvora no solo se pensaba usar para volar los trenes, sino para una sublevación a gran escala. Los informes eran claros. Llamó a Múgica, como tantas otras veces. Necesitaba a alguien de su entera confianza para que se entrevistase personalmente con Calles:

—Le pide cuentas, general. Pero sobre todo le asegura que su deber patriótico es parar de una buena vez esta asonada. Amenácelo: o saca a sus *amigos* del país o nos veremos en la necesidad de tomar otras medidas que le harán mucho más daño. Insístale que es él quien me preocupa, no sus allegados. De esos no puedo esperar nada más que mi caída, que no va a ocurrir pronto. No en sus manos, al menos.

Lombardo convoca a un mitin y pide, una vez más, la salida de Calles del país.

\* \* \*

El 12 de marzo llegó a la Ciudad de México el dramaturgo George Bernard Shaw. El director de *La Noticia*, Miguel Gil, le propuso a Téllez que lo acompañase a la rueda de prensa.

—Vamos a distraernos de tanta huelga y tanta politiquería y tanto madruguete, Güero. Acompáñeme al hotel Geneve, allá se hospeda y recibirá a la prensa. Ya nos dejó plantados ayer en Cuautitlán, donde supuestamente se dignaría a dar unas declaraciones.

—¿El mismo que dijo que las dos cosas más hermosas del mundo eran el Taj Mahal y Dolores del Río?

—Y muchas otras frases. Quiere desbancar a Wilde en ingenio. El barco en el que viaja con su acompañante está en Mazatlán y lo recogerá en Acapulco en unos días.

—Lamento contrariarlo, jefe, pero hoy tengo dominó con el del Ministerio Público y con Filiberto García. Ese jueguito semanal alimenta mis crónicas, por las que usted me paga.

—Pues ahora le pago por acompañarme. Telefonee a sus amigos y dígales que le surgió un compromiso en el diario, así de simple.

La sala estaba repleta de periodistas. Jacobo Dalevuelta de *El Universal*; Manjarrez, el propio director de *El Nacional*; Salvador Novo en primera fila con alguno de sus novios.

—¿Supo del chisme de Novo, don Miguel?

—¿Otro más? ¿Y aun así se atreve a fustigar al mundo entero en sus crónicas malditas?

—Ahora sí se voló la barda, pero ha conseguido silenciar a todos los periódicos. Si me invita una copa al terminar acá, le cuento. Es el escándalo de la década y están implicados uno que otro encumbrados militares.

—Me pica la curiosidad. Ya me interesa más que las declaraciones del inglés —le dijo, mientras Shaw entraba y se sentaba en un sillón enorme desde el que respondería con ayuda de su traductora, una británica diminuta que le cuchicheaba las preguntas en inglés—. Lo que ocurra aquí es mi nota, Güero. Usted viene de público. Yo hago las preguntas.

Dalevuelta, sin tapujos, comenzó hiriéndole en lugar de preguntar:

—A los mexicanos nos interesa saber, ya que viaja acompañado, por qué no se ha casado. La prensa británica ha hablado mucho al respecto.

—¡Qué pregunta más ofensiva! Es el colmo. Y me habían dicho que los mexicanos eran muy hospitalarios. Es un insulto, pero sobre todo para ella, no para mí. A ella el matrimonio no le habría gustado, es lo único que puedo decirle, y yo no me atrevería a casarme de nuevo.

Alza la mano un hombre que no se ha quitado el sombrero —Téllez no sabe quién es—, inquiere:

—Mire, le voy a hacer una pregunta.

Shaw interrumpe, entre risas:

—Yo también soy periodista, como usted. Nunca diga: voy a hacerle una pregunta. Hágala y ya.

Miguel Gil, su jefe, se presenta ante el dramaturgo y es directo al cuestionarlo sobre política internacional:

—Queremos saber su opinión sobre la reciente ocupación por parte de Hitler del Valle del Rin. ¿No puede significar el inicio de la guerra?

—Era inevitable que ocurriera. Lo importante de esto no radica en la ocupación, sino en que Hitler entró en esa zona antes que nadie. Hitler se destaca por haber tenido los tamaños necesarios para comprender que nosotros le teníamos miedo y que no íbamos a pelear por el Tratado de Versalles. Y no lo hicimos. Su maniobra es muy inteligente. Declaró que iba a desmilitarizarse, pero no podía hacerlo sin militarizar primero la Renania. Ahora Hitler es Hitler en un noventa y cinco por ciento y ya ha aventajado a Mussolini. Es triste.

Manjarrez se presenta como director de *El Nacional* y sigue la línea política en su pregunta:

—¿Qué opina del joven rey inglés, Eduardo VIII?

—No me interesa Eduardo VIII. A él le toca interesarse por mí, porque soy una de las glorias de su reino.

Esta vez su traductora duda en interpretar literalmente lo dicho, pero Shaw la conmina y ella, sin más remedio, repite en español la respuesta.

Nadie sabe si bromea o habla en serio. Sin que nadie se lo pregunte, él sigue burlándose de todos los presentes. Se lleva la mano a la barba, la estruja un poco y luego señala con el índice e inquiere:

—¿No me querrían ustedes de presidente de México?

Solo se escucha el silencio.

—Yo no sé nada de los problemas de ustedes. Pero tampoco me interesan. Muy buenas tardes.

George Bernard Shaw, vestido con un traje de lino color beige, se cala el sombrero y sale por una puerta lateral sin siquiera voltear a ver a la audiencia. Los deja a todos entre furibundos y confusos. Irá a visitar ruinas arqueológicas y dos mercados populares, pero no se deja ver por la ciudad y ha pedido no tener más prensa en los días que le quedan en el país. El 16 de marzo saldrá de México sin interesarse más por él. En Acapulco zarpa en el *Arandora Star*, prueba una comida vegetariana en El Mirador y dice su última broma:

—Lo que más me ha gustado de este país son las campanas. Son tantas y tan grandes que solo pueden producir ateísmo.

Esa noche Gil lo invitó al Colonia a bailar danzón. No se le podía negar nada. Y su jefe era un gran bailarín, a diferencia suya. Mientras el director limpiaba el polvo de la pista con una fichera, él apuraba su consabida ginebra.

—¿No me invitas una copa? —le preguntó otra de las chicas. Regordeta, chaparra, coqueta. Fumaba con boquilla, como actriz de cine. Él también tenía uno de sus cigarros encendido, solo que muy proletario para el de su acompañante. Siempre había fumado Faros sin filtro y de cuando en cuando escupía el tabaco que se le quedaba pegado en la lengua. La mujer dio una larga bocanada y le dijo al oído:

—Ya veo que no te gusta bailar. Yo te puedo hacer compañía y nomás platicamos. Me llamo Sandra.

Un mesero le trajo un *jaibol*.

—Apuesto a que eres abogado o periodista.

—Lo segundo.

—Uy, entonces no puedo hablar. Todo puede ser usado en mi contra.

Gil regresó con su pareja de baile a la mesa y les dijo a las dos muchachas que él y su compañero tenían una conversación pendiente.

—Ya ni hablar, mana, de mejores antros me han corrido —bromeó Sandra y le dio un codazo a la otra. Se llevaron sus tragos y su música a otra parte.

—Entonces, Güero, ¿cómo estuvo lo de «Nalgador Sobo»?

—Nuestro amigo cronista parece que tiene un cuarto en el callejón de San Diego donde hace sus fiestas privadas. Invita amiguitos y se disfrazan.

—No es el primero ni el último, Güero. Eso no lo publicaría ni *El Instante*.

—Espéreme, Gil. La semana pasada uno de esos amiguitos, un oficial del Colegio Militar, lo visitó en ese lugar con otros cadetes y ya se imaginará. Mis informantes me dicen que en esos mundos don Salvador se hace llamar Adelita, por ser pues la acompañante de los militares. Así que estaban él y sus amigos vestidos de mujer, con sus pelucas y medio borrachos. O más bien motos, pues los cadetes llevaban una buena cantidad de mariguana y a uno de ellos se le hizo fácil robarse la radio del poeta, que se hallaba medio dormido o pasado, váyase a saber. El caso es que muy de madrugada Novo se regresa a su casa y deja abierta por descuido la puerta de su «estudio». A la mañana siguiente se presenta la policía en su verdadero domicilio y le dice que lo acompañe a reconocer un departamento en la calle de San Diego.

—Pero Novo vive con su madre, ¿no?

—En efecto. Seguramente la madre es sabedora de que el hijo tiene un lugar de trabajo, pero no se imagina para qué lo usa. Así que acompaña al gendarme y en el lugar, pues, lo está esperando nada más y nada menos que mi amigo García. Han sellado la puerta porque un vecino la reportó abierta, pero no se imaginan nada de lo que hay dentro. El problema es que Novo no lo sabe y les dice del radio robado.

—¿García realiza entonces una inspección ocular del departamento y se encuentra todo lo que me ha dicho?

—No, cómo cree. Novo es poderoso y tiene muchos amigos en la prensa. García lo deja solo, pero regresa en la tarde porque sospecha y encuentra una cuartelera del Colegio Militar. Entonces es que ata cabos, y además consigue que le repongan la radio a Novo.

—¿Cómo así?

—Amenaza al cadete con que si no lo devuelve, contará las orgías que se hacen allí y le tocará corte marcial. Entonces el muchacho, *arrepentido*, va con García a devolverle al poeta el radio robado.

—¿Y en qué momento entra la prensa? ¿No me dijo usted que encontró cómo silenciar el escándalo?

—Novo se enteró que en *El Gráfico* iban a publicar la nota y fue a ver a su director. No tengo idea de cómo llegó hasta esas páginas el chisme. El propio Filiberto, quizá. Luego va a *La Prensa*, a *El Universal* con Dalevuelta. A todos lados.

—¿Y el estudio?

—Cerrado a piedra y lodo. Novo no ha ido en toda la semana,

según dice García, que tiene allí apostado a uno de los suyos disfrazado de pordiosero. En este país todos usamos máscaras. Todos nos disfrazamos de lo que no somos.

—Yo lo publicaría si tuviera fotos, Güero. Entonces sí que sería un buen escándalo. Por ahora es un buen chisme, pero no es carne de reportero.

—No me interesa publicarlo. ¿A que pasó un buen rato enterándose de las cuitas de nuestro gran poeta?

—Tan bueno como ver a Medel en *Calles contra Calles*. ¿Ha ido usted a la carpa? Hilarante, mi querido Güero, hasta el punto del dolor de estómago. ¿Será que siempre nos reiremos de nuestras tragedias? Porque de lo que hace mofa es de nuestra incapacidad de ponernos de acuerdo. Bueno, y de la avaricia de nuestros políticos revolucionarios para repartirse el país. Usted que lee tantos libros debería entrarle a *Nueva burguesía* de don Mariano Azuela. Allí también salimos retratados. Y muy mal parados... Le vuelvo a preguntar si ha ido a ver a Medel.

—No. Yo fui apenas con Estelita a ver a un nuevo cómico, Cantinflas. Su espectáculo se llama *El detalle*, ¿ha oído de él? Aparece en escena vestido de indigente, escuálido, con la ropa rota y fumando un cigarro.

—No, ni idea.

—Va a ser la gran revelación, se lo digo. Al tipo no hay quien lo entienda y hace mofa de esos galimatías como de político revolucionario. Mire, anoté uno de sus parlamentos: «No hay derecho que tú digas que te dije porque el detalle es, por ejemplo, que si está. Si te dijeron y supones no te fijes suponiendo que el detalle no es verdad». Hace mucho que no me reía tanto. Debería ir a verlo, jefe. No tiene pierde.

# VI

## Abril me gustó pa' que te vayas

Amanece soleado el 8 de abril. El presidente se da su baño matinal en la alberca de su casa de Los Pinos y recibe a su secretario particular. No acostumbra hacerlo así. Prefiere esos instantes del alba para sí mismo y para cavilar un poco y no atiende asuntos de agenda hasta que llega a Palacio Nacional. Pero este es un día particular. Rodríguez trae al jefe de la policía, Vicente González, para un acuerdo privado, secreto, que tiene que ser en casa del presidente. Si un mes antes intentó persuadir a Calles de sacar a sus amigos del país y retirarse él mismo a Navolato, sin éxito a pesar de los esfuerzos de Múgica, ahora no puede haber más rodeos. Una mano firme, de una buena vez. Más vale una colorada que cien descoloridas. El presidente corre el riesgo de romper para siempre con su viejo general, el entonces idealista maestro de Guaymas. Es lo que pide el país y él ya ha desperdiciado año y medio de su periodo en la presidencia capoteando al Jefe Máximo y a sus supuestos amigos, una banda de ladrones todos. Al término de la reunión el presidente sale para Morelos, donde asiste a un acto conmemorativo a Zapata.

El 9 de abril, siguiendo las instrucciones del presidente, Vicente González expide una orden de aprehensión contra Plutarco Elías Calles, Luis Napoleón Morones, Luis L. León y Melchor Ortega. Las labores policiacas son simultáneas, llevan días vigilando las veinticuatro horas a los sospechosos. Al menos desde que Morones salió libre bajo fianza del decomiso de armas, que adujo eran de su central obrera y no propias. El capitán Filiberto García fue el encargado de aprehenderlo. Lo emboscaron con dos autos a unas cuadras de su casa. No intentó oponer resistencia y fue enviado de inmediato, sin posibilidad de comunicación, a la comandancia. A Ortega lo arrestaron cerca de Tehuacán y lo trajeron con el más estricto sigilo a los mismos separos, en el sótano. Ambos durmieron en la sexta comisaría. A las seis de la tarde, el propio García y tres gendarmes más pudieron aprehender a León. Sus guardaespaldas intentaron sacar las pistolas pero al ver de qué se trataba huyeron, desprotegiéndolo. A ninguno se le permitió entablar conversación telefónica con el exterior; se guardó un secreto total sobre lo que ocurría.

El general Calles se encontraba nuevamente enfermo, recuperándose de un catarro en su casa de Santa Bárbara. El general Rafael Navarro, que había reemplazado a su fiel Medinaveytia en la capital, tuvo a su cargo la operación más delicada. Se presentó en la quinta a las diez de la noche, cuando confirmó que los otros tres estaban presos e incomunicados.

Minutos antes la noche había ya invadido con sus pies sucios el viejo camino a Puebla. Ni siquiera pasaban coches. El silencio los protegía. Al general Navarro Cortina lo acompañaban el general Othón Lobato y el coronel Adolfo Echegaray. Los tres van armados, pero no necesitan utilizar sus pistolas. Les abre un mozo del lugar que está acostumbrado a la presencia de militares y a las visitas de amigos a altas horas de la noche. Piden hablar con el general y los conduce, silencioso, hacia su habitación. Ni siquiera enciende una luz para hacer más fáciles sus pasos. Los tres hombres suben tras él la amplia escalera de la propiedad y van a dar a un enorme pasillo.

—La habitación del general es la penúltima. Déjeme los anuncio.

—Descuide, nosotros nos presentaremos con él. Puedes irte. —El muchacho, receloso, los deja hacer pero no se retira, como si su inocua presencia pudiera evitar que hicieran algo. Solo entonces se da cuenta de que estos hombres no vienen en son de paz, pero es demasiado tarde. Se escucha un estornudo y la tos del achacoso caudillo detrás de la puerta. La abren de un solo golpe y el general, por instinto, se levanta presto de la amplia cama con baldaquín. Viste una piyama azul y blanca de rayas que le da un siniestro toque de presidiario y lleva en la mano, abierto con el dedo anular como un separador, el libro que está leyendo, *Mi lucha*, de Adolfo Hitler.

Alcanza a preguntarles qué se les ofrece mientras se pone la bata y calza las pantuflas. Es un anciano, podría estar incluso muerto, como una piedra prehispánica. Los cachetes le cuelgan y la papada se le mueve como un badajo que hubiese adquirido vida propia.

—General Navarro Cortina, y estos hombres son…

—Perfectamente sé quiénes son. ¿A qué debo su visita intempestiva? ¿No les enseñaron a anunciarse antes de venir a una residencia privada? Estoy muy mal de salud, no debería estar en pie, así que al grano.

El mozo se asoma por el quicio de la puerta y mira a su patrón contrariado.

—Por órdenes del señor presidente de la República queda usted arrestado. Tengo instrucciones de informar a usted —aquí a Navarro Cortina se le corta la voz, muestra por unos segundos su propia debilidad frente al prócer revolucionario—, de informar a usted que debe abandonar el país a las siete de la mañana.

Calles se queda en silencio. Mira a los tres hombres con odio. Por vez primera se sabe derrotado. Alcanza a preguntar, con un dejo de orgullo:

—¿Puedo preguntarle, general, la razón de esta orden?

—La única razón es que las condiciones del país así lo exigen. Espero sepa entenderlo. Está listo un aeroplano que lo conducirá al extranjero.

—Yo soy un soldado y sé cumplir con una orden —responde y se amarra con fuerza la cinta de la bata. Ha perdido mucho peso. Más que un monolito parece un animal mal disecado. Un trofeo de caza que un taxidermista aficionado no ha sabido preservar—. Si fuera materia de mi elección no dejaría mi país, general Navarro. El país me necesita. Pero si es una orden del presidente no tengo más que obedecerla. ¿Puedo hacer unas llamadas?

—Por supuesto, general.

—A solas. ¿O qué, me les voy a escapar por la ventana? Esto es un verdadero atropello. Lo sabrá la prensa, de cualquier forma, ¿me escucha?

Navarro no responde, pero tampoco se mueve ni da órdenes a sus subordinados de abandonar la alcoba. Con renovado brío el caudillo amenaza:

—Me considero entonces su prisionero. Puede usted ponerme delante de un pelotón.

Por primera vez deja el libro de Hitler sobre la mesa de noche y alza los brazos melodramático.

—No es necesario, general. Lo único que se le exige es que abandone a primera hora mañana el país. Todo ha sido preparado.

—¿Y a dónde se supone que voy a ir?

—A los Estados Unidos.

Calles entonces suplica, por vez primera, con un hilo de voz casi inaudible:

—Les voy a pedir que me dejen solo, necesito prepararme para el viaje y hacer una petaca.

Los oficiales se miran, asienten y abandonan la habitación, entrecerrando la puerta. El coronel Echegaray se queda afuera, vigilando.

El general Navarro también hace una llamada. A las doce de la noche se presenta el jefe de las Comisiones de Seguridad, Díaz González, con Filiberto García, uno de sus hombres de confianza, a montar una guardia hasta el amanecer. Han rodeado Santa Bárbara unos treinta hombres que esperan en los jardines.

Calles baja, aún en bata, al recibidor. Le cuesta trabajo descender, como si los escalones, uno a uno, se le escaparan irremediablemente. Toma el barandal con fuerza, temeroso de caer. Ya abajo vuelve a la carga con una ira que no mostró dentro de su recámara:

—¿Y se puede saber usted qué hace aquí?

—Comandante Díaz González, jefe de las Comisiones de Seguridad.

—De la policía secreta, querrá decir. Usted es quien sustituyó a Valente Quintana. Mucho gusto.

—Espero que no se sorprenda de la cantidad de agentes destacados. Usted comprenderá.

—¿Qué no son suficientes las fuerzas federales?

—No tengo que ver nada con ellas, yo soy un simple comandante de la policía, una institución civil. Y estamos acatando una orden de aprehensión.

—A este señor acá —dijo Calles señalando a Filiberto García— lo conozco. Estuvo en Chihuahua combatiendo de nuestro lado a Pancho Villa. Se echó a dos de sus generales. ¿Cómo se apellida?

—Capitán García, general. Filiberto García.

—Ya ve, no que muy civiles.

—Capitán retirado, general, si me disculpa. Soy un simple policía y cumplo órdenes.

—No lo culpo. No culpo a ninguno de ustedes. Yo también cumplo órdenes, aunque estén equivocadas.

—Igual que nosotros —tercia Díaz González.

—Muy bien. Entonces, buenas noches.

Sube de nuevo a sus habitaciones, pesadamente. El mozo lo ayuda, como puede, pero es un pésimo lazarillo y el general Calles manotea para apartarlo. La cocinera ha preparado un rancho para la pequeña «tropa» destacada, o la han obligado a ello y se turnan para ir a la cocina a comer un cerdo en salsa verde.

García y Echegaray escoltan al general Calles a su habitación.

Toma entonces el teléfono y le marca al general Medinaveytia para enterarlo de la situación:

—¡A una orden de usted, jefe, y tomo Palacio Nacional esta misma noche!

—No diga pendejadas, general. Lázaro es el presidente y a nosotros no nos queda sino tragar sapos. ¿Sabe algo de Morones?

—No. Voy a hablar a su casa.

—Lo han de tener preso. Igual que a Ortega y a León. Vaya a investigar sus suertes, pero ándese con cuidado, general, que ya somos los nuevos apestados del régimen.

Luego telefonea a su hijo y le da cuenta de las novedades. Le dice que tan pronto pise suelo norteamericano se comunicará con él a Sonora.

—No le digas nada a tu madre.

Al fin se acuesta, pero no puede dormir. ¡Quién carajos va a dormir cuando se le condena al ostracismo! El viejo maestro recuerda a Cimón expulsado por Pericles de Atenas mientras seguía una política absurda y populista como la de su chamaco. ¡Salió más cabrón que bonito!, se dice.

Por unos instantes, pocos, juega con la idea de hablarle a Cárdenas, confrontarlo, así sea por teléfono. El muy cabrón ni siquiera ha de estar en la Ciudad de México, es un escurridizo.

Y así es. Navarro Cortina, que tiene órdenes de dar parte antes de las dos de la mañana, se comunica con el presidente que pernocta, de gira, en Morelos. Le refiere lo hasta ese momento ocurrido.

—Sin novedad, general. Procedemos como lo planeado.

Y así ocurrió. El general Calles se dio un largo baño a las cinco de la mañana, despejándose los malos humores con agua caliente. No pudo afeitarse, hacía tiempo que el pulso se lo impedía.

A lo largo de la noche, convocados por los constantes telefonazos del caudillo, fueron llegando a Santa Bárbara sus parientes y fieles empleados. Se desayunó con Alfredo Elías Calles y la señora Ernestina Calles de Pasquel; con su fiel amigo, el doctor Abraham Ayala González, y su secretaria querida, Soledad González de Ayala, Cholita, esposa de este último.

Para salir se vistió de negro, con un pesado abrigo de lana y una bufanda blanca de seda, como si fuese a la ópera. Un Borsalino también oscuro cubría su cabeza. Un pañuelo recibía los estornudos continuos.

Declara:

—Estoy a sus órdenes —y aborda uno de los automóviles que lo esperan a la puerta.

El auto de Navarro lo lleva al aeropuerto. Atrás, la patrulla de Díaz González y dos más escoltan el vehículo. La niebla, como una cortina de humo, los oculta y revela alternadamente. En el coche, Calles al fin pudo adormecerse y dormir a ratos. Lo que no esperaba el general es que en la pista del aeropuerto estuvieran sus *amigos*, fuertemente escoltados por elementos policiacos y militares. Luis N. Morones, con un abrigo de pelo de camello beige, y Ortega con un sarape doblado bajo el hombro, como si se fuera de campaña y no en avión al *otro lado*. León era el único que se mostraba cabizbajo. Calles le dio un codazo:

—Que no se note que sufre, no sea pendejo. Le van a sacar muchas fotografías. Usted como si nada.

El cuarteto subió al bimotor exactamente a las siete y cinco. Despegaron veinte minutos más tarde rumbo a Brownsville, Texas. Antes, Calles le contestó a un reportero que le preguntó a dónde iba:

—No voy. Me van.

Hasta que hubo despegado y se le comunicó la noticia al general

Cárdenas, este telefoneó al embajador de Estados Unidos, Josephus Daniels, avisándole de la situación y solicitándole, debido a la gravedad y premura de la operación secreta, fuese tan amable de gestionar con el departamento de Estado las visas expeditas de los inesperados visitantes.

—Ninguno tiene visa vigente, embajador.

—Me lo hubiese avisado con tiempo, general.

—Imposible. Solo yo sabía que iba a ocurrir. Hay secretos de Estado que no pueden divulgarse. Ahora sería absurdo tener al general Calles dando vueltas con su avión sin poder aterrizar.

—Veré qué puedo hacer.

Y pudo hacer mucho. Cuando el bimotor aterrizó en Brownsville, la noticia se había propagado como un virus y los viajeros tenían visas amplias, pero también un centenar de reporteros esperándolos. Las cámaras enceguecieron al curioso grupo cuando descendió de la aeronave. Las preguntas no se hicieron esperar. Durante el vuelo, el general Calles dio por concluida su lectura de *Mi lucha* y ofreció el ejemplar a Morones.

Calles estaba esperando esa recepción. La consideraba un triunfo vicario.

—El presidente Cárdenas está debilitado y el país sumergido en un lamentable caos —declaró enfático—, yo he sido expulsado por mi combate feroz contra el comunismo que amenaza con instalarse en nuestras tierras. Yo no estoy de acuerdo con las presentes tendencias comunistas de México. Esa es la única razón de mi forzado exilio en estas hermosas tierras en las que antes ya he convalecido de diversas dolencias. Ahora vengo sano.

—¿Y piensa regresar a su país?

—Solo cuando haya otro régimen que retome el rumbo de la Revolución y haga cumplir la Constitución de 1917. Un gobierno de leyes, ¿me entiende?

—Entonces, ¿regresará? —insiste el reportero.

—Dios mediante —responde sin ironía el viejo ateo comecuras de Sonora. Es una frase hecha que él no cavila antes de decir.

En Dallas, su siguiente escala, se repite la escena de los reporteros y uno de ellos, más osado, lo cuestiona si volvería a ser presidente de México, debido a la amenaza comunista de la que habla:

—No aceptaría yo de nuevo la presidencia. Nunca. Nunca. Nunca por ninguna circunstancia —sigue negando, cada vez más contundente— volvería a México con la idea de dedicarme a la política o al gobierno. Pasaré descansando el resto de mi vida.

—¿Y aquí, en nuestro país, a que se dedicará? —inquiere otro.

—Nada de política, nada de pesca, nada de caza. Nada, sino descansar.

\* \* \*

Filiberto García llega al dominó de las cinco cuando ya la partida ha empezado.

—Me imagino que ya sabe la noticia, amanecimos sin Jefe Máximo —comenta el agente del Ministerio Público, José Treviño.

—Estuve destacado ayer en la noche en la quinta del general Calles. Me tocó vivirlo todo.

—Pues entonces tienes mucho que contarnos —dice el Güero.

—El dominó es de mudos —bromea García mientras le da un largo trago a su cerveza—. ¿Me dejan entrarle o van a ser pinches con su camarada?

—¡Faltaba más, capitán! Empezamos de nuevo —propone Treviño y empieza a voltear las fichas bocabajo.

Los deja ganar la primera partida. Está cansado, no durmió casi nada. Fuma un cigarro tras otro, apura dos cervezas a pico de botella. Suspira. Ese gesto repetido es lo que el Güero detecta:

—¿Por quién suspira, capitán García?

El detective no contesta. Ha estado en otro lado todo el rato. Cuando están repartiendo de nuevo las fichas, una señora entrada en carnes, a juicio de Téllez, ingresa a las oficinas y pide hablar con el encargado:

—¿Qué se le ofrece? —pregunta Treviño.

—Mire, estoy muy preocupada. Vivo en Bucareli número 58, acá cerquita. En la tercera planta vivía una anciana inglesa, la señora Mildred. Hace un par de semanas, quizá más, me avisó que se iba a cambiar de departamento y se despidió de mí con un pastel de manzana, en agradecimiento a mis atenciones en tantos años de vecinas. Pues no la he visto desde entonces.

110

—¿Y ya intentó dar con el nuevo departamento al que dijo que se mudaría?

—Ahí está el problema. La señora desapareció, como un fantasma, pero no sus cosas, ni sus perros, ni sus gatos. En otras ocasiones me dejaba llaves, si se iba a un viaje corto, y yo les daba de comer. Porque tiene muchos gatos y muchos perros. Como treinta, no les miento. Un buen día vinieron unos hombres de la mudanza y se llevaron algunas cosas. Pocas, a decir verdad, porque la casa de doña Mildred era un verdadero museo, pero ya nunca volvieron y ella no regresó.

—Pues tal vez no le importan sus antiguos cachivaches, señora. No hay de qué alarmarse —dijo Filiberto García, un poco harto de la mujer.

—No me alarmaría si el lugar no oliera tan espantoso. Lo que pasa es que sus animales se han comido unos a otros y los cadáveres están adentro descomponiéndose. Es imposible ya vivir allí.

—La entendemos —dijo Treviño—. Váyase tranquila y mañana muy temprano, cuando esté de turno, hacemos la diligencia y resolvemos el caso. ¿Le parece?

—¿Y no pueden ir ahora?

—Señora, es de noche. Hay que buscar a un juez para no incurrir en allanamiento de morada. Llevar a un cerrajero. Le pido que se vaya tranquila. Ya aguantó varios días, una noche más no va a ser muy pesada.

Treviño anotó los datos de la interfecta y la despidió amablemente. No tenía intención alguna de ir a hacer una inspección ocular. Volvió a repartir. Era la tercera ronda. Filiberto García ganó, despelucándolos. Alguien propuso seguir con unos alipuses en La Ópera, pero no fue secundado por los otros. A las ocho se despidieron y cada quien se fue por su lado, como si fuera de madrugada. A Téllez le pareció oportuno tomar un tranvía e ir a ver a sus padres a Mixcoac. Estelita se había ido a una reunión con su antigua jefa, Cholita González, a causa de la expulsión de Calles. En la esquina de Morelos y Bucareli recordó la denuncia y el número de la calle, se dirigió al edificio y tocó en el segundo piso. La mujer regordeta le abrió y lo condujo al piso de arriba. Una verja impedía la entrada al departamento de la vecina desaparecida. Téllez le pidió a la mujer que lo ayudara a trepar y apoyó su pie en las manos entrelazadas de ella. De un salto estuvo del otro lado. Los animales, como bien había dicho, habían perecido por inanición o por canibalismo. Cuerpos destazados de gatos y perros, medio comidos y descuartizados, cubrían lo que fue el comedor y la sala. Los muebles se encontraban apilados en un rincón y había cajas embaladas listas para ser transportadas, efectivamente, como para una mudanza. Buscó el posible cadáver de la británica en el baño y en las dos habitaciones. No había nada que no fuera sangre y pelos, restos de animales y cajas selladas. Los candiles y lámparas del lugar habían también sido removidos.

En la primera habitación, una especie de oficina o de consultorio, había barajas de tarot, españolas, libros de quiromancia y de interpretación de los sueños. Se imaginó a la anciana consultando en ese lugar y prediciendo el futuro. En la habitación del fondo halló sillas tapizadas con telas muy finas, y muchas más cajas. En una de ella, la tercera o cuarta que abrió, había documentos personales: recibos de luz, un pasaporte inglés, un estado de cuenta bancario. Supo entonces que se trataba de Mildred Talmage viuda de Araoz, de setenta y cinco años de edad, bastante rica a juzgar por el talonario de banco.

Volvió a saltar, como pudo, la verja, y le preguntó a la vecina por la dirección del nuevo departamento de la anciana.

—En esta misma calle, en el ochenta y cinco.

—Por ahí hubiera empezado, buena señora —le dijo, exasperado—. ¿Ha tenido la curiosidad de asomarse por allí y preguntar por la desaparecida?

—Por supuesto, no me crea tan tonta. Nadie contesta allí tampoco. Pero al menos no huele mal.

Téllez agradeció la información y le prometió regresar cuando tuviera noticias. En el nuevo edificio, de mucho mejor apariencia, la conserje se creyó el cuento de que era agente del Ministerio Público y respondió a todas sus preguntas. Sí, en efecto, habían venido unos hombres de la mudanza con cajas. Solo un día. No más. Ninguna dama británica ni mexicana ni china. No volvieron.

—¿Tiene un duplicado de las llaves?

—Para emergencias.

—¿Y esto qué es, me ve cara de abonero?

Abrió el lugar, pero le dijo a la mujer que se trataba de una diligencia ministerial y que, por ende, no podía permitir la entrada de nadie.

—Se puede alterar la evidencia —le dijo con dejo científico. Muy lento al pronunciar e-v-i-d-e-n-c-i-a.

En el lujoso departamento solo había seis cajas, gobelinos, alfombras persas y una otomana. Por lo demás, estaba absolutamente vacío. El olor, sin embargo, era tan insoportable como el de Bucareli 58, el número exactamente inverso. Apartó las cajas y las alfombras y los pesados gobelinos. Debajo apareció un enorme baúl, lo único misterioso que se encontraba en el lugar. Lo abrió, sabiendo que estaba usurpando las funciones de un verdadero agente policiaco. Algo lo había impelido a hacer todo eso, en el primer domicilio y ahora en este, inconsciente de las consecuencias.

Al abrirlo salieron cientos de moscas verdes, moscas de cadáver: el de la anciana, diminuta y ya descompuesta. El asco lo invadió y no pudo impedir el reflejo y el vómito. Se tapó la nariz como pudo y fue a limpiarse la boca al baño.

No dio cuenta de lo descubierto a la portera y salió casi sin decirle nada. Le devolvió las llaves y le comentó que más tarde vendrían algunos agentes policiacos.

De inmediato se fue a la redacción de *La Noticia* y frenéticamente redactó la nota del día. Estaba a tiempo y salió impresa el 11 de abril. Solo entonces cayó en la cuenta de lo que había hecho y se dirigió, con un ejemplar del diario, a la comandancia de policía. Filiberto García, para entonces jefe del Servicio Secreto, y el comandante José López, estaban indignados, no podía ser menos. Lo amenazaron con encarcelarlo por usurpación, por allanamiento, por pendejo.

—Se hubiera usted venido de regreso a contar los hallazgos y hubiera permitido una correcta diligencia.

—¿Y perderme la exclusiva? Ustedes son policías, pero yo soy reportero.

Filiberto García le exigió, entonces, que los acompañara.

Fueron con Treviño y dos médicos legistas a ambos domicilios, más la Cruz Verde y sus *muerteros* para recoger el cadáver. Uno de los acompañantes se desmayó cuando volvieron a abrir el baúl. Recogieron evidencias. La más clara, un nombre: José González, el mozo de la británica.

Encontraron el nombre de la mudanza, *Chavela,* así, con el error ortográfico, y en menos de una hora, a los cargadores que hicieron el traslado. Ya en la comandancia, ablandaditos, cantaron rápido. González les pidió que trasladaran de urgencia esas primeras cajas, el baúl y las otras cosas, y luego, al volver al primer departamento, les ordenó que trasladaran al Monte de Piedad los candiles y las joyas que empeñó por una buena cantidad.

Por la noche Filiberto García había comprobado que lo dicho por los cargadores era cierto, y que incluso dos piezas aún no se habían vendido, un collar de perlas y un anticuado anillo con rubíes. Estaba claro el motivo, habían encontrado el cadáver, pero nunca hallaron a José González.

La embajada británica notificó en Inglaterra a la única familiar de la occisa, una hermana con la que había roto por su huida a México para casarse con un millonario. Nunca volvieron a hablarse y no le interesaba, tampoco, reclamar ninguno de sus bienes, que fueron a parar también a la beneficencia pública, sin necesidad de otro ladrón.

García le hizo prometer al Güero que nunca más volvería a creerse detective privado.

—Usted reporta. Cuenta lo que ya ocurrió. No se me haga el pinche héroe. En este país los héroes se envuelven en una bandera y se tiran al abismo. ¡En este país a todos los héroes se los lleva la chingada!

# VII

## La capital se queda a oscuras

El 16 de julio de 1936 estalla la huelga contra la Compañía Mexicana de Luz y Fuerza. El dueño de tan *mexicana* empresa era un británico. El presidente no estaba en la capital que, literalmente, se hallaba apagada. Más de un mes llevaba el general Cárdenas de gira en el interior. La cuarteta satírica no se hizo esperar:

> *Al pueblo le falta luz*
> *y al presidente energía,*
> *la huelga se está agravando*
> *y el presidente paseando.*

Muchas veces es así: pueden ocurrir catástrofes, levantamientos, huelgas más largas, mientras no pasen en la capital del país. Aún faltarían muchos días para el regreso de Cárdenas. Sesenta y dos días le llevó recorrer cincuenta pueblos de Hidalgo, San Luis Potosí, Tamaulipas, Nuevo León, Coahuila, Chihuahua, Durango, Zacatecas, Aguascalientes, Jalisco y Guanajuato. Se había quitado de encima a Calles y había vuelto —así lo decían hasta sus amigos— a hacer campaña, como si fuera a tomar posesión de nuevo, ya libre del yugo del Jefe Máximo. Es como si recién empezara su periodo presidencial. En la Cámara de Diputados, Luis Mora Tovar propuso que una comisión fuera a visitar al presidente, donde quiera que estuviese, para exponerle lo difícil de la situación en la capital, rogándole su pronto regreso a la ciudad a fin de resolver el conflicto. Pero nada lo mueve a regresar. En mayo los doctores Salvador

Zubirán y Gustavo Baz lo operaron de emergencia de una apendicitis y tuvo que estar en reposo por más de cinco días hospitalizado en el pabellón Gastón Melo del Hospital General. No pensaba desperdiciar un día más. Estaba seguro de que esta vez la empresa cedería si él se abstenía de intervenir. Los opositores habían pedido que se legislara para fijar el arbitraje obligatorio; para él eso sería un retroceso que debilitaría a los obreros maniatados por las argucias de las empresas y su poder económico.

El presidente recibía a diario la información de los pormenores del conflicto obrero, pero estaba decidido a no intervenir. La huelga había sido declarada legal —a diferencia de la ferrocarrilera, que él decidió impedir para no colapsar al país, aunque en 1938 decidiría nacionalizar los ferrocarriles y entregárselos a los obreros— y había que esperar a que los dueños doblaran las manos. Pero no lo hacían y la ciudad permanecía apagada, al punto de la histeria. En el Follies Bergere, un cabaret de mala muerte que sustituyó al Molino Rojo, Cantinflas y Medel se burlan del general ausente. Están en la banca de un parque. Medel saca un periódico y lee: «El 15 de octubre de 1908 el señor presidente de la República, general don Porfirio Díaz, sale de Palacio para hacer una breve visita al interior del país». Entonces Cantinflas abre su periódico y también lee: «10 de junio de 1936. El señor presidente de la República, general don Lázaro Cárdenas, llega del interior del país para hacer una breve visita a Palacio Nacional». El público estalla en risas.

Dos días después de que el presidente sale del sanatorio, recuperado de su operación de apéndice, le encarga a Luis I. Rodríguez, su particular, que cite al secretario general del sindicato ferrocarrilero, Juan Gutiérrez. Lo recibe, aún convaleciente, en Los Pinos. Gutiérrez asiste con uno de sus compañeros cercanos, Elías Terán. Cárdenas no se anda con rodeos:

—Te llamé con urgencia porque la huelga que tienen declarada y que debía estallar mañana día 16 de mayo, lunes, a las cinco de la tarde, debe ser pospuesta. Yo no tuve tiempo de revisar lo que llevábamos aprobado. Mejor pospongan la huelga y en su lugar lleguemos a un convenio.

Gutiérrez sabía que era muy posible que el presidente le solicitara eso:

—Señor general, sus indicaciones son órdenes y yo procederé a posponer la huelga. Pero le ruego que me conceda la oportunidad de hacerle unas consideraciones confidenciales. Número uno, hoy es domingo, y a pesar de la facilidad que tengo para comunicarme con las secciones, me va a ser difícil hacerlo con todas, y muchas de las que no reciban a tiempo el aviso de la suspensión se lanzarán a la huelga con el descontrol del caso. Conozco el sentir de varias de las secciones que están más agitadas, señor presidente, y a pesar de que yo les diga que suspendan la huelga, que es el mismo procedimiento que siguió mi antecesor, no creo que me obedezcan. Cumplir con sus instrucciones es mi deber, señor, pero también es mi obligación decirle que voy a causar una gran confusión en el gremio al que he logrado unificar pidiéndoles que me dijeran sus problemas. Esta unificación la requerimos para muchas cosas. Le solicito, respetuosamente, ya que no tenemos tiempo para evitar que algunas secciones corten el servicio, que dejemos que se haga ordenadamente al estallar la huelga.

Cárdenas no lo interrumpe. Sabe escuchar. En su gira de campaña aprendió la paciencia para dejar hablar a sus interlocutores, pero también para no expresar ninguna reacción con su rostro. Es un como un ídolo prehispánico, hierático:

—La huelga estalla a las cinco. Yo estaré desde esa hora en sus oficinas para formular el convenio y dos o tres o seis horas máximo después, podré ordenarle al gremio que termine la huelga porque hemos firmado un convenio. Los perjuicios al público, al comercio, serán insignificantes, señor presidente, ni se sentirán. Es mejor que intentar suspender la huelga. Usted dirá.

—Comprendo tu posición. Te dejo en libertad de que uses tu criterio. Considera cancelada mi petición. Vamos a ver qué resulta.

Como es domingo, Juan Gutiérrez no le comunica a nadie la conversación con Cárdenas. Regresa a su casa a comer. Cuando está a la mitad de su pollo tocan a la puerta. Es el secretario particular del presidente, con su esposa.

—Te venimos a invitar al cine. Hay una buena película en el Alameda —dice y saluda a la mujer del ferrocarrilero. ¡Quién va a tener ganas de ir al cine cuando está a punto de estallar una huelga importante! Gutiérrez sabe que no tiene alternativa, debe aceptar. El cine es un pretexto para hablar. Darle seguramente otra orden del presidente. Al salir de la casa, el líder se encuentra con el diputado Maganda, de Guerrero, que acompaña a la comitiva, seguramente en calidad de testigo.

Las mujeres entran al cine acompañadas de Maganda, a quien Rodríguez le pide:

—Anda y entra al cine con las señoras, yo me voy a quedar platicando con el compañero Gutiérrez.

—¿Qué resolviste, Juan? —le pregunta a bocajarro.

—No me toca resolverlo a mí, señor licenciado, tengo citado al comité de huelga para esta noche. A las diez tomaremos el acuerdo.

—¡No, no estamos a tiempo de tomar acuerdos, hombre! Tú tienes instrucciones claras. No puedo decir que te ordeno, pero te pido. ¿Me entiendes?

—Pues sí, pero cada quien tiene sus responsabilidades.

—Vete con tiento, Juan. Ayúdanos con esta.

Gutiérrez había mentido, no iba a existir ninguna reunión del comité de huelga. Estallaría según lo planeado, a las cinco, a menos que hubiese un convenio. Cuando las señoras salieron del cine se despidieron caballerosamente. Al día siguiente, diez minutos antes de la hora convocada, en la casa del sindicato se presentó de nuevo el particular del general Cárdenas sin ningún convenio en la mano.

—Señor licenciado —anunció Gutiérrez—, nos pondremos todos de pie en señal de que la huelga ha estallado.

Una huelga relámpago. Se pararon oficinas. El mitin ferrocarrilero era a las cinco en la Arena México. El lugar estaba repleto. Miguel Ángel Velasco, con la representación de Lombardo y la CTM, estaba allí también con cientos de agremiados de otros sindicatos.

El fallo de la junta lo sabía de sobra Gutiérrez, estaba prefabricado. El licenciado Genaro Vázquez, jefe del Departamento de Trabajo, había pedido su laudo anticipado a un jurista experto en legislación laboral, Mariano Ramírez Vázquez.

El apoderado del sindicato se presentó en el mitin con el laudo en la mano. Eran las nueve de la noche.

—Señores, nos traen un fallo de la Junta Federal. Leeré sus puntos resolutivos —dijo Gutiérrez—. La huelga ha sido declarada inexistente y el laudo es claro: deberán regresar a sus puestos de trabajo.

La reacción es negativa, vehemente.

Velasco le cuchicheó al oído al ver la respuesta encolerizada de los asistentes, que empezaron a gritar «¡Fraude! ¡Fraude! ¡Junta espuria!».

—Van a querer echarle la culpa al presidente, y el general Cárdenas es nuestro amigo, no querrás que se enemiste.

Gutiérrez se interrumpió y le dio la palabra:

—El compañero Velasco, de la CTM, les quiere decir unas palabras mientras yo leo los puntos resolutivos.

—¡Compañeros, no hay que confundir la personalidad del presidente con la autoridad que ha cometido este atropello!

Comenzaron a llover limones, papeles, naranjas. Lo que la gente tuviera lo arrojó contra el templete. Juan Gutiérrez calmó como pudo al gremio y recuperó el micrófono:

—Señores, un momento. No tomen esta actitud. No es la primera vez que el gremio ferrocarrilero va a una huelga y tiene problemas y reveses. No quiero que felicitemos a la Junta por su laudo, al contrario. Es un laudo arbitrario, pero tampoco vamos a perder nuestro tiempo en explosiones violentas y no constructivas. Los convoco, compañeros, a que esperen el fallo del comité de huelga. Nos vamos a reunir a las doce de la noche. Allí decidiremos si conviene a los intereses del gremio seguir en la lucha contra el laudo. Les pido que estemos todos unidos. Si por política sindical es necesario volver al servicio, aunque no nos guste, tendremos que ponernos dentro de la ley y prepararnos mejor para la otra. Estemos todos unidos. La unión por sobre todas las cosas. Los invito a que hagamos una manifestación de protesta ahora mismo. ¡Nos vamos a ir de aquí hasta Palacio Nacional!

El grupo iba enardecido. Al pasar por el edificio del periódico del gobierno, *El Nacional*, comenzaron las pedradas y rompieron varias de las ventanas. Frente a Palacio, después de media hora de gritos y amenazas, se disolvió la manifestación. Una hora después el comité de huelga resolvía que los trabajadores de los departamentos de Vía y de Talleres regresaran al primer turno, y los de Especialidades, Oficinas, Telégrafos y Trenes volvieran a un mitin frente al Departamento de Trabajo de once a doce del día.

—No olviden —les dijo Juan Gutiérrez mientras protestaban enérgicamente— que hay que cumplir con el laudo. A las catorce horas regresamos todos al trabajo.

El día 18 el líder ferrocarrilero se comunica con el licenciado Rodríguez por teléfono:

—Le ruego, señor licenciado, participarle al señor presidente que todos los servicios han sido reanudados y quedo a sus órdenes.

—Preséntate mañana con tus asesores y cita al señor Madrazo. El presidente los recibirá a primera hora. Se ajustaron los salarios bajos, se acordó pagar el séptimo día, revisar los contratos de *trenistas* que establecían que veinte kilómetros recorridos por carga equivalían a una hora, y otras cuestiones técnicas.

El general Cárdenas parece ganar otra batalla, pero es parcial, no resuelve del todo las cosas.


Vuelve a salir de gira. Reflexiona mucho sobre el tema de los ferrocarriles. Sabe que haber declarado la huelga como ilegal no soluciona el problema, y seguirá preocupado por él durante todo un año. Las demandas laborales eran justas contra Ferrocarriles Nacionales de México. ¿Qué querían? Cosas simples: además de que se les pagara el séptimo día y aumentos moderados de sueldo, pedían nivelación de salarios entre diversas ramas, convertir en personal de planta a quienes ya tienen demasiado tiempo como interinos, por contratos renovables o no de noventa días, y la separación de jefes injustos. En este caso él no podía dejar al país sin trenes. No es lo mismo que dejar por unos días a la capital sin luz. Trató de evitar el caos mientras se daba tiempo. Era injusto lo que Valentín Campa gritó en su contra:

—Es verdad, compañeros, y yo lo he venido reiterando: ¡Cárdenas no es un verdadero revolucionario, sino solamente un servidor de la burguesía media! Está creando, con la Reforma Agraria, un inmenso mercado para la industria naciente a cuyas verdaderas órdenes está. Si fuera un verdadero revolucionario, ¿cómo iba a cometer este atentado a favor del imperialismo y contra el proletariado?

Le dolieron las palabras de Campa. Pero ha aprendido a no tener rencor, ese sentimiento tan poco noble. Ya habrá tiempo de demostrarle al líder quién es él. Por ahora tuvo que cumplir con su papel de garante del Estado y la seguridad, aunque sabe que en detrimento de las justas demandas de los ferrocarrileros. Le dolió también la cruda respuesta de la CTM y de Lombardo, calificando la resolución de la junta como un *atentado*.

Emilio Portes Gil le escribe un largo telegrama, desesperado, al presidente:

Por inquebrantable amistad y sincera colaboración que en todas circunstancias siento obligación dar a usted, juzgo en mi deber comunicarle, en presente conflicto, que sin deseos exagerar paréceme el más serio de los surgidos durante su gestión presidencial. Se consideró manera general huelga electricistas sería breve duración. Hechos demuestran lo contrario. Malestar generalízase y descontento cunde opinión pública. Crea usted que no la de las clases acomodadas, que naturalmente nos debe ser adversa, sino del pueblo que externa sorpresa de que usted, tan animadamente gusta recorrer país para resolver sobre terreno problemas no intervenga personalmente, viniendo a esta capital. El conflicto afecta a dos millones de habitantes. En pocos días puede extenderse país entero.

Más de diez días de huelga y por ende de velas, sin poder prender un foco, han encendido la alarma, una alarma que el «Manchado» Portes Gil expresa, creyendo que es un profundo error del presidente no forzar un convenio entre las partes. Incluso le dice que es mejor una mala solución al conflicto que dejar, así sea por unas horas, que se prolongue.

El general sabe que la presión de Portes Gil si bien expresa de cierta forma el ánimo generalizado, en realidad hace eco de los patrones, de los que el tamaulipeco es abogado. Está en Hidalgo cuando le llega el telegrama que muestra a Múgica. El viejo amigo se ríe.

—¿Qué nadie le explicó al licenciado que un telegrama debe ser corto y preciso?

Luis Rodríguez le pregunta si habrá respuesta para el remitente:

—Ninguna respuesta. Vamos a ver qué pasa. Unos días más que enciendan sus ceras, como si estuvieran rezando —responde el general y sigue el camino hacia Celaya. Múgica lo ha visto sonreír a menudo en este viaje.

Dos días después, en Guanajuato, el Manchado hace su aparición personalmente.

—Usted disculpe, mi general, pero al no obtener respuesta a mi urgente telegrama decidí venir a verlo personalmente. Yo no puedo quedarme en la capital recibiendo toda la presión de su ausencia. Como presidente del partido no tengo respuestas. Los diputados me ignoran, particularmente sus conterráneos, los michoacanos. Los líderes, especialmente Lombardo, me ignoran. Muchos amigos de usted incluso se burlan de mi gestión en privado.

Cárdenas lo ha recibido con cariño, con su habitual abrazo, pero no muestra signos de entenderlo. Su rostro hierático no expresa ni aceptación ni desacuerdo. Finalmente le responde:

—Esos son asuntos sin ninguna importancia, licenciado.

Portes Gil lo tutea entonces:

—No creo como tú, Lázaro, que se trate de incidentes sin importancia. Son tus amigos michoacanos en el Senado quienes más vetan mis decisiones. Esto tiene mucha tela de dónde cortar. He aguantado todas sus intrigas por más de un año. Hace seis meses en San Ángel te expresé mi molestia. No tengo ya la autoridad política para seguir llevando sobre mi espalda la encomienda del partido, una misión que juzgo altísima.

—En todos los trabajos sorteamos intrigas, Emilio. En todos tenemos que vérnoslas con enemigos y chismosos. Es mejor aguantar y no hacer caso. Yo sé quiénes son los perros que ladran y sé quién le paga a los perros. Descuida.

—No es fácil, Lázaro. Tengo que resistir la mofa incluso en los periódicos. Soto Reyes y los senadores hacen lo que quieren y se piensa que en realidad lo que buscan es desplazarme y elegir a otro presidente del partido. No creo que atrás de sus maniobras esté tu mano. No estoy diciendo eso. Lo hacen en tu nombre, pero te juzgo más maduro. Tú siempre me dirías directamente si te estorbo, ¿verdad?

—Demasiadas susceptibilidades, licenciado. Usted sabe que tiene toda mi confianza —pasan del tú al usted sin razón alguna esos dos hombres que se conocen ya por más de una década.

—En reiteradas ocasiones te he manifestado mi deseo de separarme del cargo. Es lo mejor para el partido y para ti. Yo estoy cansado. Si me lo permites…

Desde sus ojos claros Cárdenas lo mira, se alisa el bigote con la mano izquierda, como quitándose una basura y responde al fin:

—No tienen razón quienes opinan de la manera como tú te expresas. Mora Tovar y Soto Reyes son inquietos, nunca se han sabido disciplinar. A mí mismo me han ocasionado problemas con sus imprudencias, lo sabes bien. Yo te garantizo, Emilio, que soy totalmente ajeno a las maniobras del Senado.

Guarda silencio. Portes Gil no le cree, pero no se atreve a cuestionar una declaración como esa del presidente. Aun así se arriesga:

—Eso pienso yo también. Pero es difícil de creer que maniobras de este calado puedan hacerse en el Senado sin intervención directa del Ejecutivo. No merezco que se me trate de esa forma, después de los servicios que he prestado a la nación. Y especialmente los que en el momento más decisivo del conflicto con el general Calles he prestado a tu investidura. Te pido me permitas retirarme a mis trabajos como abogado y alejarme de la política.

—Por ningún motivo acepto tu renuncia. Lo siento.

—Es irrevocable, Lázaro. ¿No será mejor que yo sea un amigo tuyo al que aceptes con dignidad en tu casa, dispuesto a servirte cuando me lo solicites, que en un puesto en el que ya no puedo desempeñarme con dignidad?

Emilio Portes Gil le tiende entonces la carta de renuncia *irrevocable*, como ha dicho. Cárdenas no necesita leerla, afirma solo con la cabeza y le da un abrazo al Manchado, como si en ese gesto pudiese concentrar toda su estima. El partido se queda sin presidente, pero la Ciudad de México sigue apagada.

Francisco J. Múgica, quien según el propio Portes Gil era uno de sus principales opositores, se había retirado de la escena, pero cuando vio partir la comitiva regresó al hotel donde se hospedaba el presidente.

—Renunció al partido —se limitó a contarle Cárdenas.

—Menos mal. ¿Y te habló de la huelga?

—Prácticamente no. Me dijo que como no se arregle, el país entero ahora sí va a estallar, que sería bueno que tomara cartas en el asunto.

—¿Y qué piensas hacer?

—Esperar. Lo prudente es esperar.

El presidente decide pasar un mes entero en la Ciudad de México, ya iluminada desde finales de julio. Supo que la huelga había terminado cuando estaba en Bermejillo, Durango. No ha podido impedir, a pesar de sus esfuerzos, el derrocamiento del presidente Sacasa en Nicaragua: cuando su secretario de Relaciones Exteriores, Eduardo Hay, estaba trabajando en un bloque de apoyo, su sobrino Tacho lo sacó del país. Recibió con tristeza las noticias de Etiopía, donde había apostado por hacer valer el peso de México con su doctrina de no intervención. Espías mexicanos habían llevado incluso dinero para Haile Selassie, sin éxito. Mussolini se había salido con la suya. La Guerra Civil en España, a pesar de la resistencia, era un duro golpe para los gobiernos como el suyo, de gran contenido social. No parecían tiempos buenos en el horizonte internacional. Con mayor razón le urgía darse prisa. Pero de esos treinta días, lo que más le ha ilusionado es ver a Cuauhtémoc crecidito.

El primero de septiembre, a las diez horas, en su informe presidencial hace recuento de lo ganado sin temor de expresar sus preocupaciones por todo lo que queda por hacer. Resume las labores y las obras ejecutadas durante el año legislativo que termina. En un año, lo dice para que quede bien claro, Hacienda ha entregado a los bancos Nacional de Crédito Ejidal, Nacional de Crédito Agrícola, de Crédito Popular e Hipotecario, cantidades que superan las proyectadas por el plan sexenal para todo su periodo presidencial. Treinta millones entregados en un solo año.

Los miembros del gabinete llegaron por su cuenta, contra la antigua costumbre de acompañar al presidente desde su casa a la Cámara de Diputados. Todos pudieron ir vestidos como les diera en gana, sin la gala previa que él había erradicado desde su toma de posesión. El informe del presidente errante —como la prensa le llamaba a quien casi por condescendencia pasaba al fin un mes entero en la capital— fue largo.

—Es el propósito de mi gobierno estimular las capacidades productoras y lograr un reparto justo de los bienes. Ha sido mi propósito resolver sobre el propio terreno las cuestiones planteadas, con la presencia directa del Ejecutivo cuando ha sido necesario.

Habla también de la creación de un nuevo Departamento de Turismo, de las obras de irrigación sin precedentes y de las de más de dos mil kilómetros de carreteras. Le interesa sobremanera ponderar el reparto de tierras, porque saldrá pronto a La Laguna a repartirlas él mismo. Dos mil doscientas catorce hectáreas —para 206,065 campesinos— de 3,269,202 hectáreas repartibles. El reto es mayúsculo y el campo, una prioridad. Ya ha discutido con Lombardo que los campesinos no son *agremiables* a los sindicatos obreros y que es el gobierno el responsable de agruparlos. El ejido debe ser el centro del programa agrario de gobierno, insiste.

—El gobierno de España solicitó de nuestro gobierno—aclara lo que la prensa ha publicado en días recientes—, por conducto del excelentísimo señor embajador, don Félix Gordón Ordás, la venta de pertrechos de guerra, solicitud que fue atendida poniendo desde luego a su disposición, en el puerto de Veracruz, veinte mil fusiles de siete milímetros y veinte millones de cartuchos de fabricación nacional.

Luego sigue leyendo dos párrafos sobre política exterior. El 20 de agosto embarcaron hacia España, en el *Magallanes* de la Marina española, los pertrechos. El embajador mexicano en París, Adalberto Tejeda, había sido autorizado a comprar en Francia armamento para los republicanos con dinero mexicano que sería después reembolsado. En su diario había escrito: «México proporciona elementos de guerra a un gobierno institucional, con el que mantiene relaciones. Representa el presidente Azaña las tendencias de emancipación moral y económica del pueblo español. Hoy se debate en una lucha encarnizada, fuerte y sangrienta, oprimido por las castas privilegiadas».

Esas mismas castas con las que él se bate todos los días. Y él no se sabe estar quieto. Desde los días de combates y escaramuzas en la Revolución siempre ha preferido estar a salto de mata, en la batalla.

A finales de septiembre de 1937 vuelve a salir al interior. Allí donde suceden todas las cosas.

\* \* \*

¡Si uno supiera el día en que se va a morir! ¡Si tan solo pudiese uno encontrarse con la muerte de frente, sin máscaras y con anticipación! Pero es siempre inesperada. Pinches jugarretas del destino. Manlio Fabio Altamirano bien podría haberse quedado en Veracruz y quizá seguiría vivito y coleando, piensa Filiberto García. Pero no, el muy pendejo se viene a la ciudad y decide ir a cenar al Café Tacuba con su señora. ¡Pinche suerte!

Pero Manlio Fabio Altamirano no sabía el día en que lo iban a matar. Entró al restaurante de Rafael Molinedo con su esposa y le dieron una mesa casi a la entrada, a escasos metros de la puerta. Pidió huauzontles, que eran una de sus debilidades. Su mujer, en cambio, ordenó mole poblano. El dueño vino a saludarlo y le enseñó un recorte periodístico con la foto de su hijo, arquero del equipo América, quien había atajado un pénalti el domingo anterior. Los hombres se abrazaron como viejos conocidos y el político felicitó al restaurantero. Era su lugar habitual cuando venía a la ciudad. Una copa de vermut dulce, cortesía de la casa para la pareja, ofreció el propio Molinedo minutos después. Altamirano brindó por el hijo futbolista e hizo una broma acerca del Orizaba, su escuadra favorita.

El candidato a la gubernatura de Veracruz era un periodista aguerrido, un agrarista furibundo y un abogado de los pobres. Había sido el primer gerente del periódico oficial, *El Nacional*, y también miembro fundador del Partido Nacional Revolucionario. A él se le debía el cambio en la Constitución de la reforma del artículo tercero. Allí donde los constitucionalistas escribieron educación laica, Altamirano corrigió por educación socialista.

Era también un orador magnífico, un *pico de oro* singular. Como diputado había brillado siempre en tribuna, atreviéndose a ridiculizar incluso a la esposa del entonces presidente Abelardo Rodríguez. La campaña ha sido extenuante, pero ha triunfado. Ha triunfado a pesar de los hacendados jarochos que le pidieron justicia con sus tierras. En una gira, uno de ellos le pidió que les reintegraran lo que Adalberto Tejeda les había quitado.

—Solo nos dejó cien hectáreas.

La réplica del candidato fue reproducida en los diarios capitalinos:

—¡Cuando yo sea gobernador les voy a quitar las cien hectáreas que les dejó Tejeda!

Ha luchado contra las guardias blancas formadas por Manuel Parra para defender a las familias poderosas. Se hacen llamar La Mano Negra. Han asolado Veracruz y *recuperado* propiedades en Nautla, en Misantla, en Plan de las Hayas. A pesar de ellos, ha ganado las elecciones. Aun en contra del antiguo dueño de casinos y expresidente Abelardo Rodríguez, que lo detesta. Ha triunfado para repartir la tierra de Veracruz, su verdadera pasión.

Apenas les han traído su comida cuando un coche oscuro, un Buick Victoria, se detiene a las puertas del local. Han estado acechando por tres días al gobernador electo. De su casa en la Roma a los restaurantes que frecuenta y a los despachos y ministerios que visita. Tienen órdenes, pero son cuidadosos. Les queda poco tiempo y lo saben. Su patrón les ha dicho claramente:

—De ustedes depende que Manlio Fabio Altamirano no tome posesión. Lo quiero bien muerto.

El Buick Victoria, antes de estacionarse, ha transitado por la calle a baja velocidad, sin hacerse notar. Del vehículo desciende un hombre, deja abierta la puerta trasera y da la orden:

—Mantén el motor andando. Ya sabes, cuando salga, arrancas a toda prisa y no te detienes.

Se desliza por la cortinilla, ve a su presa y descarga su pistola. Uno, dos, tres disparos sobre Altamirano que cae hacia atrás. Los gritos de los comensales no detienen la huida. Todo le sale como estaba planeado. La mujer del político sufre un leve desmayo pero es atendida de inmediato por Rafael Molinedo, quien grita que llamen a la policía. Es curioso pero la reacción de los comensales no es de esconderse, ni siquiera de salir corriendo. Guardan silencio y parecen estatuas de cera. Nada se mueve, como no sean los meseros que recuestan el cuerpo del político en el suelo. El aire huele a pólvora, el tiempo entero se detiene.

Esa noche está de guardia Filiberto García y a él le toca acompañar al joven doctor Alfonso Quiroz Cuarón al levantamiento del cadáver y realizar junto con Treviño las averiguaciones previas. No está Téllez, ni le avisan —en represalia— de lo que ha ocurrido. Se trasladan a la calle de Tacuba, donde encuentran a los comensales aún paralizados y a la mujer de Altamirano recuperada, pero sollozando en un rincón.

Mientras el forense y sus ayudantes hacen sus averiguaciones periciales, él se dedica a interrogar a los parroquianos y al dueño. Le queda rápidamente claro que no sacará nada de ellos, porque nada saben de lo ocurrido. Siempre le ha parecido curioso cómo ante un mismo hecho policiaco —un atropellamiento, un robo a mano armada o, en este caso, un asesinato— los testigos pueden contradecirse flagrantemente. De sus pesquisas pudo colegir que el asesino tenía lo mismo 1.60 que 1.85 de estatura, que era delgado y de alrededor de cincuenta años o regordete y de veinticinco cuando mucho. Alguno lo recordó con bigote, pero los demás lo vieron lampiño. Según la mayoría llevaba sombrero, pero dos aseguran que tenía la cabeza descubierta y gafas oscuras. ¡Pinches testigos, estarían bien para mandar a alguien a un paredón!

Intentó con la mujer del político, pero fue inútil. No recordaba nada del pistolero. Le era imposible contener el llanto y a la pregunta de quiénes podían desear la muerte de su esposo, una pregunta de rutina, la mujer dio una lista de más de cien personas. Filiberto García anotó todos los nombres, todos de veracruzanos, según le dijo la señora.

El gobernador electo de Veracruz acribillado en el Café Tacuba. Debía dar parte a sus superiores. Los telefonazos se siguen el uno al otro. El presidente Cárdenas se entera a los treinta minutos y pide que se le comunique la noticia al embajador Tejeda, quien está en Alemania comprando materiales para el recién creado Instituto Politécnico Nacional. El telegrama lo sorprende a la mañana siguiente: «Comuníquele con honda pena que el señor licenciado Manlio Fabio Altamirano fue asesinado anoche».

Tiene que ser obra de los hacendados, pero ¿quién pago al tirador para que lo ultimara? Filiberto García se dice que el suyo es un pinche oficio y que en este país las muertes de políticos nunca terminarán. Acepta, sin embargo, gustoso la encomienda de trasladarse a Xalapa a realizar pesquisas ese mismo día. Del casi centenar de nombres, después de hacer muchos interrogatorios con ayuda del jefe de Operaciones Militares en Veracruz, logra reducir la lista a seis. Seis poderosos que habrían hecho hasta lo imposible por impedir que el gobernador electo llegara a tomar posesión.

Un periodista local, amigo de Téllez, Pedro Acasuso, accedió a tomar unas copas con él para ayudarlo en la investigación. Lo citó en un bar llamado El Club de Artistas, en la avenida 20 de Noviembre. El dueño los atiende detrás de la enorme barra de caoba. Las paredes están pintadas de púrpura.

—Néstor Rodríguez —se presenta el dueño y barman cuando Acasuso describe a García como un prestigiado detective de la capital—. Le voy a recomendar un menjul, es lo mejor de este lugar. Uno nada más, porque es muy fuerte, tiene bourbon —le ofrece con infinita cortesía y su acento jarocho.

Les trae dos tragos idénticos. A Filiberto le gusta el sabor dulzón, la menta macerada. Podría vivir tomando pinches menjules.

En El Club de Artistas sirven acamayas de río y el periodista ha pedido dos órdenes al mojo. El problema es comérselas sin mancharse. Les han traído unas pinzas, pero García no come nada que tenga cáscara, pinches camarones duros, qué difícil tragárselos. Cuando logra dar con algo de carne debe admitir que están muy sabrosos.

—¿Tiene usted idea de quién pudo haberlo matado? —le pregunta a Pedro Acasuso, al tiempo que brinda con él, cuando han terminado de comer.

Acasuso fuma habanos y le ofrece uno a García. La única vez que lo intentó se puso una pinche mareada del carajo. Él enciende uno de sus Faros. Ocultos por el humo siguen la conversación.

—Todo Veracruz. O todo el Veracruz que puede pagar un asesino. El resto, los pobres, lo adoraban. Pero de verdad. Pudo ser cualquiera. O lo pudo mandar asesinar alguien de La Mano Negra.

—¿La Mano Negra? Suena a una mala radionovela.

—Pues es una muy mala idea, eso seguro. Al menos dos mil campesinos han muerto en sus garras. No se tientan el corazón. Están bien pagados y se mueven en muchos municipios, principalmente en Almolonga, donde inició su nefasta acción.

—¿Me sugiere que vaya para allá?

—No, si quiere regresar con vida. No estamos hablando de dos o tres. Son legión, amigo García. Y sus patrones son también muchos. Su misión es clara: impedir el reparto agrario y recuperar las tierras perdidas particularmente en los dos periodos como gobernador del coronel Tejeda. Y lo van logrando, con ayuda de *revolucionarios.*

—Almolonga. Me suena. ¿No es el ingenio del general Pablo Quiroga?

Las noticias de la compra del lugar estuvieron calientes durante un par de meses hace tiempo.

—Él es uno de los dueños. Uno de los socios, mejor. El dueño en realidad es Manuel Parra, el verdadero creador de La Mano Negra. Muy protegido. Le sugiero que acá la deje por la paz, regrese a la ciudad, reporte a sus superiores lo que sabe y le den carpetazo. El general Quiroga fue secretario de Guerra del presidente Cárdenas. No hay quien lo toque.

—Fue, usted bien lo dice. Fue, tiempo pasado. En el presente, el secretario es Manuel Ávila Camacho. O encargado de despacho o lo que sea. El general Quiroga era un callista y los callistas hoy no tienen quién los defienda. Así que pienso empezar por preguntarle al propio Quiroga, a ver si es tan cabrón como dicen.

—No hay necesidad, García. Los nombres de sus pistoleros todos los sabemos en Veracruz. ¿Tiene dónde apuntar? La Mano Negra opera en muchos lugares: Carlos Ramírez en Naolinco; Francisco Salas, Sebastián González y Nicandro Sánchez en Alto Lucero; Manuel Alonso en Miahuatlán; Magdaleno Mejía en Los Frailes; Macario y Pedro Parra, hermanos, en Soledad de Doblado; el «Negro» Malgano, de la Colonia Enríquez; Toribio Díaz, de Cerrillos de Díaz; José Rodríguez, de Blanca Espuma; Félix Osorio, de Tierra Blanca; Miguel Márquez y José Caiceros, de Tepetlán; Gonzalo Lagunes, de Cardel; Pedro Palmeros y Crispín Aguilar, de Actopan; José y Manuel Viveros, de la Sierra de Chiconquiaco; Rodolfo Lozada, de Úrsulo Galván; Marcial Montano Segura, de acá de Xalapa; de Plan de las Hayas, Rafael Cornejo Armenta; y de Almolonga, José Acosta, Delfino Montero, Pablo Huesca, Cleto Barradas, Carlos Espedilla, Narciso Salas, Rafael Gómez.

—¿Por dónde empezar? ¿Por los de Almolonga?

—Si le va a pedir apoyo a sus colegas policías estatales, lo veo cabrón. Ninguno se va a atrever. Ahora que si los agarran los militares, yo me iría por todos los de Almolonga que le dije y por Montano Segura. A ese se lo pueden agarrar rápido acá en Xalapa.

Siguieron bebiendo un par de horas. Al salir, el dueño del lugar le cuchicheó al oído:

—Para mí que fue Manuel Parra, no hay pierde. Indague por allí.


Tres días se necesitaron para aprehender a Montano Segura. Ablandarlo no les llevó ni una hora. Unas cuantas amenazas, un chingo de golpes. Pero cantó rápido. Según él, fueron cuatro los que se trasladaron a la Ciudad de México para asesinar a Altamirano. No quiso decir los nombres de sus compinches, pero sí de los hacendados que les encargaron el trabajo. Se necesitaron órdenes expresas del presidente Cárdenas para aprehender a Manuel Parra Mata, a Rafael Murillo Vidal y a Fernando López Arias. Un convoy militar los trasladó a la Ciudad de México.

El asesino resultó ser uno de los miembros de La Mano Negra: Rafael Cornejo Armenta. Lo curioso es que escapó milagrosamente de la cárcel a la mitad de su juicio y no se le volvió a ver. Los autores intelectuales también salieron libres al poco tiempo.

A su regreso a la Ciudad de México, Filiberto García fue a agradecerle al Güero Téllez su ayuda.

—Su amigo periodista resultó, como todos ustedes, un gran soplón. Como se habrá enterado por la prensa, agarramos a los culpables.

—Y los soltaron, capi. Al menos me hubiera dado la exclusiva, ¿no?

—De qué le sirve escribir todos esos reportajes policiacos si en este país no se hace justicia nunca. Al general Pablo Quiroga Escamilla ni siquiera lo procesaron como cómplice de Manuel Parra.

—De la misma manera en que a usted no le sirve de un carajo atrapar a los culpables y encerrarlos. En las cárceles de México solo hay pobres y pendejos. Por cierto, conseguí buena chamba. *El Instante* tiene sus días contados.

—¿Se puede saber dónde han decidido emplear sus múltiples talentos?

—El ingeniero Félix Fulgencio Palavicini en su nuevo diario, *El Día*. Ahora soy el director de la sección policiaca. El ingeniero me ha dicho que admira mi trabajo y que la nota roja es como la sección de sociales de los pobres. Los que no salen fotografiados en bodas y bacanales lo hacen en la morgue.

—Pues felicidades, Téllez. Es mejor ser jefe de reporteros que reportero. Se gastan menos las suelas.

—La «sección» somos un fotógrafo y su servidor, así que seguiré necesitando un par de zapatos cada mes, descuide.

—¿Cuándo aceptaremos que los buenos siempre pierden, Téllez?

# VIII

## La resurrección de Lázaro

*No todo es posible*, esa es una de las máximas de la política, saber las limitaciones del cargo y de los tiempos y ajustarse a ellas sin claudicar un instante en los planes. Una cosa es querer y otra poder, se dice esa noche, frente a su diario. Amalia se ha ido a dormir. Los niños también. Y son niños, en plural, porque ha traído a vivir en Los Pinos a varios que ha ido recogiendo en sus giras. Por un lado, eso les permite una nueva vida, escuela, oportunidades. Por el otro, asegura que Cuauhtémoc, como hijo único del presidente, no se vuelva engreído. Es uno más de los que la prensa llama *niños de Los Pinos*, mofándose un poco de la idea del presidente.

Estar fuera de la ciudad es lo suyo. Detesta la capital, aunque solo desde ella se pueda gobernar. Pero quedarse allí significa perder el pulso del país, olvidarse de lo que verdaderamente importa, incluso de la razón misma de haber asumido la primera magistratura. Fuera de la ciudad todo es sano, dentro de la ciudad todo está corrompido. Cada que sale de gira respira de nuevo, como si volviera a vivir, como si dentro de Palacio Nacional estuviera muerto en vida. Un mes ha sido suficiente, la tarea impostergable exige el mayor esfuerzo, la mayor entrega.

En los primeros días de la nueva gira la idea era repartir tierras en los estados vecinos a la ciudad e irse alejando, hacia el mes de octubre, a los más apartados. Su idea, en realidad, consistía en demostrarle al país que lo irrealizable era posible, que repartir la tierra, el sueño aplazado de la Revolución, era algo conseguible, aunque requiriera partirse el alma en el empeño. Del 21 al 27 de septiembre repartió tierras en Puebla, Tlaxcala e Hidalgo. Las más difíciles fueron las de las haciendas pulqueras de Apan. A pequeña escala tenía que ir doblándoles las manos a los terratenientes y difundiendo en la prensa nacional que se habían terminado los años del latifundio. Del 7 al 28 de octubre se inició el reparto en el Estado de México y Michoacán. Conforme iba avanzando la dotación de tierras, se fue dando cuenta de otra verdad: sin escuela no hay ejido. La escuela rural —como las que tanto admiraba y que Moisés Sáenz inició en Michoacán— era la receta para lograr la verdadera transformación del campesino.

El 6 de octubre, desde la capital, el general decretó el reparto de La Laguna y al día siguiente volvió a subirse al tren *Olivo* para realizar él mismo, con sus principales colaboradores, el más ambicioso programa de reparto de tierras posible. Escribió en sus *Apuntes*, conocedor de la dificultad de la empresa: «El problema ejidal de La Laguna es el más serio que resuelve hoy el régimen de la Revolución. La fuerte organización de los capitalistas propietarios y su oposición constante a que sus propiedades se reduzcan al límite señalado por el Código Agrario ha venido provocando agitaciones, queriendo por medio de la prensa y por distintos medios estorbar la acción agraria del gobierno, pero firmes en nuestro propósito de atacar ya este problema, hemos tomado todas las medidas indispensables para que el nuevo sistema de propiedad de La Laguna no fracase y al efecto se ha anticipado la organización financiera para que el Banco Nacional de Crédito Ejidal tenga los fondos necesarios para atender todas las operaciones de crédito de las Sociedades de Crédito Ejidales que se formarán en La Laguna, operaciones que pasarán de treinta millones de pesos durante los ejercicios agrícolas de 1936 y 1937».

En el camino a Torreón pasa por Michoacán con la misma empresa agraria. Pátzcuaro, Tacámbaro, Ario del Rosal. Son tierras que conoce bien, que añora. Regresa de emergencia a la Ciudad de México debido a la muerte por meningitis de su amigo, el general Andrés Figueroa. Lo entierran en el panteón de Dolores y él, de inmediato, vuelve a La Laguna, donde pasa los siguientes veinticinco días.

Al principio del reparto, cuando era director del Departamento Agrario su fiel Gabino Vázquez, las tierras afectadas pertenecían a generales revolucionarios como Pablo Quiroga, Eulogio Ortiz, Jesús Gutiérrez, Carlos Real, Miguel Acosta. El general Ortiz declaró a la prensa:

—La Revolución me dio la tierra, la Revolución me la quita.

Mentalmente el general Cárdenas corrige la frase cuando la lee: *Durante la Revolución la adquirí y ahora la devuelvo al pueblo.* Muchos de esos repartos de finales de 1936 tuvieron que hacerse muy velozmente para resolver problemas entre hacendados y campesinos o, en el caso de La Laguna, entre el sindicato de trabajadores y los dueños de Tlahualilo, Purcel, La Algodonera y las otras haciendas algodoneras de la zona.

El general había decidido intervenir y pedir a los trabajadores que pararan la huelga, cuando los informes fueron claros en el sentido de que había más de mil esquiroles trabajando dentro y el propio jefe de Operaciones Militares de la zona apoyaba a las empresas. Era menester no solo promulgar el decreto, sino supervisar él mismo el reparto. Había que dar una señal inconfundible de que estos eran ya otros tiempos, si lo ocurrido en Monterrey no había sido suficiente. Los ricos coludidos con militares no producen nada bueno.

La Laguna ni siquiera tiene una laguna. De no ser por los ríos Nazas y Aguanaval sería un desierto, como todo a su alrededor. Paisaje de un solo color salpicado de mezquites y lechuguilla y sotol, la seca tierra circundante. Aquí, en cambio, la magia verdiblanca del algodón, las simétricas líneas del trigo. Gabino Vázquez y los ingenieros que viajan con el general en el tren *Olivo* le han proporcionado un informe de la zona limítrofe al bolsón del Mapimí, que ahora planea repartir. Localizada entre los 02° 22' y 104° 47' oeste y 24° 22' y 26° 23' norte, su altitud media es de 1,139 metros, con una orografía plana, lee el general, que conoce la zona porque aquí luchó contra las fuerzas de Villa, y luego cuando el gobernador general Juan Gualberto Amaya defeccionó para unirse a la rebelión escobarista que Cárdenas combatió palmo a palmo.

La verdadera lucha en La Laguna ha sido la del agua. Los informes son contundentes: ni el antiguo Reglamento para la Distribución de Aguas del Nazas, que data de 1898, ni las siguientes ordenanzas han impedido que las empresas se beneficien casi exclusivamente de la irrigación. Tampoco sirvió de gran cosa la Ley de Dotaciones y Restituciones de Tierras y Aguas de 1927, que limitaba la propiedad a ciento cincuenta hectáreas. Los propietarios *importaron* campesinos de fuera para crear sus propios sindicatos *blancos*, en contra de los llamados *rojos*. Ahora él viene con una nueva ley en la mano, la Ley de Aguas de Propiedad Federal y su reglamento. Las siete pequeñas presas construidas a lo largo del Nazas: San Fernando, Santa Rosa, Calabazas, Torreón o Coyote, Guadalupe, San Pedro y La Colonia alimentan a veintidós canales que regaban desde el siglo xix 90 mil hectáreas de propietarios privados.

La huelga de agosto que él pudo detener no era sino el resultado de la exacerbación de ánimos producto de la injusticia social. La Federación de Sindicatos Obreros y Campesinos de Durango no se iba a dejar mangonear por nadie, después de años de lucha contra la miseria y el atraso. En los diez días de huelga hubo muertos entre los esquiroles y los sindicalistas. Nadie sabe bien a bien cuántos. Le han dicho que al menos treinta. Ese mismo dolor lo había visto en toda la República. La escena, por repetida, no dejaba de producirle coraje. Había además leído *Oro blanco*, la novela de Jesús Guerrero, que era un retrato de la herida abierta en la pizca de algodón. Peones acasillados, trabajadores eventuales, residentes. Todos cada día más pobres e ignorantes, mientras que las empresas se llevan el dinero fuera de México. El decreto precede a su viaje, de manera que haya una escritura previa a su visita, una ley que ampare a los más de los menos. El empeño actual consiste en formar al menos 290 ejidos dotados con una superficie de alrededor de 146,277 hectáreas de riego. Mira el mapa detallado en el informe mientras se acerca al lugar. Ha querido estar consigo mismo unas horas, después de largos acuerdos con su comitiva. La soledad le permite pensar, estarse muy hondo dentro de sí. Esas horas exclusivamente suyas le dan la fuerza y la paciencia para no mostrar ninguna reacción cuando se encuentra ya en tierra, en la batalla. Lo tachan de lento, de dejar que las cosas sigan su curso, cuando su plan de operaciones es justo lo contrario. Mejor que no se den cuenta: deja que las cosas, como en una escaramuza militar, estallen solas, que los ánimos se caldeen, que las partes se enfrenten, como dos batallones, hasta que quede claro que su intervención es necesaria y entonces no hay lentitud alguna: un solo golpe, certero, definitivo. Un ataque completo por vanguardia y retaguardia, cercando al enemigo, sitiándolo hasta obligarlo a rendirse.

El acuerdo más relevante en la travesía a Torreón fue con Ávila Camacho. Su subsecretario de Guerra le tenía información confidencial, a la que llegaron después de despejar el camino —en medio de la conversación— de lo cotidiano.

—Debemos mostrar fortaleza y debilitarlos al mismo tiempo, Manuel. Vamos a empezar por remover al jefe de Operaciones Militares, Alejo González. Quien venga va a responder a nuestras órdenes no a las de los gobernadores y generales terratenientes, menos a las empresas.

—Si me permite el comentario, presidente, yo no lo haría ahora mismo. Quizás en un mes, cuando no se mezcle con el tema agrario.

—Siempre se va a *mezclar* con el tema agrario, Manuel. No podemos dejar una sola pieza suelta. Quiero una acción contundente, precisa, ¿me entiendes? No puedo dejar débil ningún flanco. Empecemos por Durango. El general Carlos Real parece estar de acuerdo con nosotros. Pablo Quiroga y Alejo González, no estoy tan seguro. Daremos rifles por arados a los campesinos, pero me preocupan más bien los dueños de los rifles. No los veteranos de la Revolución, pobres a pesar de la lucha.

—Pues si me lo ordena, general, procedo a la remoción que solicita. Pero le pido una semana o dos, en lo que también nosotros conocemos el terreno.

Estuvo de acuerdo con lo solicitado.

—Lo que más me preocupa, sin embargo, es lo que está sucediendo en la Ciudad de México. Tengo informes en el sentido de otra probable rebelión militar. No piensan estallarla ahora, sino cuando usted cumpla dos años en el gobierno. La encabeza el general Amaro, pero está parlamentando con el general Cedillo. Los informes son claros: buscan alzarse para que usted renuncie después de veinticuatro meses por las buenas o por las malas, según palabras del propio Amaro recogidas por nuestros informantes.

—No es nuevo. Cedillo tiene tiempo intentándolo, lo que no entiendo es por qué no renuncia al ministerio y se regresa a San Luis a fraguar su asonada.

—Porque en la capital tiene posibilidades de conversar cotidianamente con los otros rebeldes. Tengo información de que se reúnen también con el agregado militar de la embajada norteamericana, el teniente coronel Mashburn.

—Me extraña que no participe Almazán.

—Ha estado un par de veces. Juegan frontón en la casa del teniente coronel Alamillo, quien los convoca por órdenes de Amaro.

—Alamillo es el cerebro de Amaro. Pídale a Rodríguez que se comunique con el general Hay. Asignaremos a Alamillo como agregado militar en Francia de inmediato. Hay que cortar una de las cabezas de esa hidra. La que convoca y reúne.

—¿Pero con el general Tejeda? Eso augura un encontronazo.

—¡Que se peleen lejos! Cuando asumí la candidatura presidencial, lo sabes, Cedillo, Amaro y Almazán eran los otros divisionarios con posibilidades de hacerse del cargo. Tejeda lo tenía imposible por su enemistad con Calles. Los primeros tres se cuadraron, al menos en apariencia, y retiraron sus candidaturas. Pero por órdenes del máximo, no por gusto.

—Sacamos a Alamillo y neutralizamos a Amaro, pero aún tenemos el problema de Almazán y de Cedillo. El primero tiene suficiente dinero para rebelarse, y el segundo, dinero y hombres. Hasta ahora en las conversaciones hablan de que su rebelión debe darse en el cauce de la ley.

—Cuando sepan lo de Alamillo intentarán entrevistarse con Amaro. Entonces veremos nosotros si son lo fuertes que se creen como para rebelarse. Por ahora, cortemos la primera cabeza sin derramar sangre. Nunca más debe morir un caudillo, aunque se oponga al programa revolucionario. El ejército no puede seguir dictando la política nacional, Manuel.

El tren *Olivo* llegó a la estación de Torreón con su silbido quebrando en dos la tarde seca y rota. Una nube de su vapor, la única en un cielo despejado y azul, como de papel. Lo esperaban con una banda militar y cientos de campesinos. Las autoridades estaban al frente de la muchedumbre, queriendo congraciarse con el nuevo *hombre fuerte* del país, de quien dependía el futuro de la región, pero también cada una de sus cabezas. Un fotógrafo sacaba chispas y volutas de humo negro con sus instantáneas, intentando capturar el momento para *El Siglo de Torreón*. La música ensordecía las porras y los gritos de júbilo. La música nos canta, pensó el general Lázaro Cárdenas al apearse del vagón presidencial y saludar ondeando su enorme mano a la multitud reunida. Ese vagón sería su dormitorio y su oficina en los próximos días. Decidió no usar una habitación de hotel ni utilizar el Palacio para sus reuniones. Iría a los nuevos ejidos, caminaría la ribera del Nazas, visitaría la presa El Palmito, pero no la morada del poder local. El único lugar de poder sería su locomotora.

Gómez Palacio, Lerdo, Torreón, Matamoros, San Pedro, Hidalgo del poderoso Archibaldo Burns, Tlahualilo. La actividad de los días siguientes será febril. Los ingenieros y delegados, encabezados por Rufo Rosales y Gabino Vázquez, irán parcelando y repartiendo y él, personalmente, entregará los títulos de propiedad. Los siguientes veinticinco días trabajarán incluso por la noche, sin tregua. Lo que no puede hacerse, según muchos, se hará. No regresará a la Ciudad de México hasta que esté repartida La Laguna completamente. Todos los municipios, los tres estados, pésele a quien le pese.

Lo que ocurría en el tren *Olivo* y en las haciendas era reportado día a día por la prensa local. No había marcha atrás. El *Siglo* publicó el 22 de octubre un reportaje sobre el reparto en Manila, en la que da cuenta del esfuerzo de Noé Figueroa, al mando de las brigadas de ingenieros agrarios —que tuvieron los cuarenta y cinco días sus oficinas provisionales en Ciudad Lerdo—, junto con el ingeniero Cardona, para dar posesión de 33,000 hectáreas a 5,124 campesinos. Tan solo la lista de ese día era impresionante por los ranchos afectados: El Quemado, de la señora Caridad Ramírez y Aldama de García, para 78 peones, 778 hectáreas; Arcinas, de Pedro Torres y hermanos, 82 hectáreas de riego, y de La Esmeralda, de Macario Sánchez Aguirre, 462 de riego; de La Reforma, para 71 peones, 161 hectáreas que se tomaron de Santa Cruz y anexas.

El presidente deja de leer el diario. Hoy por la noche habrá un baile de celebración. La única fiesta que se permite. No habrá alcohol, eso lo ha dejado muy claro desde que fue convidado al lugar por los nuevos ejidatarios y sus líderes. Antes, por la mañana, volvió a hablar ante los campesinos en Tlahualilo. No se le ve cansado a pesar de los días enteros en el reparto. Es ya 11 de noviembre y él ha sopesado cada una de las palabras con las que, dirigiéndose a los campesinos de un pequeño pueblo, les habla en realidad a los poderosos del país entero. Habla de la unificación, de la necesidad de que el elemento trabajador muestre un solo frente para conquistar sus ideales, su mejoramiento económico y la elevación cultural de sus hijos:

—Estamos atacando en esta región uno de los problemas principales que ha tenido pendientes la Revolución mexicana. El gobierno solo trata de convertir en realidad el ideal que sostuvieron ustedes con las armas en la mano.

Se escuchan aplausos que el general devuelve exaltado:

—Tenemos la necesidad y el deber de triunfar con el ejido para el bien general del país y en provecho directo de ustedes.

Los invita a no dividirse, a optar por el ejido. Y luego traza el programa venidero:

—La región del Yaqui, Yucatán y otras, están pendientes de los resultados que obtengamos en la comarca lagunera. La clase campesina y obrera de los estados de Durango y Coahuila debe hacer honor a sus responsabilidades. El camino a seguir, si ustedes me tienen confianza, es el de agruparse en derredor de los hombres que el gobierno destaca en estos lugares para ejecutar sus programas, particularmente las brigadas de ingenieros. Las obras como la presa del Nazas contribuirán al mejoramiento económico. Que toda la familia de Tlahualilo, como un solo hombre, colabore con el gobierno para el beneficio del pueblo.

Un día después llega en tren a Torreón su amigo Múgica, quien viene acompañado del pintor Diego Rivera. Le quieren plantear un asunto delicado que solo puede tratarse personalmente. Los invita a su camarote en el *Olivo*, por la noche. Les sirven un salpicón de venado que el pintor engulle como si no hubiera comido en meses. Incluso se chupa los dedos, ruidoso, para no dejar ni un poco de salsa desperdiciada. El presidente les habla de lo logrado en todos estos días. Liova, el hijo de León Trotski, le había escrito a una mutua amiga, Anita Brenner —explica el pintor con sus ojos papujados de sapo al presidente—, pidiendo que él intercediera ante Cárdenas para aceptar el asilo político del revolucionario ruso.

—Y aquí estamos, general —interrumpe retórico Múgica—, apelando a su propia conciencia revolucionaria para solicitarle que se dé asilo al dirigente ruso. Es un deber de la Revolución mexicana acogerlo, no creo que el Ejecutivo a su cargo tenga ningún inconveniente.

—León Davidovich está en Noruega, esperando un milagro. Si no actuamos de inmediato, se le regresará a Moscú, donde lo espera la muerte a manos de Stalin. Un juicio sumario injusto, la purga de crímenes no cometidos.

Es Rivera quien ha tomado la palabra, a la espera de los postres. El general Cárdenas piensa inevitablemente en los caídos de su propia Revolución. En los ajusticiados. Son tantos. Madero y Pino Suárez, Zapata y Villa, el propio Carranza. Serrano en Huitzilac. Muertes menores, como la de su primer mentor, el general García Aragón, fusilado en la Escuela de Tiro por órdenes zapatistas. ¿Todas las revoluciones se dividen y asesinan y se corrompen? No lo dice. No expresa sus sentimientos. Nunca lo hace en público. Deja hablar a sus invitados. Han traído café de olla y unos ates y quesos. La comida es frugal, es comida de campaña. Aunque la campaña no sea militar, sino agraria. Rivera no deja de notar el ascetismo del presidente. Como otros comunistas, desconfía de su *socialismo*. Esta es una prueba del verdadero color de su corazón. Múgica insiste en la situación precaria del exiliado.

—Hace pocos días, el veintiuno de este mes, se le negó por tercera ocasión el asilo en los Estados Unidos. Órdenes del propio presidente Roosevelt. Intentaron en España, con el gobierno catalán, pero no han tenido respuesta afirmativa. Y no es el mejor momento para radicar allí, con las amenazas a la República y la guerra.

Rivera le muestra al presidente la carta de la norteamericana. Anita Brenner ha vivido en México y el general ha leído su libro *Ídolos tras los altares*. Ahora lee la misiva con interés y mira los ojos del pintor.

—Si acogemos a Trotski —les dice a sus invitados mientras sorbe su café caliente— nos meteremos en líos con Stalin. Aquí mismo ya imagino las reacciones del Partido Comunista o de Lombardo. Nos acusarán de todo. Y tampoco creo que le haga gracia al presidente norteamericano.

—Al contrario —interviene Múgica—, le hacemos un favor. Él no puede acogerlo, pero si nosotros lo hacemos hay un gesto incontrovertible en el sentido de que su gobierno, general, no es prosoviético. Puede ser visto como un gesto democrático. De hecho, así debería enmarcarse.

—De cualquier manera, general, si no lo salvamos, el mundo habrá perdido a uno de sus grandes ideólogos. Nuestro país se beneficiaría con la presencia de alguien de pensamiento tan diáfano.

—Mañana decidiremos —anuncia Cárdenas— bajo el espíritu de este país libre que acoge a sus hermanos revolucionarios. Déjenme pensarlo un poco más.

El presidente no tuvo mucho que cavilar esa noche, lo tenía decidido desde la conversación con el pintor. Por la mañana se lo comunicó mientras lo acompañaban a repartir tierras en la hacienda Hidalgo:

—México ha de mantener su derecho a asilo a toda persona de cualquier país y sea cual fuere la doctrina política que sustente. He girado instrucciones al general Eduardo Hay para que autorice el asilo del ruso. Le pido, general Múgica, que me auxilie en la empresa ya que aún no sé cuándo vuelva a la capital.

Estrechó la mano de Rivera y le dio una fuerte palmada en la espalda. Una palmada de camaradas.

En diciembre, ya en la Ciudad de México, toma uno de sus anhelados descansos de fin de semana. Quisiera que siempre hubiese sido así. El domingo ir al Nevado de Toluca, pasear con los amigos, dejar las responsabilidades por unas horas. Por la noche le platica a Amalia lo que ha logrado hacer en los cuarenta y cinco días que ha pasado fuera. Parece feliz. Su propia mujer hace tiempo que no lo había visto tan contento. Escribe por la noche, en la que llama su íntima intimidad:

En 45 días el Departamento Agrario ejecutó 226 posesiones con un total de 128 mil hectáreas de riego y de pastal y el Banco Ejidal organizó en este mismo tiempo 185 Sociedades de Crédito en otros tantos ejidos. Las dotaciones a todos los peones de las haciendas y ranchos fueron acordadas en virtud de que en ninguna propiedad se cumplía con la ley en los derechos que asisten a los peones acasillados. Dotados todos ellos de tierra, el resto se fraccionó por los mismos propietarios en extensiones no mayores de 150 hectáreas.

Si se cuida la organización del ejido como ahora se ha planeado, es posible que los ejidatarios logren absorber toda la tierra que hoy queda fuera de su jurisdicción. Lo ideal hubiese sido dejar en La Laguna un solo sistema de tenencia de la tierra: el ejidal; pero no hubo posibilidades para llevar de otras zonas campesinos para aumentar la extensión de las tierras ejidales.

Anota después los dineros que destinará a salubridad, educación, luz, agua potable, habitación y crédito para las sociedades agrícolas. Piensa hacer lo mismo en la zona del Yaqui, que tan bien conoce de sus primeros tiempos en la lucha revolucionaria. Y luego Yucatán, el Valle de Mexicali y el latifundio de la Colorado River Company. El plan de expropiaciones y dotaciones, ambicioso, sigue su curso en la caligrafía firme, su letra izquierdilla, del general: «De 1938 a 39 seguiremos con las extensiones cañeras del país, quedando por algún tiempo los ingenios en manos de los propietarios en lo que pasan a formar unidades con los ejidos».

En diciembre su recién nombrado embajador en España, Ramón Denegri, visitaría la Comarca Lagunera antes de la salida del presidente a la Ciudad de México. En San Pedro, donde pernoctaba, un periodista lo cuestionó sobre su juicio ante los acontecimientos que *desangran a la Madre Patria*.

—He venido a San Pedro de la Colonia a recibir instrucciones relacionadas con la misión que el señor presidente de la República me ha encomendado en España. Me siento satisfecho de representar a nuestro país y al general Lázaro Cárdenas ante el gobierno legítimo de los señores Azaña y Largo Caballero. Yo considero, en los actuales momentos de crisis social por los que el mundo atraviesa, que la lucha de España, con todo y sus desgarramientos y sangre derramada, es un vasto campo de experimentación mundial donde las masas populares de trabajadores resisten los embates del fascismo.

—Todo está por las nubes y el presidente se sigue paseando por el país.

—Solo le importan los pobres, no los ricos de la ciudad.

—Pero los ricos también comen.

—¿A estos precios? Nos vamos a quedar hambrientos, Téllez, y eso que somos todo menos ricos. Va usted por un kilo de tortillas y en lugar de dieciocho paga veinticuatro centavos, una docena de huevos diez centavos, tres más que hace un mes. Veinte centavos más por el kilo de manteca y el arroz le cuesta treinta centavos en lugar de veinticuatro.

—¿Va usted al mercado todos los días, capi? —bromea Téllez.

—No. Leo su pinche periódico incendiario —revira Filiberto García.

—Además cómo va a ir al mercado. Cuentan las malas lenguas que ya regresó al espionaje político, querido capitán.

—Ese lengua larga de Treviño, ya le fue con el cuento.

—Completito. A ver si despepita para que me eche una nota sobre Alamillo y Amaro y su amigo el militar gringo. Los agarró con las manos en la masa. Me dice Treviño que le costó a usted una semana de estarlos siguiendo.

—Las manos en la rebelión, dirá. Pero el presidente tomó cartas en el asunto. No le voy a decir nada más, lo siento. Es, como dicen los pinches gringos, *top secret.* Lo que necesitaba saber ya se lo contó el chismoso de Treviño. Además ya regresé a ser el policía de siempre. Otro homicidio. Ayer me tocó el levantamiento. Ahora a ver qué indago.

—¿De quién se trata?

—Lo agarré descuidado, Güero. Ahora sí me le adelanté. Es un caso muy complejo, apenas estamos investigando. La asesina no quiere hablar o no puede. Está con Quiroz Cuarón y los loqueros, que tampoco parecen sacarle nada. El occiso era príncipe.

—¿No que está prohibida la nobleza en este país democrático? —bromeó Téllez.

—Un príncipe ruso de verdad.

—¿Y la asesina?

—Su mujer, una princesa, nada más que mexicana. Digamos que princesa por adopción. ¿Cómo la ve, Güero, le interesa la historia? Le va a costar unos tragos.

—Me interesa también la pesquisa. ¿No me invita a ver los interrogatorios?

—Conociéndolo se me va a pegar como ostión.

—Ya se lo dije muchas veces, soy reportero antes que amigo.

—Y yo soy policía antes que su pendejo, tampoco se le olvide. ¡Salud!

Durante los siguientes días los sucesos empezaron a aclararse poco a poco. Nada más hacía falta tirar de la madeja para ir encontrando las pistas. Filiberto García utilizó todas sus artes en el interrogatorio de cada uno de los implicados en un melodrama de zarzuela, como *María Fernanda*. El marido cornudo, o el exmarido, fue quien proporcionó el marco de la historia en el que el policía pudo encuadrar la magnitud. Ricardo Salmerón García trabajaba en la oficina de adquisiciones de Ferrocarriles Nacionales. Cincuenta y cuatro años de edad, 1.78 de estatura, pelo entrecano, complexión delgada, siempre vestido con trajes marrones y leontina colgando del bolsillo del chaleco. Hasta su despacho llegó una mañana un hombre que dijo necesitar hablarle urgentemente.

El individuo en cuestión resultó ser un hombre diez años menor que él, elegantemente vestido con traje negro de raya de gis y un clavel fresco en el ojal. Dejó el bastón con empuñadura de marfil, se quitó el sombrero y extendió su mano recién manicurada. El empleado ferrocarrilero apretó fuertemente la suya:

—Ricardo Salmerón, ¿en qué puedo servirle, caballero?

—Soy el príncipe Nicolai Nigeratzi —al principio su interlocutor pensó que se trataba de una broma, pero el hombre prosiguió con su marcado acento extranjero—, nacido en Rusia pero establecido en este su hermoso país desde hace años. Usted comprende, a causa de la revolución bolchevique.

—¿Y para qué soy bueno? ¿Quiere un boleto de primera clase para ir a algún lugar? ¿Desea hacer algún negocio con los Ferrocarriles?

—Nada de eso, no. No. Soy un hombre de honor, por eso he tenido que venir a verle personalmente. Se trata de Concha, su esposa.

—¿Le ha pasado algo?

—No. Déjeme hablar, por favor. Se lo ruego.

—Diga, pues.

—Su esposa y yo estamos enamorados. Queremos casarnos. Usted, lamentablemente, está de por medio. Si esto fuera una novela anticuada de amor le asesinaríamos. Así de grande es nuestro amor. Nada nos impedirá estar juntos.

Ricardo Salmerón no podía creer lo que estaba escuchando. Si no se trataba de una broma macabra, las palabras de Nigeratzi lo iban a hundir en el dolor.

—Usted, como dije, es lo único que se opone a nuestra unión. Le vengo a rogar, de caballero a caballero, que se divorcie de ella y la deje libre.

—No sé cómo sean las cosas en Rusia, estimado príncipe —atinó a responder, balbuceando, el marido—, pero aquí el adulterio es un crimen.

—No queremos ser prófugos de la ley, ni asesinos. Ya se lo he dicho. ¿Cuánto cuesta la libertad de su mujer?

—Mi matrimonio no tiene precio. En todo caso ella debería estar presente, ¿cómo sé si lo que usted me dice es verdad o alguien me está jugando una mala pasada?

—Concepción Arias y yo estamos hechos el uno para el otro. Usted tiene apenas siete años de casado con ella y no puede darle la vida que merece. ¿No se da cuenta? La tiene allí en el pequeño departamento de Santa María la Ribera. Yo puedo ofrecerle dinero, viajes y algo que usted ya es incapaz de proporcionarle: la felicidad.

—Ha visto usted demasiadas películas, príncipe. No puedo decirle nada más. Ni sí ni no. Debo hablar con mi mujer antes que nada y aclarar este embrollo. Ahora le suplico que se retire.

Quien se hacía llamar príncipe Nicolai Nigeratzi hizo una caravana de actor cómico, tomó su bastón y su sombrero y lo dejó, confundido y lleno de tristeza. Salmerón no consiguió continuar sus labores ese día y salió deprisa de su despacho rumbo a casa.

Encontró a Concepción Arias —Concha, le había llamado con familiaridad casquivana el individuo— cocinando betabeles, con las manos enrojecidas como si estuviesen cubiertas de sangre. Todo era ofuscación para el hombre. Ella lo besó en la mejilla, como si nada. Él no se anduvo con rodeos:

—Hoy recibí la más extraña de las visitas, Concha. La visita de un príncipe. Nunca pensé en codearme con la realeza.

Miró a su mujer a los ojos. Ella no desvió la vista ni hizo ningún gesto. Inmutable lo escuchó decirle:

—Me dijo que tú y él están locamente enamorados, que quieres el divorcio. ¿Es cierto?

Concepción Arias no podía tampoco creer que su marido no le hiciera una escena de celos.

—¿Es cierto?

Silenciosa, solo atinó a asentir con la cabeza. Ricardo Salmerón miró su reloj. Un gesto absurdo, como si quisiera comprobar la hora en que su mujer le confesó, muda, que lo había dejado de amar. Guardó las lágrimas, el coraje. Suspiró hondo y le dijo, como si se tratara de una mudanza cualquiera:

—Está bien. Busca tú al abogado que habrá de divorciarnos.

Quince días después Concepción Arias consiguió los papeles, separándose legalmente. En menos de una semana ya se había vuelto a casar con su príncipe ruso.

El marido no volvió a verla y no sabía nada más. Filiberto García lo dejó libre, pero lo mandó vigilar. Los maridos engañados siempre producen fundadas sospechas.

La mujer dejó su vida de plebeya y pasó a ser princesa. Mudó de casa, pero también de nombre. Se hizo llamar Concetta de Nigeratzi y a sus veintinueve años se fue a vivir a un enorme departamento en el hermoso paseo de la Reforma junto a su marido que recién había cumplido los cuarenta, justo enfrente de la estatua de Cuauhtémoc. Viajaron a Europa un par de veces ese mismo año. Todo eso lo pudo saber en los interrogatorios de los días siguientes. Concetta dejó también su vida de ama de casa para aprender hipismo y montar los caballos del príncipe. Juntos cabalgaban diariamente por el Bosque de Chapultepec. Un cuento de hadas, o casi, que hubiese hecho las delicias de la crónica social. Un tutor iba tres veces a la semana a darle clases particulares de francés. El primer año de matrimonio fue un continuo peregrinaje por fiestas, recepciones —ella misma una excepcional anfitriona— y lecciones varias. Nicolai deseaba además que aprendiese a tirar al blanco, su pasatiempo favorito. El príncipe era un excepcional tirador y ella a menudo lo visitaba en el *stand* para admirarlo mientras disparaba. Ella se rehusaba al principio a aprender a manejar armas, pero terminó por acceder y tomó lecciones personales. Resultó tener magnífica puntería.

—Amor mío, pronto me vas a superar —bromeó el príncipe en una ocasión en la que Concetta dio en el centro tres veces seguidas.

Seis meses más tarde, en el restaurante El Cisne del Bosque de Chapultepec, fueron invitados a comer por una noble danesa que conocía a Nicolai desde los tiempos europeos. Concetta se percató de inmediato de la atracción entre los dos. Estuvo toda la comida enojada, distante, estudiando a su marido y furiosa con la coquetería de la danesa, Sorine para más señas.

Durante los días siguientes aumentaron los celos de Concetta. Todas las tardes el príncipe salía a atender asuntos de negocios.

Los vecinos afirman haberlos escuchado discutir a menudo. Uno de ellos proporcionó fragmentos de diálogos. Filiberto de sobra sabía que los testigos mienten sin saberlo, que una vez que leen los pinches periódicos sensacionalistas *recuerdan* cosas que nunca vieron o escucharon. La memoria juega esas pasadas. Pudo ser que una de esas tardes, llorando, la mujer le amenazara:

—Te advierto, Nicolai, que no soportaría verte con otra mujer. No sé qué haría. Sería capaz de cualquier cosa.

—No hay otra mujer como tú, Concetta. Si te dejo sola es porque los negocios obligan. ¿O cómo crees, si no, que podemos darnos esta vida?

Volvió a dejarla sola. Y la pinche soledad es pésima consejera.

Empezó a seguirlo, con sigilo. A hurtadillas casi. Vestida de negro, a la distancia. Nicolai se veía por las tardes con Sorine. En un café de la Plaza de Miravalle, entre las calles de Durango y Oaxaca. Lo vio tomarle la mano, besarle el guante ensortijado. Se imaginó que se trataba de un anillo de compromiso. Nicolai se acercó a la danesa y besó su boca.

Concetta dejó las maneras nobles aprendidas en los meses anteriores y le gritó a *su* príncipe:

—¡Nicolai, hijo de la chingada!

El príncipe salió corriendo al mirar a la mujer enloquecida que sacaba un revólver del bolso. Concetta le dio alcance pronto y disparó uno, dos, cinco tiros sobre el cuerpo de su marido, en la nuca, que explotó como una sandía madura salpicando la pared de una casa de piedra.

Concepción Arias, que dijo llamarse Concetta de Nigeratzi y ser una princesa rusa, se quedó quieta ante el azoro de los comensales del café y los transeúntes. Pronto dos policías le quitaron el arma y la subieron a una patrulla. Ni siquiera se había movido. No vio el cuerpo de su antiguo amante en el suelo. En la Octava Delegación, en la calle de Colima, le tomaron su declaración. Filiberto García fue llamado al día siguiente y pudo reconstruir los hechos gracias a Sorine, a los vecinos, a los amigos del príncipe Nicolai. Concha, como le siguió llamando su exmarido, no podía hablar siquiera después de haber perpetrado su asesinato. Seguía insistiendo en que no estaba muerto, en que su Nicolai iba pronto a volver, negaba haberlo asesinado y no protestaba por los largos interrogatorios en los que casi siempre estaba ausente, casi muda. El juez séptimo de lo penal dictó sentencia un mes más tarde, encontrándola culpable de asesinato en primer grado, y le dio la pena máxima.

—¿Ya tiene título para su historia? —cuestionó a Téllez cuando terminó de referirle los hechos.

—*La princesa homicida.*

—Se quebró la cabeza, pinche Güero. ¡Yo le dicto sus notas y ni siquiera tiene sesos para un buen encabezado!

Después de ser juzgada, la internaron en Lecumberri. Dejó de llamarse Concetta y volvió a ser simplemente Concha. Se hizo amiga de otras presidiarias que habían asesinado a sus esposos o a sus amantes. El grupo de compinches se hacía llamar El Escuadrón de la Muerte y su jefa respondía al mote de Chole, la «Ranchera». Entre rejas nadie puede dárselas de pinche príncipe o de princesa. La cárcel es lo más parecido a la muerte. Aunque en la cárcel la rifa el más cabrón o el que tiene más lana. Entonces no es cierto. La cárcel no es como la muerte. Es más pinche que la muerte.

# IX

## Los niños de Morelia

—

El general inicia 1937 con su habitual mensaje radiofónico desde el Salón Colonial del Palacio de los Virreyes. Pondera la reserva económica y el superávit que los buenos manejos de la hacienda pública le habían permitido al país. Afirma que ha encontrado las necesarias reservas para proseguir en la lucha por la emancipación económica y moral de nuestras clases trabajadoras. Se anuncia el arribo a Tampico del *Ruth*, trayendo a bordo al famoso exiliado León Trotski. Los obreros salen a la calle a protestar por su llegada y lo acusan de falsario y de traidor a la revolución comunista. Diego Rivera se prepara para recibirlo en la Ciudad de México junto con un grupo de miembros del llamado Frente Internacionalista Proletario. El general le enviará su tren con el carro especial *Hidalgo* para recibirlo en el puerto. Sus primeras declaraciones son contra Stalin. Afirma que las recientes ejecuciones de Zinóviev, de Kámenev y otros líderes son crímenes de Estado.

—Hay una gran probabilidad, mayúscula, de que estalle otra guerra en Europa. Todo apunta en ese sentido —dice en ruso y es traducido por su intérprete. Al lado, su mujer y Frida Kahlo, quien lo llevará a vivir a Coyoacán, en el 127 de la calle de Londres.

—¿Hay posibilidades de que otras naciones latinoamericanas sigan el ejemplo de Rusia? —le pregunta un periodista de *El Universal*.

—Cada nación debe apelar a los medios de lucha más conformes con sus características históricas, no todas pueden seguir la ruta de Rusia.

—¿Qué piensa hacer en nuestro país? —inquiere otro.

—Aprender. Vengo a aprender, no a enseñar. Anhelaría escribir un libro sobre México, en el futuro, cuando algo haya aprendido.


El general lee los periódicos, pero no piensa asistir a ninguna bienvenida ni alentar rencillas u odios. Ya habrá tiempo, más adelante, para hablar con Lev Davidovich sobre las revoluciones de los dos países. No ahora que su presencia es manzana de discordia. Hernán Laborde ha anunciado, a nombre del Partido Comunista, que solicitará enérgicamente su expulsión del país. El 4 de febrero *La Prensa,* con una portada a colores, denuncia que emisarios de Stalin vienen a México a asesinar a Trotski.

Otros visitantes, menos polémicos, requieren su atención. Múgica ha estado los días pasados con el periodista norteamericano Waldo Frank en un Congreso de Escritores; el general lo ha invitado, por sugerencia de su secretario de Comunicaciones, de gira a Oaxaca.

—Es seguro que escribirá sobre México. Necesitamos testimonios imparciales y serios, palabras de camaradas en el concierto internacional —le ha anunciado Múgica.

Vuelve a salir del aire viciado de la ciudad y sus miles de gritos y ruidos y desencuentros. Antes de hacerlo, para asombro de sus enemigos, el general firma una Ley de Amnistía a favor de quienes hayan cometido el delito de rebelión desde el bando militar y de todos los civiles responsables de rebelión, sedición, asonada o motín.

Ese gesto, curiosamente, nadie lo cuestiona.


Su meta consistía en recorrer más de cien pueblos de Morelos, Guerrero, Puebla y Oaxaca. Pensaba ya en el Valle de Mexicali, en los repartos de las zonas cañeras. En el ingenio de Atencingo se da de bruces, según sus propias palabras, contra el sistema de las haciendas, tan feudal, tan injusto. Esa noche, ya en Puebla, escribe en su libreta con prosa seca: «La diferencia social que existe entre un poblado ejidal y una hacienda es terrible. Mientras que en el primero los campesinos paseaban alegres con sus familias y otros se divertían en el deporte, en la hacienda de Atencingo presentaban los campesinos un estado deprimente. Grupos alcoholizados nos revelaron que la acción moralizadora no puede entrar en la mencionada hacienda. Y es que los propietarios no se preocupan por mejorar las condiciones físicas y morales del trabajador, máxime si este es de la raza de cobre».

En más de cincuenta años, Lázaro Cárdenas es el primer presidente de la República que visita los apartados pueblos mixtecos y zapotecos, reparte agua, abre brechas y caminos, inaugura puentes y pone la primera piedra de escuelas y clínicas de salud.

La gira se detiene, así sea por un día, del peregrinaje. Se trata de una visita a Monte Albán. Alfonso Caso ha descubierto la que nombra tumba 104 y realiza una visita guiada para el presidente y su comitiva. Es el primero en conocer el sitio del hallazgo, aparte de los arqueólogos. Una polémica se ha vertido sobre Caso, ya que fue acusado por uno de sus colegas, Ramón Mena, de haber contratado un orfebre para que hiciera las piezas y haberlas luego enterrado en la tumba para conseguir fama. Mena fue cesado de su puesto cuando se descubrió que él mismo había alterado las joyas, produciendo imitaciones para destruir al joven arqueólogo Caso.

El presidente se seca el sudor con un pañuelo blanco y baja junto con su secretario de Educación, Gonzalo Vázquez Vela, a la tumba. Los acompaña Gerardo Murillo, el Dr. Atl, quien no puede contener la admiración ante los frescos y los ornamentos. La tumba 104 contiene los restos en perfecto estado de un cacique zapoteco al que le falta solamente la cabeza. Caso expone que el entierro debió realizarse en algún momento del siglo VI. Ahora, el 13 de marzo de 1937, las lámparas lo iluminan por primera vez.

Caso señala las joyas de oro, las verdaderas, que llevan debajo unas pequeñas esquelas que las identifican. El presidente piensa de nuevo, allí abajo, en Monte Albán, en el indio. No es solo el calendario azteca, ni Teotihuacan. Él ha visto los esplendores purépechas y ahora contempla los restos de una civilización que la Conquista y la miseria han enterrado más profundamente que al cacique de la tumba 104. Por la noche escribirá: «El indio va a la iglesia porque cree encontrar en ella la solución de todas sus necesidades e infortunios; pero cuando vea que el aula, y no el templo, le da la clave para remediar sus propios problemas, entonces la preferirá».

Su optimismo no es infundado. Ha puesto en marcha un internado indígena anteayer y después de su visita al sitio arqueológico se le ha ofrecido un banquete en la exhacienda de Aguilera. El consejo directivo de la Cámara Nacional de Comercio e Industria de Oaxaca ha convocado a sus agremiados y ha contratado a la banda municipal, a un trío de guitarristas y a los cancioneros de la policía del Distrito Federal. En el convite lo acompañan su secretario de Hacienda, Eduardo Suárez; Antonio Madrazo, presidente de los ferrocarriles, y el secretario de Educación. Atl se ha quedado con Caso recorriendo Monte Albán y haciendo bosquejos. Eduardo Suárez, a nombre del general Cárdenas, agradece el convite y habla claro:

—No se trata de engañar a nadie respecto de nuestros propósitos de pensamiento avanzado —perora sabiendo de qué pie cojean sus anfitriones, ricos empresarios y comerciantes—, buscamos el mejoramiento de las clases trabajadoras. En el ejercicio de esta política, el presidente ha tenido que herir inevitablemente con actos concretos de su administración al capital. Solo lo ha hecho cuando ha constituido un instrumento de dominio y vasallaje y ha sido obstáculo para el bienestar de las grandes colectividades humanas. Si por capital se entiende, de acuerdo con la clásica definición económica, riqueza que produce riqueza, entonces ese capital merece el respeto y apoyo de la administración.

Brindan entonces con agua de chía. El presidente ha dejado claro que en ningún banquete al que asista podrán servirse bebidas embriagantes.

Al final de la comida los corresponsales extranjeros que seguían la gira del presidente lo cuestionaron:

—Señor presidente, ¿está usted consciente de las implicaciones que tendrá para México y su doctrina de no intervención la acogida a un disidente como León Trotski?

—México se ha limitado a cumplir con el derecho de asilo. El caso no es extraordinario. No importa cuáles sean las ideas de un perseguido político, nuestro país abrirá sus puertas a quien lo necesite.

—¿Y la ayuda a la República española y al presidente Azaña? —inquiere el reportero de *Time Magazine*.

—México ayudará en cualquier otro caso, no solo el español, si un gobierno legítimamente constituido se ve amenazado. Hemos proporcionado armas y municiones en la medida en que se nos han solicitado y de acuerdo a nuestras posibilidades, siendo justamente remunerados por ello.

Otro apunta a la situación interna:

—Señor presidente, ha habido manifestaciones en Tampico y Aguascalientes debido al alza inmoderada de los precios y estamos en víspera de elecciones de senadores y diputados.

Fiel a su estilo, parco, hierático, Cárdenas responde:

—Nos alegra ver que prevalece el entusiasmo entre todas las fuerzas vivas del país para tomar parte en las elecciones venideras.

El mismo reportero norteamericano se refiere al problema religioso, a los escasos grupos de cristeros que aún están en armas.

—Para este gobierno —sigue Cárdenas— no existe problema religioso alguno. Cada estado es soberano y tiene el poder de legislar en materia de cultos. Tengo entendido que en Veracruz, por ejemplo, se están regresando los templos a las asociaciones de católicos.

Un reportero alemán, que según los informes proporcionados al presidente en realidad se encuentra al servicio del encargado de prensa de la propia embajada, inquiere sobre el problema del petróleo y las nuevas organizaciones.

—Petromex está cumpliendo los propósitos para los que fue creado. No hay motivos para que la gente quede alarmada por la reorganización de la industria petrolera en nuestro país. El gobierno no ha hecho nada sobre el particular y dicha reorganización solo tiende a desarrollar las reservas del gobierno. Nada ocurrirá a cuanto esté legítimamente constituido, pueden estar seguros.

El mismo reportero lo cuestiona sobre la deuda externa y dice casi con arrogancia:

—Se afirma que México es insolvente en estos momentos.

—No sé quién lo afirme. Le puedo decir que hemos seguido sosteniendo pláticas para alcanzar una solución definitiva. El gobierno tiene el firme propósito de resolver también la deuda nacional y la ferroviaria y estas circunstancias nos han hecho demorar el acuerdo.

Otro más le pregunta sobre la situación internacional, el temor cada vez más compartido de una conflagración mundial.

—Todos deseamos que no haya guerra. México no se está preparando para una guerra tampoco, sino que está desarrollando su aviación y su ejército para fines de vigilancia.

Nadie le pregunta sobre los indios. Nadie parece fijarse que está en Oaxaca, rodeado de ellos.

Waldo Frank, como había pronosticado Múgica, afirmó más tarde que la gira a Oaxaca con el presidente Cárdenas le había permitido ser testigo de uno de los viajes más extraordinarios hechos por un presidente en tiempos modernos. Al internarse en las montañas dejaron el auto que los había transportado desde la capital del estado. Siguieron en autobús, luego a caballo o a pie. A Frank le asombraron las costumbres estoicas del general. «No pernocta en hoteles o casas. Él y sus funcionarios se envuelven en mantas que traen ellos mismos y duermen en escuelas públicas. Realizamos todo el recorrido con las mismas penalidades que si fuera una expedición militar. Cuando el presidente se paraba en medio de la plaza de algún pueblo, hombres, mujeres, niños se amontonaban a su alrededor, contándole sus desesperadas necesidades. El general Cárdenas sabe escuchar como pocos. Cuando escucha a veces sonríe y a menudo llora».


En junio el general le escribe al presidente Roosevelt. También envía un telegrama al presidente Azaña, preocupado por la dolorosa situación de España. Teme que la República sea derrotada. A Azaña le confirma la aceptación de un contingente de niños huérfanos que han sufrido los lastres de la guerra. «El Estado toma bajo su cuidado a estos niños rodeándolos de cariño e instrucción para que mañana sean dignos defensores del ideal de su patria.» A Roosevelt le solicita que estudie la forma en que el gobierno de los Estados Unidos pueda hacer sentir su influencia moral ante las potencias de Europa para hacer cesar la intervención de contingentes extranjeros en la lucha interna que sostiene el pueblo español. Escribe en sus *Apuntes*: «De triunfar los rebeldes de España, no es remoto que Alemania e Italia, juntamente con la casta militar de España, asuman una actitud altanera aun para los pueblos de América. No está lejano el día en que la escuela de Hitler y Mussolini dé sus frutos, pretendiendo una agresión a los pueblos de América. Sin embargo, si el gobierno de España logra vencer, puede cambiar fácilmente el destino de los pueblos de Italia y Alemania. ¿El motivo por el que ayuda México a España? Solidaridad con su ideología».

Quinientos niños desembarcan en Veracruz. Al día siguiente se les recibe en la estación Colonia de la capital. Llueven las flores, los abrazos. Llueven también los discursos porque los políticos creen que las palabras curan. Se cantan: la *Adelita*, la *Marsellesa*, la *Internacional*. Traerlos no ha sido idea del general. En algún lugar declara que pese a no nacer inicialmente del presidente, el gobierno acogió la idea de la señora María de los Ángeles de Chávez Orozco, la esposa del licenciado Luis Chávez Orozco. Ella y las otras damas del llamado Comité de Auxilio fueron por los niños a Veracruz y después de su recepción capitalina los trasladaron a Michoacán.

El general había girado instrucciones para que se les proporcionara, en calidad de internos, la antigua Escuela de Artes y Oficios de Morelia. Encargó también su cuidado al profesor Roberto Reyes Pérez. A los que se portaban bien los invitaban el fin de semana a convivir con los llamados *niños de Los Pinos,* en la capital. Los llevaban a Chapultepec, al zoológico, a ver películas. Algunos de ellos escaparon. La prensa vuelve a ser generalmente negativa, como tantas otras veces con el general y sus iniciativas.

El 23 de junio, después de dos días de reuniones de gabinete, porque también hay que cuidar la casa, el general firma el decreto que por razones de alta conveniencia pública y de acuerdo con la nueva Ley de Expropiación, nacionaliza los Ferrocarriles.

Se trata de dar un solo golpe. Sin avisar. En su libreta anota ese mismo día: «Toda la industria del petróleo debe venir a manos del Estado para que la Nación aproveche la riqueza del subsuelo que hoy se llevan las compañías extranjeras. Para ello seguiremos otro procedimiento».

Solo él lo sabe. Su poder reside en su silencio.

\* \* \*

El Güero Téllez come un pambazo de carne enchilada en la calle de Tacuba. El general Cedillo ha renunciado y se ha ido de regreso a su rancho Las Palomas. Él se ha mudado nuevamente de periódico. El verano ha llegado con su calor de comal ardiente y se está yendo con su concierto de aguaceros. Lloverá todas las tardes hasta el cordonazo de san Francisco el 4 de octubre. Ha quedado con Estelita para ir a ver una nueva película, *¡Así es mi tierra!,* con Cantinflas y Medel.

Recientemente había discutido con Félix Palavicini, su nuevo director, acerca del regreso del *desmoronado* Morones y las polémicas con el líder de la CTM, Lombardo Toledano.

—Habrá leído, Téllez, que Lombardo fustigó a Morones diciéndole que si quiere debatir lo haga con Cantinflas. Aunque el redactor del periódico, acusando ignorancia, escribió Candingas.

—Claro. He ido a ver el show. No pude parar de reír.

Las localidades del Follies, donde actuaba el cómico, se abarrotaron después de que en la revista *Tiempo* respondiera al debate con su usual estilo. El Güero, intentando imitarlo torpemente, refiere lo leído en el semanario:

—A nadie pudo haber escogido mejor Lombardo que a mí para solucionar la solución del problema. Como dije, naturalmente si él no puede arreglar nada y dice mucho, a mí me pasa lo mismo… ¡Y ahora voy a hablar claro! ¡Camaradas! Hay momentos en la vida que son verdaderamente momentáneos. Y no es que uno diga, sino que hay que ver. ¿Qué vemos? Lo que hay que ver. No digamos… Pero sí hay que comprender la psicología de la vida para analizar la síntesis de la humanidad, ¿verdad? Yo creo, compañeros, que si esto llega… porque puede llegar y es muy feo devolverlo… hay que mostrarse, como dice el dicho. Debemos estar todos unidos para la unificación de la ideología emancipada de la lucha… ¡Obrero! Proletario por la causa del trabajo que cuesta encauzar la misma causa. Y ahora, ¡hay que ver la causa por la que estamos así! ¿Por qué han subido los víveres? Porque todo ser viviente tiene que vivir, o sea, el principio de la gravitación que viene a ser lo más grave del asunto.

Palavicini tampoco podía contener las carcajadas ante la imitación del Güero. Era el año de Cantinflas. Su primera película había agotado localidades en las primeras tres semanas. Téllez iría con Estelita a seguirse riendo. Es mejor que llorar.

Eduardo Téllez lleva el cuello de su gabardina levantado y un paraguas abierto. La calle entera es una cacofonía de paraguas. Se han quedado de ver en un café de chinos en la calle de Dolores para tomar algo antes del cine. El dueño siempre estaba jugando póquer en silencio con otros orientales. Las que seguramente eran sus hijas atendían el local. El café se lo había enseñado Filiberto García, que lo frecuentaba.

—Me gustan los pinches chales, Güero, son bien misteriosos y calladitos. Y siempre se traen algo entre manos. Como nuestro presidente. Nadie sabe nunca lo que piensa hasta que te suelta el madrazo. Calladito por meses y luego, madres, nacionalizados los ferrocarriles y a tragar camote, mi Güero.

A Téllez le gustaba la sopa del chino Pedro Yuan. Filiberto siempre se refería al fumadero de opio del piso de arriba, regenteado por Cheng Fong. Téllez nunca lo había visitado, más por miedo que por falta de curiosidad. Ya llevaba media hora esperando a Estelita. A ese paso no iban a llegar a la función.

Pidió a Yuan usar el teléfono. El chino asintió y extendió su mano para recibir los centavos del pago. En las oficinas de la Secretaría de Hacienda no sabían nada de Estelita. No se había presentado a trabajar. Dudó en hablar a su casa. Hasta ese día su *novia* no había accedido a presentarle a sus padres. Debía esperar un tiempo prudente antes de preocuparlos sin necesidad. Se sentó y pidió un pan y un café con leche.

Una hora y media después, con la seguridad de que no iba a encontrarse con Estelita, llamó a su casa. Le contestó la madre. Téllez se presentó como un amigo de la hija y le explicó que no se había presentado a su cita y que en su trabajo no sabían nada de ella.

—Uy, joven, no me asuste. Ella salió tempranito, como siempre, a Palacio Nacional. ¿Está seguro que no se presentó a su trabajo? Debió pasarle algo. No ha regresado tampoco y si iba a verse con usted... Ya me dejó con el pendiente.

—Yo hablaré a las delegaciones de policía, señora. Usted haga lo mismo en la Cruz Roja y en los hospitales que pueda. Me vuelvo a comunicar con usted en media hora.

Treviño, en el Ministerio Público, no tenía noticia alguna. Se comprometió a investigar en las delegaciones y le sugirió que se comunicara con García. El capitán estaba de guardia y le ofreció hacer un par de llamadas y alcanzarlo en el café de Pedro Yuan.

—No se me agüite, Güero. Va a ver que la encontraremos. No se me mueva de ahí.

Una hora después se encontraba consolando al amigo. En casa seguían sin saber nada de Estelita. No había sido reportada en ninguna delegación ni en los hospitales de la ciudad.

—¿No tenía planeado un viaje?

—Me lo hubiera dicho, capitán. Además ya le conté que teníamos una cita para ir al cine.

—¿No tendría algún otro *amiguito*?

—No se mande, Filiberto. Estelita no es de esas. Tengo ya muchos años de conocerla y no le he visto ningún desliz. Le suplico que nos concentremos en lo importante. Si no está muerta o lesionada, lo único que puedo pensar es que la secuestraron.

—No piense, no es momento para hacer conjeturas. Está desaparecida, es lo único cierto. Ya mandé unos agentes a su casa para verificar la hora exacta en que salió, en qué tranvía.

—Pero no me pida que no piense. No me pida que me quede con los brazos cruzados.

La hija de Yuan le trajo un té verde y se alejó, compungida al ver el rostro de Téllez. Filiberto García se atrevió:

—Mañana mismo iré a Atlampa. Si alguien se la llevó o la secuestraron allí ha de estar, o al menos algo ha de saberse.

En el mundo del hampa Atlampa era, desde las épocas de Valente Quintana, llamada *la ciudad maldita*. Tepito tenía mala fama con sus vecindades atestadas y sus patios enormes por los que cruzan los caños al aire libre. Atlampa, en cambio, era infranqueable. La policía pocas veces se atrevía a penetrar en aquel sitio donde el menos hábil maneja el puñal desde los doce años y ha cobrado varias vidas con arma blanca. A Atlampa llegan los fuereños y allí entre sus callejones esparcen casuchas que, en lugar de construidas, parecen tiradas sin plan alguno. Se encuentra próximo a Santa Julia, el territorio del Tigre de ingrata memoria. Para llegar al barrio hay que seguir por Nonoalco y tomar la vía del tren nacional. Allí sigue una pulquería, a pesar de la prohibición presidencial. Una pulquería que no tiene nada de clandestina. Cientos de letreros

166

llenan las paredes. Rótulos, avisos de peleas de gallos, anuncios de circos que han abandonado el lugar hace años. Se diría un pueblo fantasma si no fuera porque allí ocurre de todo.

—¿Está seguro, Filiberto? Lo acompaño entonces.

—Ni loco. A ese pinche lugar se va solo y disfrazado, como me enseñó mi maestro Quintana. Usted se dedica a preguntarle a sus amigos periodistas y se entretiene por acá. Igual y estamos ahogándonos en un vaso de agua y Estelita aparece antes de que yo regrese. Nos vemos en La Ópera a las tres. Usted váyase a descansar, que buena falta le va a hacer mañana.


Filiberto García encontró unas ropas de pocho que usaba en ciertas ocasiones, con sus zapatos de doble color, el enorme saco y su sombrero decorado con una pluma. Se puso un bigote postizo y patillas. Valente Quintana habría estado orgulloso de él. A las diez y media se encontraba ya en la famosa pulquería de Atlampa, que pese a lo temprano ya tenía a varios borrachines en bastante mal estado. O nunca se habían ido. Parecían parte de la decoración. Pidió un curado de tomate. El pulque no era precisamente de su gusto, pero debía parecer entendido. Utilizó sus dotes para simular un acento *del otro lado* y le dio al mesero una generosa propina. Estaba allí para llamar la atención. Un poco más de media hora después entraron tres individuos cuyo aspecto, a decir de Filiberto, los delataba. Eran el retrato hablado de la delincuencia. Mal afeitados, sucios, con cicatrices en el rostro —dos de ellos—; el que parecía el jefe vociferaba, les palmeaba la espalda. Cada uno tenía su propia jarra de pulque enfrente.

El más chaparro se le quedó mirando fijamente y le sonrió apenas, mostrando un par de dientes de oro.

—¿Se le ofrece algo? ¿Qué tanto mira, hijo de la chingada?

—Disculpe. No lo miraba a usted, sino al reloj. Pensaba que se me está haciendo tarde.

—Se ve que es usted de fuera. ¿De dónde viene?

—De Zacatecas. Tengo una concesión de mina allá. Pequeña, pero da sus centavos.

—Conque minero, mire nomás. Parece del otro lado —dijo el jefe.

—No soy minero. Soy dueño de mina, que no es lo mismo. Regresé del gabacho hace unos cinco años. Me dijeron que acá podía conseguir un par de hombres valientes.

—Igual y le dijeron mal y acá hay puro cobarde.

—Igual. Tiene razón, me habrán mal informado.

—Siento que haya hecho usted tan largo viaje para llegar al lugar equivocado, ¿señor?

—Orestes. Orestes Lima.

—Señor Lima, igual y lo que pasa es que acá somos discretos, no nos gusta ventilar nuestros negocios en público. Si usted desea, lo acompañamos a la estación y nos cuenta qué se le ofrece.

—Puedo regresar solo, ya sé el camino.

—Acá hay gente que no le gustan los fuereños. Gente bien acomedida que no se molesta en deshacerse de la basura. Perdóneme que insista en acompañarlo.

Se fueron caminando rumbo a Nonoalco. El mismo hombre que había llevado la conversación y picado el anzuelo le preguntó, cuando ya nadie podía oírlos.

—¿Y entonces, señor Lima, para qué somos buenos?

—Se trata de deshacerse de cierta dama allá en mi pueblo. Sin llamar mucho la atención. Nomás que no vuelva y no se sepa de ella. Me entiende, como si se la hubiera tragado la tierra.

—Presumo que la dama es su señora. Nadie se mete en tanto lío por una dama cualquiera.

—Lo asiste la razón. De eso se trata. ¿Ustedes pueden encargarse de tan penoso asunto?

—¿Cómo ves, Taralatas? ¿Le ayudamos al señor Lima? —le preguntó al chaparro.

—Pues se ve que tiene lana y puede pagar algo tan delicado.

—¿Cómo cuánto puede costarme?

—Yo diría que por trescientos netos nos encargamos.

—Espero que entiendan que no quiero que se deshagan de mi envío en Zacatecas. Necesito que se la lleven lejos y allí hagan lo que tengan que hacer para que nadie la recuerde.

—Eso está difícil, borrar los recuerdos de nuestros seres queridos. Lo que sí le podemos asegurar es que no van a verle ni el polvo.

—¿Tienen acá una casa de seguridad?

—¿Quién le dice que la vamos a traer para acá? Eso déjelo en nuestras manos.

—¿Cómo sé que son efectivos, que tienen experiencia en el envío de paquetería foránea frágil? ¿Me explico?

—¿Cómo ves, Camarón? —le dijo el chaparro, Taralatas, al otro, que no había hablado.

—Usted suelte los trescientos morlacos y considérelo asunto terminado.

—Está bien. Iré a mi banco por la tarde y regresaré mañana con el dinero y para darles las señas de la dama de la que deben disponer.

Se despidieron de él en Nonoalco y quedaron al día siguiente a la misma hora en la pulquería de Atlampa. El pachuco había logrado parte de su treta.


En la ciudad nada se sabía de Estelita. El Güero Téllez no había dormido y ya llevaba dos pinches ginebras cuando Filiberto llegó a La Ópera. Como no había comido, se sentía mareado.

—Nada. Pero voy en la pista correcta. Desde hace tiempo estamos intentando agarrar a una banda de secuestradores de Atlampa. No sé si tengan algo que ver con Estelita. Si no son ellos, lo que sí es seguro es que nos llevarán con los secuestradores. Pero entiéndame, Téllez, aún no estamos seguros de que sea un secuestro.

—Estuve por vez primera en casa de Estelita, capi. Los padres tampoco pueden creerlo. Nunca había faltado a dormir. Sigue sin haber un reporte de accidente o enfermedad. Yo mismo he pasado por seis hospitales distintos, por si estaba en alguno sin identificación.

—Sé que es el peor consejo, pero solo puedo pedirle que tenga paciencia. Mañana, en dos días a lo más, tendré resultados.

Téllez sabía de sobra que lo que no consiguiera Filiberto García difícilmente alguien más podría lograrlo. Se resignó a esperar y mejor siguió bebiendo. El capitán no podía darse ese pinche lujo, al día siguiente tenía que ir con otros cinco, al menos, a encontrarse con la banda de Atlampa. Y así ocurrió. Muy de mañana tres de sus gendarmes, disfrazados de mendigos o ropavejeros, tomaron rumbo a las calles de Sabino y luego al crucero del ferrocarril en

Nonoalco. Otro más iba tiznado, de carbonero. Se apostaron media hora más tarde cerca de la pulquería. El carbonero vendió tres kilos. Los otros se confundían con el ambiente de miseria del lugar. Cuando Orestes Lima, el pachuco, entró a la pulquería y esperó a que llegaran sus matones, el grupo se compactó alrededor. Nadie sospechaba de la celada.

—¿Traes la lana? —lo sorprendió el Camarón.

—¿Vienes solo? ¿Y tus compañeros?

—Camarón que se duerme se lo lleva la corriente, señor Lima. ¿Me acompaña? Lo voy a llevar con el jefe. Pero necesito cerciorarme que viene cargado.

Le enseñó un fajo de billetes que el hombre no se molestó en contar.

Salieron a la calle y caminaron dos cuadras. Un gesto casi imperceptible de García hizo que lo siguieran sus compañeros. Cuando el Camarón iba a meter la llave en la cerradura del zaguán, García lo encañonó y le gritó:

—Como digas algo, Camarón, te lleva la corriente aunque estés despierto.

Luego le pegó un culatazo.

No tardaron en maniatar a los otros dos. El cuartucho olía a orines y no se había ventilado en meses. Se los llevaron a los sótanos de la policía reservada. La banda no estaba para ningún remilgo, ni Ministerios Públicos.

García los interrogó toda la tarde. Ellos, no otros, habían sido los que desaparecieron a Estelita. Confesaron otros seis delitos ocurridos en el último año. Suficiente para tenerlos encerrados en las Islas Marías por el resto de sus vidas. El problema es que desconocían a dónde había ido a dar la novia de Téllez. Ellos solo se habían encargado de llevarla a una casa en Peralvillo y cobrar su dinero.

—Lo único que saben es que fueron órdenes de un general. Ni siquiera saben cuál. Se la iban a llevar lejos de la ciudad, Téllez —le dijo esa tarde cuando le dio el parte de sus pesquisas al periodista.

—¿Y nos vamos a quedar así?

—No. Vamos a encontrarla. Pero el asunto es de otro nivel, Güero. Digamos que pertenece a otra *jurisdicción*. Le prometo que se la voy a encontrar, de veras. Lo malo es que no sabría decirle cuándo.

Palavicini le ofreció unos días con goce de sueldo cuando supo lo ocurrido.

—Váyase a descansar, Téllez, no puede ni con su cansancio.

—Descansan los muertos, don Félix, no los desesperados.

Pero aceptó. No podía andar investigando otros crímenes mientras no supiera qué había sido de su Estelita. Por la noche, después de mucho cavilarlo, se dijo que pediría cita con el general Cárdenas. Ni modo que no la extrañara en la oficina y no diera órdenes de encontrarla. No desconfiaba de Filiberto García, era solo que tenía razón: esto pertenecía a otra jurisdicción.

# X

## ¿Qué tierra es esta?

---

¿Qué tierra es esta?,
¿qué extraña violencia alimenta
en su cáscara pétrea?,
¿qué fría obstinación,
años de fuego frío,
petrificada saliva persistente,
acumulando lentamente un jugo,
una fibra, una púa?

OCTAVIO PAZ

En el principio fue La Laguna, y La Laguna se hizo ejido.

Ahora toca el turno a Yucatán. El general ha modificado en el verano la Ley Agraria que reduce la propiedad individual a 150 hectáreas de riego y 250 temporaleras. Repartió la hacienda cañera de Atencingo y entregó la hacienda de Santa Bárbara y El Mante, antiguas propiedades de Calles, a sus trabajadores. Giró órdenes a los gobernadores para que dieran posesión provisional a los campesinos que estuvieran disputando tierras, particularmente allí donde la violencia contra los agraristas hubiese escalado hasta cobrar muertes. Mientras otros vacacionaban, el presidente creaba el Banco Nacional de Comercio Exterior, el Banco Nacional Obrero de Fomento Industrial y la Comisión Nacional de Electricidad. Antes de salir de gira, Amalia le preguntó por la noche si no se cansaba nunca. Ella sí, aunque no lo admitiera, habría querido que los primeros años de matrimonio y de Cuauhtémoc hubieran sido distintos. En ocasiones el general, como ella siempre lo llamaba, parecía tan distante y oscuro como un volcán.

—Esto solo dura seis años, y ya me quedan menos de tres. Ya habrá tiempo para descansar.

A la mañana siguiente tomaba el tren *Olivo*. Se detuvo en Veracruz y Campeche. En Mérida, el 8 de agosto, habló de nuevo, y fue claro frente a las autoridades locales y los caciques henequeneros, la *casta divina*:

—Todo el país sabe la difícil situación en la cual ha vivido siempre la clase campesina de Yucatán, formada en gran parte por

177

indígenas que tanto en la vida colonial como en la vida independiente permanecieron en deplorables condiciones de atraso y miseria. Después de un periodo de auge extraordinario de la industria henequenera, registrado de 1887 a 1916, se inició su decadencia al grado de haber disminuido la superficie sembrada con henequén en un cincuenta por ciento durante los últimos veinte años. Tal industria, en otros tiempos tan próspera, dejó de ser floreciente a pesar de seguir vigentes las condiciones de privilegio de que disfrutan los grandes propietarios… —hizo una pausa, tomó agua y vio a los ojos a su audiencia, que bebía grandes vasos de agua de guanábana con hielo y se secaba el sudor con límpidos pañuelos—. En tal virtud, el gobierno federal, al igual que el del estado, se ven obligados a intervenir sin demora, con el doble propósito de acudir en ayuda de la industria fundamental de Yucatán y de llevar a su cabal cumplimiento la reforma agraria para poder formular y cumplir un programa de mejoramiento integral del estado que, reorganizando aquella actividad, eleve el nivel de vida de la población trabajadora.

Unos tímidos aplausos lo interrumpen. Otros siguen la ovación, pero no dura. El general prosigue:

—Ha sido indispensable, para el caso específico de Yucatán, hacer una modificación al Código Agrario. Se adquirirán las extensiones que conserven las fincas afectadas y los equipos de industrialización del henequén que fueren necesarias para integrar las nuevas unidades agrícolas industriales. El gobierno federal tiene una profunda y arraigada fe en la capacidad productora de la clase campesina, demostrada ya en diversas ocasiones, y por ello está seguro de que los trabajadores del campo de Yucatán pondrán su mejor esfuerzo, con un preciso sentido de su responsabilidad y actuando siempre en forma solidaria entre sí, para contribuir al éxito de la medida que ahora se dicta, siguiendo el ejemplo de los ejidatarios de La Laguna, que a la fecha se encuentran disfrutando de los beneficios obtenidos por su trabajo y organización en los ejidos con que fueron dotados.

Este viaje es, para él, distinto a los otros. Viene a repartir tierras, es cierto, a poner orden, pero también a rendirle un homenaje al gran amigo ausente, el general Rafael Cházaro Pérez. Lo recordaría siempre joven —era dos años menor que él—. Lo había acompañado en Jalisco y la Huasteca en los años de ideales. También en la Secretaría de Guerra en 1933. Vivían cerca, en la misma colonia Guadalupe Inn, y se frecuentaban con sus familias. Le encantaba jugar con Cuauhtémoc y llevarlo a montar. En 1935 Cárdenas lo mandó a su tierra, en Yucatán, como jefe de la zona militar. Poco después lo trajo de regreso: necesitaba tenerlo cerca de nuevo y lo colocó en la dirección de Educación Militar. A pesar de que el presidente le prohibió estrictamente aprender a volar, su sueño, no le hizo caso. En enero de 1936 se estrelló en una práctica aérea. Ahora, aún en duelo por el amigo, venía a su tierra a repartir lo que desde siempre ha sido de los mayas.

Le escribió una carta a Juan Ge Mu, el amigo común, el 14 de agosto:

> Mi querido amigo Múgica:
> Reciba mi afectuoso saludo que le escribo después del último recorrido que duró dos días regresando ayer tarde. Pasamos una noche en el revolucionario pueblo de Kinchil, que mucho quiso Cházaro, pueblo que como Tixkokob ha mantenido encendido el fuego socialista. Grata impresión en todas partes y más por la comprensiva actitud de los acasillados, que en veinticuatro horas se han entregado por entero a constituirse en los mejores defensores del ejido y del programa. Mujeres valientes, animosas, fanáticas del plan de transformación económica de Yucatán. Escuelas de pueblos y haciendas en que palpamos la acción revolucionaria del maestro. Todo es propicio al programa, solo nos falta afinar a los hombres del estado y de la Federación que habrán de ejecutarlo y llevarlo al éxito. Lo conseguiremos.
> Suyo afectuosamente.

El optimismo del general se enfrentaba, como siempre, con la resistencia local. El propio Múgica había estado en Yucatán unos meses antes y se había enfrentado a la *casta divina*, nunca dispuesta a otorgarle nada, salvo latigazos, a la casta infrahumana de los indios. Gracias a los informes de Múgica y a su propio peregrinar por esas tierras rojas, decidió fundar el Departamento de Acción Social y Cultural de Protección Indígena. Múgica era claro: había dos territorios en el propio Yucatán: la región mestiza, exportadora de henequén a los Estados Unidos y Europa, aunque estuviera en crisis, y la paupérrima zona maya maicero-ganadera. Cuando el general Cárdenas visitó por tercera ocasión Yucatán, la península tenía 386 mil habitantes. Al noroeste, el 75 por ciento vivía en la zona henequenera que cubría el 60 por ciento de la zona cultivada: 160 mil hectáreas. La población activa, mayor de doce años, era de 55,171 trabajadores, con 30 mil jornaleros, antiguos peones de las plantaciones, y 25 mil *pueblerinos*. Las cifras de Múgica eran más graves cuando le escribía a su amigo presidente: Yucatán tiene 100 mil analfabetas y también 100 mil hablantes del maya. El ingreso promedio es de 75 centavos por día. El kilo de maíz cuesta 14 centavos, pero no se puede trabajar más que cuatro días porque abundan los jornaleros con un mercado de la fibra en crisis. 96 mil campesinos mayas viven en la zona maicero-ganadera. Viven aislados. Algunos de estos indios rechazaron activamente la reforma agraria de Carrillo Puerto, le decía en un par de misivas Múgica. Hasta antes de la Revolución, los ladinos les llamaban indios bravos, indios macehuales. Son los descendientes de la guerra de castas.

Unos años antes, en su gira como candidato a la presidencia, Cárdenas les había hablado claro: «¿Qué no se han dado las dotaciones en Yucatán? ¿Por qué las tierras afectadas por la resolución presidencial están cultivadas de henequén? Digo a ustedes, en nombre de la Revolución, que las tierras deberán darse para que ustedes mismos sigan cultivando el henequén».

Él era ahora la Revolución y las tierras serían repartidas. Había leído en esos años un libro de Lombardo, *El llanto del Sureste*, en el que el líder obrero retrataba las condiciones de esclavitud de los expeones yucatecos y aconsejaba su agrupamiento en sindicatos para enfrentarse a la *casta divina*. Las unidades agrícolas industriales eran la respuesta del gobierno. Su presencia nuevamente buscaba dirimir un añejo conflicto que en 1935 había llegado al límite cuando el congreso local había decretado la ocupación de las desfibradoras. Los hacendados trataron de ampararse en la Suprema Corte, perdiendo el litigio. En la hacienda Xcanantún de Motul los hacendados armaron a sus trabajadores contra los ejidatarios, acusándolos de querer quitarle el trabajo a los expeones. Los trabajadores de Xcanantún estaban sindicalizados y amagaron con sus rifles a los ingenieros del banco. Hubo un muerto. El nuevo gobernador,

Fernando López Cárdenas, protegía a los hacendados y propuso al presidente que uno de sus cercanos, Palomo Valencia, sustituyera a Candelario Reyes en el Banco de Crédito Agrícola. López Cárdenas se oponía sutilmente a la reforma. Los hacendados disponían aún de cuatro quintas partes de las hectáreas henequeneras. En Yucatán el ejido cardenista estaba paralizado. Por eso había viajado personalmente a repartir la tierra. Henequeneros de Yucatán perdió el monopolio y el banco fue el encargado desde entonces de comprar la fibra. Fiel a su costumbre, efectuó las dotaciones de tierra en unas semanas.

Los patronos pidieron reunirse en privado con el presidente. Los recibió en el espléndido hotel en donde se hospedaba en el paseo Montejo. Exigieron sus derechos, aunque el general les dejó claro que lo que en este momento tenían en realidad eran obligaciones:

—¿Consideran ustedes que algo justifique que al peón acasillado, que es el elemento más sufrido y de condición más difícil entre los campesinos del país, se le siga manteniendo en el mismo nivel de vida cuando los campesinos de otras partes del país gozan de beneficios y condiciones mejores?

—La situación de la fibra es muy delicada, señor presidente, con estas nuevas unidades agrícolas podemos perder la poca ventaja que tenemos frente a otros productores fuera de Yucatán.

—La situación de la fibra, señores, mejorará ahora que el banco compre, en lugar de Henequeneros de Yucatán. Ustedes mismos recibirán un buen precio. Ha llegado la hora de hacer justicia. Nosotros representamos a la Revolución mexicana, una democracia de los trabajadores.

—Pues las 150 hectáreas que se nos ofrecen son insuficientes, incluso si la cosecha nos la compra el banco.

—Han hablado ustedes de que les es insuficiente ese número de hectáreas para sus negocios. En este caso, tomando en cuenta su propia afirmación, señor Cámara, ¿qué cantidad vamos a admitir que necesita un campesino cuya familia tiene ocho o diez miembros? Los campesinos, al igual que ustedes, son mexicanos y padres de familia. Queremos ver a todos los campesinos de Yucatán con mejores vestidos, alimentación, habitaciones, diversiones y medicinas. No macilentos como ahora…

—Pero, general…

—Si me disculpan, estimados señores, tengo que atender otros asuntos.

Los dejó hablando solos. En algunas ocasiones, la diplomacia no es la mejor carta.

Los otros asuntos estaban fuera de Mérida, en los poblados más pobres o alejados. Después de dos días de travesía marítima, el barco que transportaba al presidente no pudo acercarse a la playa de Tulum, en Quintana Roo. El general Cárdenas se tiró al mar y nadó cinco kilómetros hasta alcanzar la tierra. Las vicisitudes no le iban a impedir terminar la obra por la que había venido a la tierra de los mayas. La palabra *repartir* había cobrado en él un sentido casi sagrado. *Devolver* hubiera sido mejor vocablo. Darle la tierra a quien es históricamente su legítimo poseedor. El 16 de agosto, de vuelta en Mérida y debido a los continuos conflictos entre su ministro de Agricultura, el general Cedillo, y las autoridades universitarias de Chapingo, decide aceptarle su renuncia. El enemigo quedaba de nuevo libre. Los informes recibidos por el general Cárdenas apuntaban a la posibilidad, nuevamente latente, de un levantamiento armado. Lo dejó regresar a Palomas, en San Luis Potosí, fuertemente vigilado, pero le propuso al subsecretario de guerra Ávila Camacho que le ofreciera la jefatura de Operaciones en Michoacán. Había que intentar aislarlo de su supuesto ejército rebelde.

¿Hasta cuándo serán los militares los que conduzcan y desbarranquen el destino de México? ¿Cómo dar el paso hacia un gobierno y un partido civiles, no castrenses?

El 20 de agosto, en presencia aún del presidente, el gobierno del estado declaró de utilidad pública la inmovilización de todo el equipo industrial de las fincas. Máquinas, implementos, desfibradoras, vías férreas, plataformas y animales. Dos días después el presidente viajó a Abalá, y en la finca Temozón inició la ejecución del reparto. Niños famélicos, *macilentos* los había llamado, hombres descalzos acuclillados, con los sempiternos líderes y sus mantas: Frente Único Pro-Derechos de la Mujer, Comisariado Ejidal de Temozón. El jefe del Departamento Agrario empezó su alocución:

—El señor presidente de la República y el gobernador del estado atestiguan la entrega y dotación de ejidos en esta zona de Abalá, Tixkokob, Muna, Ekmul, Dzidzantún, Seyé y Tekantó. Hemos de repartir en los próximos días 23 mil hectáreas de henequén y 66 mil de tierras *incultas*—refiriéndose a que no tenían sembrada la fibra.

272 ejidos para 34 mil ejidatarios. En 23 días el general había entregado el 65 por ciento de las tierras de henequén a los campesinos y peones. La tierra arde y la Revolución se cumple.

Los hombres encargados de vigilar el resto de la implementación no estarán, lamentablemente, a la altura de la empresa.

\* \* \*

—País loco y país de mierda, al que nadie podrá poner nunca en orden, Filiberto.

—Se olvida, Téllez, que ese es mi trabajo, asegurar la paz.

—Pues entregue de una vez su renuncia, capitán. Nunca estaremos en orden. El orden solo se consigue con la verdad y en México a nadie le interesa la verdad, sino cómo tapar la mentira, cómo encubrirla.

—Supe que fue a visitar al general antes de que saliera a Yucatán. ¿Alguna noticia?

—La promesa de que se iba a encargar del asunto personalmente.

—Con diecisiete millones de habitantes, Téllez, es imposible que el general quiera solucionarlo todo personalmente. Y mire que se empeña.

—¿Ya no le llama Trompudo? La última vez que hablamos de él se quejaba amargamente de la carestía y de que solo le importaban los pobres.

—No quito el dedo del renglón. ¿Ya vio los precios actuales? Parte de la culpa es de la oposición, como ha denunciado Lombardo, no del presidente.

—Y usted, Filiberto, ¿tiene alguna novedad sobre Estelita?

—Nada. Hemos mandado sus fotos a todas las pinches comandancias de policía del país. La búsqueda no se detendrá, como le he dicho, hasta que la encontremos, así tengamos que llegar al lugar más alejado. Ya supe del último caso que cubrió durante mi ausencia en su periódico, el de Esperanza García Márquez, alias María Elena Blanco. Al fin lo veo regresar a las teclas, Téllez. Una pesquisa en la que no pude acompañarlo.

—Un caso curioso. El 17 de marzo saqué la primera nota, un cadáver en estado de descomposición encontrado en el lago de Texcoco. Se le pudo identificar como Francisco Javier Silva, joyero. Pero no tenía ningún otro dato. Llené la plana con fotos del occiso y con una muy pequeña semblanza biográfica. La policía buscaba lo que parecía ser una banda bien organizada de criminales. Se acordará del asunto, lo platicamos con Treviño en una partida de dominó. Cuando usted se fue para San Luis Potosí, el 18 de agosto, dos individuos fueron aprehendidos en Guadalajara como principales sospechosos del homicidio. El propio Treviño me dio el chivatazo y me permitió entrevistarlos en el sótano de la comandancia. Permanecían recluidos en secreto con la esperanza de obtener sus confesiones antes de presentarlos a la prensa. Me condujo a escondidas a los separos en la sexta delegación. Uno de los detenidos era una mujer. La dama en cuestión dijo llamarse María Elena Blanco. No le dije que era periodista, sino que había venido a visitar a un familiar en apuros. Le ofrecí llevar recado a la calle cuando me dijo que la habían retenido allí sin abogado y sin derecho a una llamada. Le pregunté si tenía un litigante que la sacara del apuro, y ante su negativa le ofrecí conseguírselo yo mismo.

—¿La artimaña parecía dar resultado?

—Sobre todo cuando le dije que era una injusticia que mantuvieran recluida a una mujer tan hermosa. No miento, capitán. Es una de las mujeres más bellas que he visto. Ahora entiendo los enredos de su historia.

—Pues yo no, ya que desconozco sus *vericuetos*.

El Güero Téllez procedió a narrar su historia con las mismas palabras que usaría en sus notas rojas. La misma retórica alambicada y sensacionalista.

María Elena Blanco en realidad se llamaba Esperanza García Márquez y era oriunda de Guadalajara, donde nació en 1915. Su belleza —ojos grandes, negrísimos; pelo azabache, lacio y grueso, pequeña nariz respingada— le permitió desde muy niña conseguir el favor de los adultos. A los dieciocho años conoció a Salvador de

Lara, un hombre veinte años mayor, rico, de Guanajuato. Se enamoró de Esperanza y apenas duró el noviazgo. La promesa de joyas, riqueza y comodidades la hicieron aceptar sin remilgos su propuesta de matrimonio. Los recién casados tomaron residencia en Pénjamo, Guanajuato. El padre de Esperanza había venido a menos por la quiebra de dos de sus negocios y la prosperidad de su nuevo marido la obnubilaba. Salvador de Lara obtenía su caudal de la cría y engorda de ganado porcino. Esperanza detestaba el olor del rancho y la apacible tranquilidad rayana en bucólico descanso de Pénjamo.

Quien cría y engorda tiene que vender. Y solo vende quien posee suficientes relaciones, va a fiestas, asiste a las casas de los poderosos y de los ricos. En un banquete en la ciudad de León el matrimonio de Lara conoció al presidente municipal, Lauro Guerrero. Se sentaron juntos en una de las doce mesas redondas mientras bebían un brandy barato. Otro de los comensales, que resultó ser gran amigo de Guerrero, venía de la Ciudad de México. Trabajaba allí —o aquí, ¿verdad?, se corrigió Téllez— en la Beneficencia Pública en la calle de Donceles. El joven se presentó como Gonzalo Ortiz Ordaz. Tenía veintinueve años y a Esperanza le pareció hermoso y atlético, un adonis. Se sorprendió cuando su marido le permitió bailar una pieza con el galán. Dijo no tener objeción alguna cuando Gonzalo le pidió que le concediera la dicha de bailar una pieza con *su bella esposa*. Esperanza, de apenas veintiún años, danzó por la pista del local con excesiva aprensión, lejos del abrazo del capitalino, temerosa de despertar los celos de su marido. Él, subrepticiamente, deslizó en la mano de Esperanza un papel con su teléfono en la ciudad y le susurró al oído que esperaría ansioso su llamada. Tardó una semana en encontrar valor para marcar el número y pedir hablar con Ortiz Ordaz. El galán le propuso que se vieran en la Ciudad de México. Convenció a su marido diciéndole que debía comprar telas para unos vestidos. «Será cosa de dos días.» El ganadero aceptó y le dio una buena suma para sufragar sus gastos.

Téllez pide otra ginebra, se le ha acabado el trago y tiene sed. Filiberto todavía tiene la mitad de su cerveza.

—Parece que la va a hervir, mi capi —bromea. Pero al policía no le gustan las bromas. Sigue entonces, después de apurar un cuarto de su nuevo vaso, con su relato.

Fue en la capital donde Esperanza García Márquez se cambió el nombre a María Elena Blanco, para *taparle el ojo al macho*. En el hotel Rioja los amantes consumaron su amor. De regreso, después de meses de ruegos, la mujer convenció al ganadero de que se mudaran a la Ciudad de México. Alquilaron un departamento en la calle de Ayuntamiento. No tardó Salvador de Lara en darse cuenta de lo que en realidad ocurría. Después de un acalorado enfrentamiento con su mujer, ella le confesó que ya no lo amaba, que estaba enamorada de otro. El ganadero intentó saber el nombre, no recordaba la escena con el joven en aquel banquete en León. Habían pasado muchos meses. Ella le dijo que el nombre era lo que menos importaba. No hubo más pleito, ni siquiera un divorcio de ley. Salvador de Lara decidió abandonarla a su suerte en la capital y regresó a Pénjamo cortándole todo suministro económico y, por supuesto, cualquier comunicación.

—Debería probar en escribir para la radio, Téllez. Se le dan las palabras —lo interrumpió sin ironía Filiberto—. Una radionovela de la XEW con esta historia tendría más éxito que sus notas en la penúltima página del diario.

—¿Me va a dejar contarle o voy a seguir recibiendo sus amables piropos?

—Soy todo oídos.

Téllez iba en la tercera ginebra cuando retomó la narración. Con el poco dinero que le quedaba pudo vivir un mes más en el departamento, pero seguía viéndose con su amante en el hotel. No le dijo nada acerca de la repentina ruptura con su marido. Ortiz Ordaz la esperaba en el Rioja, como todos los jueves por la tarde, pero se quedó con un palmo de narices, pues María Elena Blanco —ya ni siquiera ella se acordaba de su verdadero nombre— conoció en la calle a otro hombre que se prendó de su belleza. El caballero en cuestión le convidó un café para presentarse, le hizo toda clase de cumplidos y le pidió un teléfono para poder comunicarse posteriormente. Dijo llamarse Francisco Javier Silva y ser un hombre rico, dedicado a la compraventa de terrenos y a la joyería. El encuentro parecía providencial, la solución a los dilemas de la mujer que se había quedado sin dinero, sola en la ciudad, con un amante joven y pobre que difícilmente podría proporcionarle los lujos a los que estaba acostumbrada. Sin embargo, María Elena continuó la farsa. Dijo estar casada y tener un marido muy celoso. Silva insistió en verla a escondidas. Se empezaron a citar en el departamento del joyero en la calle de Margil número 16. Poco a poco el hogar se fue llenando de nuevos muebles, cada vez más finos, pues el hombre abrigaba la esperanza de seducir por completo a su amante y de que ella pudiese quedar libre del yugo marital. Durante seis meses, María Elena Blanco tuvo dos amantes y un marido ausente. Se fue acostumbrando a los regalos de Silva, sus joyas, sus invitaciones a cenar y comenzó a cansarse de las citas clandestinas con Gonzalo, siempre en hoteles de mala muerte, siempre fugaces y torpes. Un domingo, después de almorzar, Francisco Javier Silva le puso un ultimátum: o dejaba al marido y se casaba con él o lo perdía para siempre. La mujer no podía acceder, pues era fácil que se diera con la verdad: era una mujer abandonada. Perdió nuevamente el dinero que le obsequiaba el joyero y se encontró doblemente despechada. No halló otro consuelo que confesarle al primer amante la segunda historia. Gonzalo Ortiz era adicto a la mariguana, hábito que ella nunca soportó, pero ahora le ofreció una calada y María Elena no pudo rehusarse: los nervios la vencían por vez primera en todo ese tiempo de mentiras. ¿Qué tan rico es tu amante? Ella no pudo calcular, pero le habló de la caja fuerte en el despacho del departamento, de los muebles, los cuadros, las joyas que le había obsequiado. Según María Elena, fue su amante quien ideó el plan para robar y asesinar a Silva. No ella. Ella sigue declarándose inocente.

—¿Y usted le cree, Güero? —inquiere Filiberto García—. Todos los pinches criminales niegan haber cometido sus fechorías. Nadie quiere pasar el resto de sus días en la cárcel.

—Le creo en parte. Está coludida, pero el cerebro del atraco es el joven.

—O sea que el famoso Güero Téllez cayó presa de los encantos de María Elena Blanco.

—No bromee con eso, capitán. Usted sabe lo que siento por la ausencia de Estelita. No le niego que la mujer sea muy hermosa. Pero yo soy un reportero de policía, sé si camino por arenas movedizas.

No siguió la provocación de Filiberto García y retomó la crónica. Ortiz Ordaz buscó cómplices. Tristemente los encontró cerca de

la propia policía. Uno de sus compinches es hijo de Arnulfo Magaña, comandante de una de las comisiones de seguridad, como usted mismo. ¿Conoce a Magaña? —No esperó la respuesta afirmativa
del capitán—. Pues su hijo Luis lo presentó con un tal Óscar Bazet,
que tiene antecedentes penales. Los tres perpetraron el asalto en
el mes de mayo. A finales, según parece, penetraron en el departamento de la calle Margil. El joyero llegó a eso de las diez de la noche a bordo de un taxi, sin saber de su próximo y fatal desenlace.
María Elena Blanco era el señuelo. Se acercó a su antiguo amante
y le pidió, desesperada, algo de dinero. No tuvo tiempo de responder. Bazet le colocó un puñal en la espalda y lo amenazó mientras
Ortiz lo desvalijaba. El reloj de pulso, la cartera, las mancuernas de
oro, las llaves. Lo metieron a empujones y registraron el hogar del
infeliz. Quisieron forzarlo a declarar dónde tenía el dinero una vez
que abierta la caja fuerte la hallaron prácticamente vacía. El joyero solo respondía que en el banco, donde todo hombre moderno
guarda su efectivo. Solo pudieron sacarle doscientos pesos. El hombre aseguraba que le quedaba poco efectivo por haber amueblado
la casa y obsequiado a su amante con joyas finísimas. Le ataron las
manos con un alambre y lo subieron en un viejo Chevrolet hasta el
lago de Texcoco, donde Bazet lo golpeó violentamente un par de
veces con una macana. El pobre infeliz pedía clemencia, aseguraba
tener otras joyas en su local de la avenida Madero. Rogaba por su
vida. En el camino a Texcoco los maleantes habían seguido fumando mariguana y se encontraban aturdidos por su efecto. Siguieron
golpeándolo. Luis Magaña descargó el peso de una enorme roca
sobre el rostro del joyero que expiró, a decir del médico forense,
casi al instante por el impacto, probablemente de paro respirato-
rio. Todos los muertos dejan de respirar, es algo que se aprende en
el oficio de ser su cronista. María Elena Blanco asegura no haber
participado en el asesinato. Ella regresó a su cuarto de hotel, pues
había perdido el departamento al no poder pagar el alquiler. En el
Rioja esperó a tener noticias de sus cómplices, asegura que horro-
rizada por la maldad de los secuaces de su antiguo amante.

—Me va a dispensar, querido amigo Téllez, pero un hombre
que toma cerveza por fuerza ha de ir a los servicios. No aguan-
to más.

Mientras el policía iba a orinar, él pidió una cuarta ginebra. Había decidido emborracharse. No quería llegar lúcido a su casa. No particularmente esa noche en la que el recuerdo de Estelita se le confundía ya con los ojos rasgados y negros de la mujer presa. A su regreso, García ordenó otra cerveza y retomaron la conversación.

—Veo que va pisando fuerte, Téllez —le dijo señalando el vaso de ginebra.

—No hay remedio. El consuelo de un solitario.

—Váyase con cuidado. Tengo un amigo que aunque ya dejó la soledad, siempre está acompañado de su pinche botella. Y es como si estuviera perdido.

El Güero dio un largo trago para aclararse la garganta y prosiguió con el final de su historia. A la mañana siguiente, Bazet fue por una ropa limpia a la tintorería y se dirigió a los baños públicos de Jesús y María, donde abandonó las viejas ropas ensangrentadas. La improvisada banda decidió separarse para evitar sospechas. María Elena Blanco y Gonzalo Ortiz Ordaz tenían los magros doscientos pesos de su botín y escaparon a la ciudad de Salamanca, en Guanajuato. La mujer recuerda a la perfección el viaje, el hotelucho Luna cerca de la terminal de autobuses. Solo estuvieron allí tres días porque esa mañana leyeron mi nota en el periódico. Esa nota que usted también leyó donde se informaba del macabro hallazgo del cadáver desfigurado y descompuesto de Francisco Javier Silva en el lago de Texcoco. Presas del pánico salieron a Guadalajara, buscando refugio en la casa de la madre de María Elena. La hija le confesó tener problemas con la policía, aunque se cuidó de informarle la índole de los mismos. Gonzalo se comunicó por vía telefónica con Bazet, quien se había quedado en la Ciudad de México y vendido las joyas como parte de su botín. Les informó que la policía había hallado también el automóvil alquilado que usaron y la gabardina ensangrentada de Luis Magaña. Los urgía a huir de nuevo. María Elena, que en Guadalajara no era otra que Esperanza, durmió esa noche con su amante en un cuarto al fondo de la casa. Apenas habían conciliado el sueño cuando fueron despertados por golpes en la puerta. La policía estaba allí, pisándoles los pies. Desesperados intentaron escapar saltando una barda. Se organizó una redada en forma por el barrio y dos horas después fueron capturados.

—Allí es donde entra nuestro común amigo Treviño —dice Téllez—, ya que una vez que arriban a la Ciudad de México para pagar por sus crímenes, la policía aún no ha obtenido una declaración ministerial. De allí el sigilo y mi capacidad para escabullirme a los separos y conseguir la historia de los labios de la hermosa mujer que enloqueció de amor.

—Ese fue su encabezado, seguramente.

—Por supuesto. No hay nada que venda más que el sensacionalismo.

—Y para no variar se metió usted en un tremendo lío al publicar la conversación con la homicida.

—Con la cómplice del homicida, no juzgue usted precipitadamente. Es cierto. Era imposible que no despertara la ira de los comandantes a cargo del caso. Particularmente porque ventilé el nombre del hijo de un policía estimado por sus superiores, Luis Magaña. Mi artículo de cualquier forma no podía contar como evidencia, puesto que María Elena Blanco negó haber hablado conmigo, al igual que su amante. A ambos les saqué la sopa, como se dice, en buena lid.

—¿Ya la juzgaron?

—En el Séptimo Penal. Va seguro al Escuadrón de la Muerte, a la celda 16 de Lecumberri.

—¿No me dijo que no era culpable?

—Le dije, Filiberto, que era cómplice. Falta que el juez le crea que no participó activamente en el asesinato.

—A su salud, Téllez, es usted también un pico de oro. No debería echar en saco roto mi propuesta, el periodismo no deja para vivir, en cambio la radio... Ahí tiene un futuro prometedor.

# XI

## El presidente a veces sonríe, a menudo llora

El general Cárdenas acepta desde Yucatán la renuncia de Saturnino Cedillo a la Secretaría de Agricultura el 16 de agosto. Ya de regreso en la capital, el 17 de septiembre, recibe al gobernador de San Luis Potosí, a los diputados del congreso local y al jefe de su zona militar, el general Carrera Torres.

—Si son verdaderamente amigos, como dicen, del señor general Cedillo, pensamos que deberían aconsejarle que no haga caso a los enemigos del gobierno y se dedique a trabajar como ciudadano, reconociendo la responsabilidad que tiene como actuante de la Revolución y soldado del ejército.

—Así lo haremos, señor presidente. Él ha dicho que quiere dedicarse a la agricultura en su rancho de Palomas —afirma el gobernador.

—Bien, entonces le voy a encargar otro favorcito. Le comunica que debe poner cuanto antes a disposición de la Secretaría de Guerra los doce aviones que ha venido sosteniendo en su pista privada. El gobierno federal repondrá esos fondos al gobierno estatal, descuide.

El 21 de septiembre Cedillo entregó los aviones, a regañadientes. Así lo informó el general Rojas. En el pueblo de Valles, sin embargo, se producen enfrentamientos y hay varios muertos y heridos. El general Cárdenas ordena la presencia de fuerzas federales en Matehuala, Ciudad del Maíz y en la capital de San Luis. Envía al 36º regimiento de caballería, avecindado en Guanajuato, comandado por el general Ildefonso Turrubiates, exgobernador de San

Luis, a apostarse en su antiguo estado con todas sus fuerzas. Al general Cárdenas le tocó en suerte aplastar la rebelión escobarista y no permitirá ahora, en la fase final de su periodo presidencial, un levantamiento armado. Prefiere sofocarlo antes de que arranque su locura. Los periódicos extranjeros, sin embargo, anuncian con trompetas el conflicto. Cárdenas los lee con azoro: el general Cedillo no tiene la fuerza ni el empuje que los corresponsales aducen. Entre las tropas federales ha pedido que manden gente especializada en información a mezclarse con la gente del lugar para pulsar la verdadera amenaza del asunto. Ya estuvo bueno de sustos.

La otra manera de calmar los ánimos es acelerar el reparto agrario en San Luis. Ha enviado a Gabino Vázquez a dar trámite a más de seiscientos expedientes ejidales. En sus *Apuntes* describe la *fisonomía* agrarista de Cedillo pero los nulos intentos para resolver la dotación de tierras, que resulta escasa. En la prensa capitalina se acusa al recién *renunciado* secretario de Agricultura de haber dejado a su ministerio en la bancarrota, se denuncian sus malos manejos. Costó más de un millón de pesos su fugaz presencia allí. Se revela que al menos 310 individuos cobraban de 3 a 10 pesos diarios y nadie los conocía en la secretaría. Cedillo no se queda callado y contraataca:

—No fui ministro de los que tienen compromisos solamente con su chofer, pues mi larga actuación de lucha me hace tener compromisos que considero sagrados. Tengo tras de mí a un ejército de viudas y huérfanos de hombres que cayeron en la lucha y me siento en la obligación ineludible de ayudarlos. Sí es verdad que durante mi actuación como secretario de Agricultura protegía de preferencia a los que me han acompañado en campaña, y además a todos los hijos de revolucionarios caídos en la lucha, ya fueran zapatistas, villistas o carrancistas. Algunas veces sustituyen con ventaja a los técnicos.

El general Cárdenas lee las declaraciones y no puede contener la risa. Algo muy hondo se desvió en Cedillo, como en otros tantos revolucionarios que fueron *engañados*. El peor engaño, piensa, es el de creerse indispensable. Una horda de zalameros están allí siempre para recordártelo. Pero todos somos sustituibles, piensa. El reto es hacer un país de instituciones, no de individuos. Un país de civiles, no de caudillos. Siente que esta es su última lucha con uno de los viejos revolucionarios. Entonces escribe el borrador de un decreto, que entrará en vigor en diciembre, para eliminar las potestades excepcionales del presidente. Tiene que empezar por él mismo. Solo en caso de guerra puede el ejecutivo ejercer el poder con excepción: el resto del tiempo deberá someterse a la Constitución y a los otros dos poderes. Se acabaron las facultades extraordinarias.

La fuerza del presidente no debe estar en su autoritarismo sino en su legitimidad ganada, piensa, por medio de su cercanía con la gente.

En otro sentido, octubre es un mes frenético. Después de controlar San Luis y el posible levantamiento de Cedillo, decreta la inmediata dotación de tierras a los campesinos de la región del Yaqui, en Sonora. El reparto afectará sobre todo a empresarios norteamericanos. Diecisiete mil hectáreas con riego y aun otra dote más grande sin agua, para pastos y leña. Escribe: «El gobierno debe hacer el mayor esfuerzo económico para incorporar y ayudar a toda la población yaqui porque es justicia que se les dé lo que se les ha negado por siglos, llevándolos al sacrificio al combatirlos por reclamar las tierras de sus ocho pueblos situados sobre las márgenes del río Yaqui. Así terminará el problema militar de aquella zona que ha afectado seriamente a toda la Nación y muy particularmente al pueblo de Sonora».

El 29 de octubre, sin embargo, recibe una nueva carta —la tercera al hilo— del embajador norteamericano Josephus Daniels, pidiendo que se fije una indemnización inmediata por las tierras de sus conciudadanos afectadas por las dotaciones agrarias. Le cae bien Daniels, le parece uno de los mejores embajadores que han puesto los gringos. Tiene algo de pastor metodista. Cuando lo ha invitado a la embajada reza y agradece los alimentos con las manos tomadas diciendo: «En esta casa yo soy el ministro», aludiendo a su carácter fuertemente religioso. Se han podido entender, más allá de pequeños conflictos. Sabe que Daniels responde en realidad a la presión del secretario de Estado por los conflictos con los sindicatos petroleros. No es sino una represalia. Así lo entiende. Sabe que se trata de un conflicto que puede escalar. Dicta entonces una carta para su propio embajador en Washington, el general Francisco

Castillo Nájera. Todos sus taquígrafos son hombres, no tiene secretarias mujeres en la oficina:

Estimado y fino amigo:

He leído con detenimiento la conversación que celebraste con el señor subsecretario Welles. No estoy de acuerdo en que el gobierno de México haya contestado con evasivas respecto de la cuestión agraria. En diversas ocasiones se ha dicho con toda claridad que México sigue su política agraria sin detenerse y sin exceptuar las afectaciones a ciudadanos extranjeros. Por lo que hace concretamente a la Reforma Agraria en su aspecto de indemnización, debe tenerse presente que importan más de 800 millones de pesos las tierras que han sido dadas a los pueblos. Dentro de las reducidas posibilidades económicas del gobierno para hacer el pago de tan alta suma que tendría que efectuarse por medio de la expedición de bonos y de sorteos anuales, no podríamos justificar ni realizar el pago preferente a los ciudadanos americanos. Las apreciaciones en contra de la actitud del señor embajador Daniels son infundadas. Él ha conseguido más con su política amistosa y con su esfuerzo por compenetrarse de la verdadera significación de nuestras reformas, que lo que pudiera haber logrado otro embajador con altanerías y exigencias. En el caso del Yaqui ya se acordó que los americanos, lo mismo que los mexicanos, queden como señala el Código Agrario, con sus 100 hectáreas de tierra de riego cada uno, o su equivalente en terrenos de otra calidad. El gobierno ha querido demostrar en este caso su deseo de disminuir al máximo las fricciones.

El general se detiene un poco. Mira afuera por la ventana. En el zócalo un tranvía se ha descompuesto, sus usuarios bajan malhumorados. La tarde todo lo detiene. Él se atreve a hablar del problema del petróleo:

Por lo que se refiere al caso de las compañías petroleras, el conflicto se debe a peticiones de aumento de salarios y mejores condiciones de vida presentadas por los obreros; peticiones que están dentro de la posibilidad económica de las empresas, según el dictamen emitido por la comisión de peritos nombrada para investigar la verdadera situación de las compañías. Por lo tanto, no se trata de una pugna entre el gobierno y las empresas petroleras.

Hay que insistir en que no se obstruccione la labor interna de nuestro país con amenazas veladas. Si no existe libertad y autonomía para que cada nación resuelva sus propios problemas de acuerdo con sus peculiaridades y el sentir de sus pueblos, los países de este continente seguirán maniatados por los más fuertes y sufriendo las inconsecuencias de los capitalistas que no tienen sentido moral ni de responsabilidad ante las necesidades de las masas que, como las nuestras, viven en la miseria presenciando la extracción de sus riquezas.

Te abraza tu atento amigo,

Lázaro Cárdenas

Termina de dictar y corrige solo dos o tres palabras. Siempre se pasea por el escritorio del taquígrafo, escogiendo con cuidado sus frases, pensando las ideas. Esta carta, sin embargo, ha salido de una sola respiración. La ha pensado tanto al sentir la presión del secretario Hull a Daniels y, a su vez, la insistencia del embajador en tener una respuesta concreta del general, que no tuvo que cavilar nada. Allí está todo lo que él piensa dicho diáfanamente. Las cuentas claras hacen amistades largas. Pero no hay amistad que valga si los gringos no entienden la diferencia entre expropiación y confiscación. Ellos dicen que si no se paga rápido, el gobierno, aun si ha actuado legítimamente, ha confiscado, como un ladrón. Se lo ha dicho a Daniels en un almuerzo privado:

—Señor embajador, mucho le agradezco toda la ayuda y amistad. Usted comprenderá que no podemos ceder ante presión extranjera alguna. Le reitero que México está dispuesto a pagar, conforme sus recursos se lo vayan permitiendo.

—Usted también entienda, señor presidente, que el Departamento de Estado me ha solicitado una respuesta inmediata. Le he traído, por cierto, este ejemplar con los discursos del presidente Roosevelt en Buenos Aires que usted tanto ponderó. Se lo dije personalmente y le ha puesto una dedicatoria. Mire… —Daniels abre el libro y le señala y traduce la frase de su presidente.

—Le agradeceré personalmente con una misiva, pero haga usted lo mismo de mi parte.

—Descuide. El presidente Roosevelt está dispuesto a reconocer el derecho legítimo del gobierno mexicano en el tema de la expropiación, incluido el Valle del Yaqui. Pero muchos de los norteamericanos afectados son igualmente pobres, no son las grandes compañías.

—Tienen derecho a sus cien hectáreas, como todos, como marca el Código Agrario. Las que se les expropiaron se les pagarán a su debido tiempo. Y tengo que decirle, Josephus, que ellos se verán también beneficiados con las obras de irrigación, de puentes y caminos que estamos haciendo. Son para todos. Muchas de las tierras que ahora solo les sirven para pastizal serán productivas. Somos justos, pero ya está bien de permitir que se extraigan recursos frente a las narices de los indios sin que reciban nada a cambio. El tema del pueblo yaqui tiene siglos de injusticia. Usted sabrá reconocerlo.

Con el embajador Daniels era más cómodo servir agua fresca y prescindir de los vinos. En esta ocasión, sin embargo, había pedido un vino blanco. Los dos brindaron. Las señoras habían salido a pasear al patio. Amalia estaba enseñando los nuevos árboles que se habían sembrado. En eso también los dos hombres coincidían: amaban a la naturaleza.

Ya por la noche, el general le dice a su mujer:

—Este conflicto va para largo, Chula. No nos van a entender.

—Pero ¿no me decías que Daniels puede convencer a Roosevelt de que lo que se está haciendo en México beneficia a los dos países?

—Daniels es un buen amigo de este país, pero no puede convencer a los ricos norteamericanos con dinero en México que acepten que se les quite lo mucho que han usufructuado sin dar nada a cambio. Vienen tiempos difíciles con el vecino del norte. Te lo aseguro. Negros nubarrones.

El general tiene la costumbre de despedirse de su mujer aunque baje al despacho a escribir. Le da un beso a ella y acompaña a Cuauhtémoc a su cama. Le leía, cuando era posible, cuentos de Salgari. Los mismos cuentos que a él le seguían relajando. A su hijo le llamaba siempre con el mote de «Cuate». Era su amigo, no quería que existiese la distancia típica entre un progenitor y su vástago. Él era su cómplice.

—Cuate, ¿leemos?

—Sí. ¿*Los piratas de la Malasia?*

Después de leerle unas diez páginas, cuando su hijo está al fin dormido, apaga la luz de su habitación y baja a escribir. Después de redactar un borrador para otra carta a Castillo Nájera vuelve a sus *Apuntes.*

«Primero el suelo, luego el subsuelo», escribió. «El año que termina tuvimos algunos triunfos.»

El 23 de diciembre la Huasteca Petroleum Co. cierra veintitrés pozos en plena producción como represalia por el laudo favorable a los obreros. El embajador Castillo Nájera come con el presidente Roosevelt, pero solo consigue que durante enero Estados Unidos siga comprando plata, según el antiguo acuerdo. Un mes de gracia que antes de terminar el año, por medio de las gestiones de su secretario de Hacienda Eduardo Suárez, logra que se prolongue por doce meses.

La prensa neoyorquina cuestiona a Suárez sobre el problema del petróleo:

—No tratamos de molestar a las compañías petroleras; antes al contrario, las protegeremos siempre que acaten las leyes de México. Nuestro acuerdo con la compañía El Águila no es arbitrario y estamos dispuestos a entrar en negociaciones semejantes con las otras compañías, pero a condición de que se sometan a las leyes mexicanas.

Ese es el problema. Las compañías petroleras se han conducido como si sus zonas fueran otro país, extraterritorialmente. Lo supo con Múgica desde la Huasteca. México necesita los impuestos de la plata —el diez por ciento de la recaudación nacional viene de sus minas—, así que los norteamericanos tienen la sartén por el mango.

Lo sabe el general Cárdenas: esa será una de sus armas si México no se pliega a lo solicitado por el gobierno norteamericano: apretar. Han apretado al país siempre. Lo han apergollado, lo han ahorcado, le han robado el oxígeno, el agua, la tierra, la vida.

Esta vez no. Esta vez México saldrá ganando.

\* \* \*

El capitán Filiberto García recibió órdenes de abandonar la Ciudad de México y trasladarse a San Luis Potosí. Apenas y pudo despedirse de Téllez, que también se mudaba, pero de casa, a un departamento del casi nuevo edificio Ermita en Tacubaya, gracias a la ayuda de su nuevo director, que lo recomendó con los administradores del lugar. Un departamento amueblado a un precio muy bajo. El edificio servía también de hotel y tenía un cine, el Hipódromo. El Güero no pensó, al mudarse a esa parte de la ciudad, que el lugar le depararía tantas aventuras por lo curioso de sus inquilinos. Con el tiempo se llenaría, pero cuando él llegó a vivir en octubre de 1937 más de la mitad de sus casi ochenta departamentos estaban vacíos. Se amistó rápidamente con Félix, el operador del ascensor, y sintió que ya había escalado a otro nivel en la evolución humana. Todo mientras no lloviera. Las tormentas inundaban la avenida Revolución y en alguna ocasión el agua le llegó arriba de las rodillas. Le tocó el doceavo piso y desde su ventana se podía contemplar el Popocatépetl.

Se había quedado de ver con Filiberto García, a quien ya llamaba su amigo, antes del viaje de comisión a San Luis. Irían a un nuevo salón de baile, Los Ángeles, en Lerdo 206, cerca de la iglesia Nuestra Señora de los Ángeles, de allí el nombre. Dos hermanos habían utilizado una vieja maderería y se anunciaba la orquesta de Luis Arcaraz.

—Cincuenta centavos por piocha y las damas gratis —le había dicho García.

—Ya ni la amuela, capi. Usted siempre soltero y yo llorando a mi Estelita, qué damas ni qué ocho cuartos.

—Igual y conseguimos con quién bailar dentro, aunque sean unas ficheras. No sé cuánto tiempo me la voy a pasar en San Luis y allá no hay dónde divertirse. Al menos no del nivel.

Al salón de baile, quizá por el nombre, desde el inicio se le conoció como El Cielo. García bromeaba entonces que él quería ir al cielo antes de morir en provincia. No le hacía gracia el traslado fuera del Distrito Federal, aunque fuese temporal.

El viaje lo hicieron juntos, en taxi. García pagó.

—Esta noche es usted mi invitado, Güero.

—Agradezco la cortesía, capitán. Pero qué tal que nos turnamos las rondas de bebida, así puedo sentirme a mis anchas.

—Está bien. Yo pago las entradas.

El enorme salón —más de dos mil quinientos metros de pista— estaba casi lleno porque llegaron tarde, dos horas después de que había abierto. Les dieron una mesa pequeña, muy a la orilla, desde la que no podía verse la orquesta. Era martes de danzón.

—Le hago una propuesta, Téllez: no hablemos hoy de los precios ni del país.

—¿Entonces nos vamos a quedar callados?

—Mire. Yo le cuento a qué voy a San Luis, pero me promete no escribirlo ni andarlo contando. Ni al pinche Treviño. Y usted me cuenta lo que le venga en gana. Nomás no me hable de arroz, o maíz o la chingada.

—Donde manda capitán...

—No salga con mamadas. ¿O quiere que volvamos a la misma cantaleta de que todo está carísimo, de que ya a este país se lo llevó el carajo? No, Téllez. Endúlceme el oído con historias optimistas, de campesinos bien comidos y niños que van a la escuela y son felices.

—Primero usted. Despepítele, García. ¿Cuál es la extraña encomienda que nos priva de su presencia?

—No, así en seco ni madres. Déjeme pedimos. Usted su ginebrita y yo mi cerveza. Nomás nos quitamos la sed y sale más fácil.

Escucharon un par de canciones en silencio, bebiendo, mirando a las parejas y a las muchachas, pensando también si convenía bailar primero o seguir conversando. Ninguno se levantó.

—Ya, pues. Le cuento: Saturnino Cedillo. Me corresponde el honor de ir a espiarlo. Informar de lo que dice la gente, si se está fraguando un levantamiento, dónde están las pinches armas. Así nomás.

—Pero me han dicho que el presidente ya mandó quién sabe cuántos federales y al 56° Regimiento de Caballería. Como que sale usted sobrando.

—Todos los militares están allí para contener una posible rebelión. Yo estoy para impedirla, mandando informes a la capital sobre dónde se tiene que intervenir.

—Usted ya es un matón, no un detective. ¿De dónde la fama?

—De lo de Morones. Me dice el jefe que el propio general Cárdenas pidió que yo fuera comisionado.

—Pues si es así, felicidades, igual y por fin lo ascienden. Aunque no me voy a acostumbrar a decirle teniente, mi capi.

—Déjese de pinches mamadas, Güero. A mí me valen madre los ascensos o los grados. Yo solo sé cumplir órdenes. Y si hay un alzamiento contra el gobierno, lo voy a saber rápido.

Chocaron las copas. Pidieron otra ronda. La orquesta volvió a la carga con una nueva pieza.

—Va a dispensarme, García, pero no puedo dejar de preguntarle, antes de que se me vaya, si sabe algo de Estelita. Yo sé que si tuviera el mínimo indicio ya me lo hubiese compartido, pero no puedo creer que se la haya tragado la tierra así nomás.

—No se la tragó la tierra, y si no ha habido novedad es porque no está muerta. Se lo puedo casi asegurar. Ya lo hubiésemos sabido. Hemos peinado el país, en contacto con todos los estados. O se fugó a los Estados Unidos sin avisar.

—Ya le dije que Estelita no es de ese tipo. Qué frágil es la estabilidad. Es más: no existe. Siempre estamos frente al abismo. La secuestraron, lo que no entiendo es quién, ni para qué.

—Yo tampoco. La familia de su Estelita no tiene ni dónde caerse muerta, así que no es para pedir un pinche rescate. No se le olvide que Estelita dejó la Presidencia cuando exiliaron al general Calles y se fue para la Secretaría de Hacienda con Eduardo Suárez. Por allí le he estado dando vueltas, pero no se me ocurre qué puedan querer. Ya quedamos que dinero no.

—Información confidencial entonces, Filiberto. No puede ser para otra cosa. Han de creer que Estelita sabe todo y que puede dar detalles.

—¿Todo de qué? ¿Qué se ha estado haciendo estos meses en ese ministerio que pueda ser tan comprometedor? ¿Y para quién?

—Ni idea. No platicábamos casi de trabajo. Ya ve que nos veíamos dos o tres veces a la semana y ella se iba para su casa temprano, incluso cuando salíamos al cine.

—¿Y para eso se mudó? ¿Por si regresa? ¿Para darle un mejor hogar?

—Me mudé porque no soportaba la vecindad de Correo Mayor. Me dieron una renta muy baja. Y el departamento está amueblado. Ahora que sí, siempre tengo la esperanza de que Estelita regrese y pueda proponerle matrimonio.

—Ya veremos, Güero. No quito el dedo del renglón. Nos mantenemos alerta. Cualquier indicio lo seguimos. Espero darle buenas noticias, aunque sea a la distancia. Pero no se me agüite. ¿No quiere mejor sacar una muchacha a bailar? Igual y eso le alegra la noche.

—Más tarde, tal vez. Ahora me quiero acabar mi ginebra.

—Yo nomás decía. Un clavo saca a otro pinche clavo.

—Mejor sígame contando de su encomienda.

—No sé nada más. Ni siquiera cuánto tiempo me voy a quedar allá. Ojalá todo sea pura llamarada de petate y esté aquí antes de que acabe el año. Igual y vamos a festejar a algún lado antes de oír el mensaje del Trompudo.

—¿Otra vez lo llama así?

—Nomás para darle coba, Téllez. Me cae bien la Esfinge de Jiquilpan.

—A mí también, aunque no lo crea. No comulgo con todas sus ideas, pero me parece finalmente mejor que los otros que hemos tenido. Mire que eso sí no me gustó nada que en el Grito dijera «¡Viva la República Española!». ¿No se trata del grito de Independencia? ¿Y de quién nos independizamos?

—De la madre patria, pero de la monárquica. Desde que llegaron los niños republicanos a Morelia la gente no ha terminado de entender que el presidente está dispuesto a acoger a quien venga perseguido, no importa de dónde.

—No le digo, usted va a defender a su general hasta la ignominia. ¿Ya se le olvidó todo lo que decía de él?

—¿No quedamos que no íbamos a hablar de los precios y del país? Se lo rogué, pinche Güero. Ya estoy hasta la madre de que parezca que es lo único importante. ¿O usted no tiene vida propia?

—Me quitaron a *mi vida propia* y no tengo ni idea de dónde esté. Solo quiero pensar que tiene usted razón y que sigue viva. Se lo digo tajantemente, mi única vida es el periódico. A mí no me pasa nada interesante.

—Pues en lugar de fijarse en lo del Grito vea lo que dijo en el informe: urgió a los diputados que aprueben el voto femenino. Un derecho inaplazable.

—En eso estoy de acuerdo con usted y con el Trompudo. Falta que le hagan caso los legisladores. Está en veremos.

—Por cierto, cambiando abruptamente de tema: cuando regrese me va a invitar a su nueva morada, eso espero. Se hablan maravillas del edificio.

—Muy moderno, *art déco*, ya lo verá. Ascensor, conserje en la puerta. Esas cosas de los ricos, pero todos los inquilinos tienen una renta menor, por la beneficencia que lo administra. Y funciona como hotel. Ahora, como todos los edificios grandes, está lleno de locos.

—¿Ya intimó con los inquilinos?

—Algunos. Pocos, a decir verdad. Tengo apenas una semana viviendo allí. Hay un alemán que vive solo en el cuarto piso, con sus canarios. Les lleva serenata.

—¿Serenata, a unos pinches canarios?

—Sí. Mariachi, que dizque para que canten. Me han tocado dos sesiones.

—Ha de ser un pinche espía nazi.

—Todos los alemanes le parecen espías, Filiberto.

—Bueno, ya me dio curiosidad. Igual le hago una visita de cortesía al vecino cuando regrese.

—Hay otro alemán, casado con una vienesa. Ella fue modelo en Nueva York y concertista de piano. Este hombre sale poco. Me ha dicho el conserje que teme por su vida, que siente que lo persiguen. Siempre tiene cerradas las cortinas y vive en mi mismo piso.

—Ese es el espía entonces. De cualquier forma la modelo es la que me interesa. ¿Hermosa?

—Seguramente fue muy guapa, capi. Ahora ya está entrada en años.

—Mejor. Me gustan las mujeres maduras, Téllez. No se andan con remilgos.

—No creo que usted sea su tipo, con todo respeto.

—Se sorprendería, Güero, con algunas de mis mujeres. Pero no es el caso ni la razón de esta plática. Sígame contando de sus vecinos.

—La más pintoresca es don José.

—¿Pintoresca? ¿Con nombre de hombre?

—Es mujer. La llaman don José en el edificio porque siempre sale con un traje sastre oscuro, pero al volver se quita la falda y se pone un pantalón de hombre. Es muy bragada, nada femenina, de allí el mote. Tiene tres dedos de cada mano mutilados, y dicen que los de los pies también. Afirma haberlos perdido en una explosión.

—No me interesa mucho el pinche don José. No al menos para un *visita de cortesía,* como al hombre de los canarios. Siga, siga. Ya quisiera yo vivir en un lugar con tanta gente peculiar.

—No sé mucho más de los otros. Hay unas modistas solteras en el piso siete. Las visitan todo el tiempo sus clientas, gente muy rica de la ciudad, con choferes a la puerta. Ya le iré contando.

—Pues solo que me escriba, porque estaré medio incomunicado. Por cierto, ¿ha leído usted los dimes y diretes de los asesinatos de Huitzilac?

—Tan dimes y diretes que prefiero la versión de *La sombra del caudillo.* Lo de ayer no lo cree nadie.

—¿Ayer?

—Sí, las declaraciones del general y doctor Enrique Osornio. ¿No las leyó? Dice más o menos que el general Obregón nunca pudo ordenar ni consentir que el general Serrano fuera asesinado, que lo quería como a un hijo y que su sorpresa fue tan grande cuando se enteró que lo habían matado que exclamó: «Pobrecita de la mamá, ¿qué irá a hacer ahora sin él?». Dice Osornio que le consta, pues estaba platicando con el Manco cuando le dieron la noticia.

—Váyase a saber. Pudieron ser también órdenes de Calles, a esas alturas.

—No lo creo. A mí nadie me quita la idea de que lo mandó matar Obregón por alebrestarse y querer ser el pinche presidente.

—Pues el general Claudio Fox declaró también y confirma que no fue Obregón. Es más cabrón, de hecho. Dice que el presidente Calles le dio copia de un telegrama para el general Díaz, ordenándole que entregara a los prisioneros en el camino a Cuernavaca, y que al pie del mensaje escribió con su puño y letra: «Ejecute a los prisioneros y conduzca los cuerpos a esta». Después de cumplir su misión devolvió el telegrama a Calles, que lo hizo pedazos con lentitud y una sonrisa.

—Eso no quita que Obregón le haya dado órdenes a Calles de que los ejecutara. Mire, Téllez, en este país el caudillo mandaba. El general Obregón le decía a Calles qué hacer. Y luego Calles quiso hacer lo mismo con Ortiz Rubio, con Rodríguez y hasta con su chamaco, pero luego el Trompudo se alebrestó y lo mandó a la chingada. ¿Usted cree que sabremos quién estuvo detrás de la muerte de todos los generales que han sido ultimados desde que empezó la Revolución?

—¿Y Saturnino Cedillo? ¿Acabará igual?

—No creo que Cárdenas dé la orden de ejecutarlo. Lo va a querer convencer de que deponga las armas. El general no quiere más muertos.

Por fin, quizá envalentonado por las tres ginebras, Eduardo Téllez se animó a bailar. Filiberto estaba más que puesto. Unas ficheras les cobraron veinte centavos por la pieza y menearon la cadera al compás del danzón. Estuvieron en la pista tres canciones, cubrieron su cuota y regresaron a su mesa. Nadie estaba sentado. Solo ellos. El salón Los Ángeles entero se entregaba con frenesí al bailongo.

El salón cierra a las once, pero les han dicho que es tiempo de pedir la última bebida.

—¿La del estribo, Téllez?

—Con todo gusto, mi capi. Se le va a extrañar en estas tierras.

—Yo también los voy a extrañar. Pinche San Luis Potosí. Solo espero que Cedillo no sea tan peligroso como dicen.

—¡Ojalá! Aunque el gobernador de Sonora, Román Yocupicio, parece estar coludido en la revuelta.

—Eso sí complica las cosas, Güero. Yocupicio se ha visto con Heinrich Northe, el primer secretario de la embajada alemana, eso lo tenemos registrado. O sea que si se levantan los dos juntos la cosa está más cabrona. Es bueno siempre beber con un pinche periodista, luego saben más que la policía.

—Sabemos, eso seguro, lo que la policía oculta.

# XII

## El rescate del petróleo

¿Será esta la gran decisión, la verdaderamente trascendente? ¿O será la que hunda al país si los afectados deciden intervenir? Teme la reacción de Estados Unidos por sobre la de Gran Bretaña, pero sabe también que no puede aplazarse la decisión. El fallo de la Corte ha sido claro y las compañías extranjeras pueden pagarle más a sus trabajadores, pero prefieren llevarse todas las ganancias y no dejar nada en México. Él lo sabe desde los tiempos en que era jefe de Operaciones Militares en la Huasteca y quisieron comprarlo con un coche para que los favoreciera. Así han actuado siempre: sobornando políticos y robando el oro negro, el subsuelo, lo que puedan, lo que no les pertenezca.

Tiene razón el poeta, piensa, cuando dice en «La Suave Patria»:

*El niño Dios te escrituró un establo*
*y los veneros del petróleo el Diablo.*

Este ha sido el gran tema aplazado, junto con el reparto de la tierra, de la Revolución. Esto también es la justicia.

Obregón cedió para que Estados Unidos lo reconociera. Fue así que firmó los humillantes Tratados de Bucareli. Ahora le tocaba a él, entre tantas cosas pendientes, ir a la fuente primigenia de los deseos de los mexicanos, plasmados en la Constitución de 1917. Había hablado durante horas con sus ministros, y en particular con Múgica, acerca del momento en que habría de hacerse, o si acaso debía, temerariamente, proceder a la expropiación. Lo quiso evitar a toda costa, le temía, pero esta era la última salida.

La situación económica era desastrosa, las empresas petroleras se comportaban como si el país fuera su enemigo. Para ellas, la Comisión Pericial carecía de poder ante lo que sus gobiernos decidieran en favor de sus propios beneficios. Lo que dictara el gobierno mexicano les tenía sin cuidado. Habían tenido incluso la rebeldía de suspender los créditos y retirar sus fondos de los bancos nacionales. El presidente evalúa una y otra vez las tantas necesidades del país. Desde que llegó no ve cuándo pueda decir: «Ahora sí, un poco de paz». Nunca la ha tenido. Siempre atento a la realidad, no quiere que nada la maquille, la distorsione, ha de permanecer de pie hasta que le quiten la vida, quienquiera que sea. Le ha rogado a su gabinete que le digan las cosas como van. Ahora mismo quizá desate otro Cinco de Mayo, pero esta debe ser la prioridad: encontrar la manera de no depender de las petroleras extranjeras. Dejarlas fuera, así de fácil. Así de catastrófico. Todos en el gabinete tienen el alma en vilo, saben que si hay expropiación, dirá Castillo Nájera, habrá cañonazos.

Comienza el año, se respira el frío, y duele. El presidente ha decidido, para despejar la cabeza, llevar a sus hombres con sus mujeres, encabezadas por Amalia, a las lagunas de Zempoala a supervisar la nueva carretera que conectará con la Ciudad de México. Será una obra de muchos beneficios. El camino es tan largo que hay percances de mareos y agotamiento. Para eso, oler limones, remedio aprendido en los trances por los caminos de Michoacán.

A Michoacán harán más de nueve horas, ocho si corren. Para el presidente es un camino de sobra conocido que podría recorrer a pie, a caballo, en carro o hasta con los ojos cerrados. Casi siempre llegan en la madrugada, o a alguna hora sin sol. Pero pronto estará la carretera México-Morelia-Guadalajara. Ahora toca el turno de estar presentes en la constitución de la Liga de Comunidades Agrarias y Sindicatos Campesinos de Michoacán, convocados por el PNR. Arreglar la situación de los ejidos, de la gente del campo, siempre ha sido prioridad, como si para eso hubiera nacido: para hacer justicia a los revolucionarios que por tal causa murieron.

Al llegar a Pátzcuaro decide pasar por la Plaza Mayor, ordena que lo dejen solo, al rato comerá con los niños y los maestros españoles. Eso es un remanso de paz, las carcajadas y el acento ceceante le inyectan alegría. Esos actos, como también la inauguración del ingenio azucarero en Morelos, alientan al presidente. El ingenio funcionaría como un sistema de cooperativa; dependería, pues, de sus propios trabajadores, beneficios y responsabilidades al parejo. El licenciado Suárez se ha ocupado de su estructura. Se lo encargó el presidente como si hubiera puesto sobre sus manos algún asunto de Cuauhtémoc o de Amalia, o de sus hijos de Los Pinos. Y así lo ha cumplido, al grado de recibir durante la ceremonia de apertura tantos regalos en especie que podría abrir otra granja, un dispensario. Lo han abrazado dejando su saco lleno de polvo, de lágrimas de felicidad. La gente está esperanzada. La Revolución les había destruido los ingenios. Habían cambiado de ocupación, muchos. Otros habían muerto en el camino, derrotados por el hambre y también por la falta de fe en un futuro posible.

El presidente Cárdenas no quiere ninguna guerra, procura evitar costosas intervenciones, pero ya lo ha anunciado con claridad: «El gobierno no tiene ninguna actitud contraria al capital extranjero, pero no acepta que este insista en conservar una posición privilegiada propia de los tiempos anteriores». Se había puesto a evaluar largamente con Múgica los peores escenarios con Estados Unidos, las guerras más cruentas contra los piratas en Inglaterra. Por suerte el mundo se tambaleaba ante el régimen de Alemania. El problema petrolero con México sería una nimiedad ante el conflicto europeo, alegaba Múgica —al tiempo que le daba un trago a su vaso de agua. Cómo se antojaba en esos momentos de frenesí un trago fuerte con hielo, pero el presidente lo tenía prohibido, le había vetado casi cualquier placer la amistad estoica con Múgica—. ¿Hacia dónde irían las negociaciones, el poder gubernamental? El pueblo apostaba por una tibia respuesta, una ocupación, a lo más, de las instalaciones.

Los temores alrededor de la situación internacional se fueron desentrañado en largas pláticas. La figura de Hitler sostenía una espada de Damocles sobre Europa, sobre el mundo. Mussolini se aliaba con él y ambos participaban a todos los pueblos de sus hazañas de imperialismo. Si las voces de la Liga de las Naciones y de Estados Unidos no hacían eco en los oídos de los dos gobernantes, los países pequeños no tenían siquiera voz para pedir ser respetados o al menos tomados en cuenta en la repartición del planeta.

En México el presidente, además de abrir las puertas a los refugiados, trataba de evitar ser llamado a las filas de la guerra. Rezaba para que el poder regresara a los trabajadores, a la masa, la única capaz de detener la tiranía de un solo hombre. En el pueblo debía depositarse el ideal de un país, el bienestar del proletariado. Creía firmemente en la neutralidad en caso de guerra.

La palabra *expropiación* estaba prohibida durante las sesiones para discutir el desenlace de la situación de las petroleras. Eduardo Suárez y Múgica lo acompañaron el 9 de marzo al ingenio Emiliano Zapata, en Morelos. Al regreso, para sorpresa de todos, hizo detener el automóvil y le pidió a Suárez que permaneciera dentro. Solo él y Múgica caminaron conversando. Se habían bajado en el kilómetro 79 de la carretera a Cuernavaca. Al general le gustaba tomar las decisiones más trascendentes caminando. Además, nadie como Múgica para entrever, para escribir, para hablarle al pueblo. A él se le debía la redacción de los artículos de la Constitución de 1917. Michoacano, sabía de los temores de la gente, de la injusticia, de las deudas del país para con sus hijos. Mano a mano había entregado tierras en Tamaulipas y luchado con los carrancistas. Era rebelde y astuto. Recordaron sus tiempos en la Huasteca. Allí ambos habían conocido las instalaciones petroleras donde los trabajadores mexicanos eran tratados con humillación y racismo. Habían dormido a luz de los barcos que cruzaban el Pánuco llenos de lumbre. La ciudad de Tampico era una Sodoma al servicio de los ingenieros, obreros, mineros que depositaba cada barco petrolero. Cárdenas, como oficial del ejército, se limitaba a servir y a observar. Con Múgica se daba a la lectura de cuanto libro les caía, sobre todo aquellos traídos de los movimientos de Rusia. Ambos vivirían allí la tentación de la corrupción, de la avaricia de los que más tienen, de los dueños de las petroleras quedando bien con el ejército mexicano.

—Señor presidente, es para mí una gran responsabilidad y también un honor que me designe para escribir el decreto, pero ¿me cree capaz de redactar el futuro de mi patria?

—Sin duda alguna. Nadie que no tuviera su sensibilidad podría encontrar las palabras, no bonitas sino verdaderas, no en verso sino en mexicano, para que entiendan todos los que aquí habitamos de lo que somos capaces a la hora de ver en peligro nuestra soberanía.

Nunca más un 1863. Nunca más un país agachón. Si el petróleo está en nuestra tierra, pues nosotros lo administramos. Como en la parábola: diez denarios nos deben dar para mil más. Pero encontrar la redacción adecuada, la que suscriba la Historia, solo usted logrará hacerlo, como hizo con el artículo 27 de la Constitución.

—Mi general, así lo haré. ¿De cuántas horas dispongo?

—De ninguna hora, mi general Múgica. No dispone de tiempo. Ahora déjeme en la casa presidencial para dormir junto a Amalia. He de recobrar el aliento.

—¿Alguna disposición, alguna línea que seguir?

—Usted describa el acto que realizará el gobierno. Pida el apoyo de todos y cada uno de los mexicanos: niños, padres, abuelos. Todos deben contribuir con el hecho, a fin de salvar a México de regresar a ser colonia.

El presidente siguió caminando hasta Palmira y rechazó que lo acompañaran a la puerta de su habitación. Quería caminar solo. Nublar por un rato el pensamiento.

El día 17 a las once de la mañana se reunió con su gabinete en Palacio Nacional. No estaba para rodeos:

—Señores, hemos venido observando la actitud de las compañías. Se niegan a cumplir la resolución de la Suprema Corte y están haciendo una campaña de descrédito, creando gran confusión y alarma en la población. No podemos, como gobierno, tolerar en estas condiciones una rebelión semejante ni desentendernos de un problema que puede llevar a paralizar la industria y los servicios públicos. No podemos permitir agitaciones políticas. Debemos expropiar sus bienes por causa de interés público y nacional.

Eduardo Suárez intenta mediar:

—Quizá, señor presidente, podamos buscar otro medio de persuadir a las compañías sin crear una reacción internacional en contra del país.

Lo mismo pensaba el subsecretario Beteta.

—¿Y los demás qué opinan?

García Téllez, Múgica, Buenrostro y Castellano apoyaban la medida. Incluso Hay estaba de acuerdo. Alguno, sin embargo, se atrevió a sugerir que se aplazara la medida para intentar llegar a un acuerdo favorable.

El general había tomado la decisión días antes, solo quería medir el pulso de sus allegados.

Para el 18 de marzo, tras casi un día de analizar sin cesar las pocas posibilidades que le quedaban bajo la manga, y con el apoyo de Múgica que sabía todo del caso y tenía la sensibilidad de predecir la reacción del pueblo, salió, disimulando todo rastro de temor, a comunicar al gabinete la Ley de Expropiación a los bienes de las compañías petroleras. La bala había sido disparada. Tras el respaldo inevitable del gabinete, el presidente habló a la nación sobre la defensa de la soberanía, el reintegro del petróleo a manos del pueblo mexicano. La estampa mundial, lo que afuera de las fronteras sucedía, era la señal más clara de lo que podía pasar si un gobierno cedía apenas un ápice: la invasión, la humillación, el destierro de la madre tierra.

En todos los panoramas, el presidente no aceptaba las armas como opción, más bien se inclinaba por la condescendencia de Roosevelt o el apoyo de Latinoamérica.

El secretario de la CTM, Lombardo Toledano, aplaudió la resolución presidencial y se jugó la piel para reunir el apoyo del gremio obrero. Su papel había sido contrarrestar el rumor regado por las compañías extranjeras, necesitadas de levantar a los trabajadores con ellas. No querían aceptar las resoluciones de la Suprema Corte de Justicia. Para acabar pronto, decía el presidente, no quieren nada de nada, más que lo que ellas quieren.

No faltaron los timoratos, sin embargo, los que preferían esperar para una expropiación, paliar al enfermo terminal. Pero Cárdenas tenía de su lado la fuerza de los hombres de su gabinete que necesitaba: Múgica, Ramón Beteta, Buenrostro, García Téllez, Castellano.

—Si el petróleo ha sido siempre, y sigue siendo, el elemento principal de la discordia, más valdría entonces quemar los pozos —les dijo el presidente, ya harto de tanto alegato—. Señores, a todos les consta que hicimos hasta lo imposible por negociar en términos de justicia con las compañías, con sus gobiernos. Los invitamos a cumplir con el fallo de la Corte. Todo fue en vano. Ahora toca informar al pueblo y pedir su cobijo.

Con voz solemne, intentando que el aire no le faltara en esta ocasión, el presidente Cárdenas habló a la nación por radio esa misma noche, a las diez en punto:

—La negativa de las compañías a obedecer un mandato de la justicia nacional impone al Ejecutivo el deber de buscar en los recursos de nuestra legislación un medio eficaz que evite que los fallos de la justicia se nulifiquen o pretendan nulificarse, como se pretende hacerlo en el presente caso. Hay que considerar que un acto semejante destruiría las normas sociales que regulan el equilibrio de todos los habitantes de una nación, así como el de sus actividades propias, y establecería las bases de procedimientos posteriores a que apelarían las industrias de cualquier índole establecidas en México y que se vieran en conflictos con sus trabajadores o con la sociedad en que actúan; si pudieran maniobrar impunemente para no cumplir con sus obligaciones ni reparar los daños que ocasionaran con sus procedimientos y con su obstinación.

Una mínima pausa y reanuda el discurso:

—Por otra parte, las compañías petroleras, no obstante la actitud de serenidad del gobierno y las consideraciones que les ha venido guardando, se han obstinado en hacer, fuera y dentro del país, una campaña sorda y hábil que el Ejecutivo federal hizo conocer hace dos meses a uno de los gerentes de las propias compañías, y que ese no negó, y que han dado el resultado que las mismas compañías buscaron: lesionar seriamente los intereses económicos de la nación, pretendiendo por este medio hacer nulas las determinaciones legales dictadas por las autoridades mexicanas. Es la misma soberanía de la nación, que quedaría expuesta a simples maniobras del capital extranjero, que olvidando que previamente se ha constituido en empresas mexicanas, bajo leyes mexicanas, pretende eludir los mandatos y las obligaciones que les imponen autoridades del propio país. Se trata de un caso evidente y claro que obliga al gobierno a aplicar la Ley de Expropiación en vigor, no solo para someter a las empresas petroleras a la obediencia y a la sumisión, sino porque habiendo quedado rotos los contratos de trabajo entre las compañías y sus trabajadores, por haberlo así resuelto las autoridades del trabajo, de no ocupar el gobierno las instalaciones de las compañías, vendría la paralización inmediata de la industria petrolera, ocasionando esto males incalculables al resto de la industria y a la economía general del país.

Sus más cercanos lo rodeaban, como si quisieran protegerlo de sus propias palabras. Suárez se hallaba receloso, Ávila Camacho y Múgica parecían sus custodios. Se acercó más al micrófono:

—¿Quién no sabe o no conoce la diferencia irritante que norma la construcción de los campamentos de las compañías? Confort para el personal extranjero; mediocridad, miseria e insalubridad para los nacionales. Refrigeración y protección contra insectos para los primeros; indiferencia y abandono médico y medicinas siempre regateadas para los segundos; salarios inferiores y trabajos rudos y agotantes para los nuestros. Abuso de una tolerancia que se creó al amparo de la ignorancia, de la prevaricación y de la debilidad de los dirigentes del país, es cierto, pero cuya urdimbre pusieron en juego los inversionistas que no supieron encontrar suficientes recursos morales que dar en pago de la riqueza que han venido disfrutando.

Múgica mueve los labios, se ha aprendido de memoria las palabras que él mismo redactó y que su discípulo, convertido en maestro, expresa con parsimonia, casi como si no supiera lo que entrañan:

—Es preciso que todos los sectores de la nación se revistan de un franco optimismo y que cada uno de los ciudadanos, ya en sus trabajos agrícolas, industriales, comerciales, de transportes, desarrolle a partir de este momento una mayor actividad para crear nuevos recursos que vengan a revelar cómo el espíritu de nuestro pueblo es capaz de salvar la economía del país por el propio esfuerzo de sus ciudadanos. Nuestra explotación petrolera no se apartará un solo ápice de la solidaridad moral que nuestro país mantiene con las naciones de tendencia democrática y a quienes deseamos asegurar que la expropiación decretada solo se dirige a eliminar obstáculos de grupos que no sienten la necesidad evolucionista de los pueblos ni les dolería ser ellos mismos quienes entregaran el petróleo mexicano al mejor postor, sin tomar en cuenta las consecuencias que tienen que soportar las masas populares.

Al terminar sus palabras, el presidente no quiso escuchar a nadie. Se recluyó en el Salón Turco del Palacio Nacional, con la presencia sola de Múgica y Eduardo Suárez. Les dijo que podían regresar a casa poco antes de la madrugada, y él mismo regresó a Los Pinos.

Empieza una nueva era para el país, una donde podrían administrar lo que de sus tierras manara. Los telegramas comenzaron a llenar las oficinas de su casa y de Palacio casi de inmediato. La mayoría de apoyo incondicional a la disposición de expropiar los bienes. El país no sufriría en esta transición, no sufriría más al ser explotado en su propia tierra. El subsuelo también era de los mexicanos.

Dos días después, como si nada hubiese ocurrido en la vida política del país, cita a sus amigos para un día de campo. Como es su costumbre, el presidente sugiere a su familia y a sus ayudantes treparse a los automóviles y hacer uno de sus paseos habituales al Nevado de Toluca. Se van en varios coches con los amigos y colaboradores Alberto Cárdenas y su esposa Josefina Anaya, don Cándido Solórzano, Raúl Castellano y su esposa Consuelo Martínez Báez, Miguel Arteaga y su esposa Amelia Anaya, el mayor Ignacio Rosas, el capitán Lino Salcedo, Virginia Solórzano, mucha gente de su familia. Comen en las faldas del Nevado.

Solo Cándido Solórzano y Alberto Cárdenas lo acompañan, junto con dos ayudantes, a hacer el ascenso a pie hasta que comienza a nevar. Cuando regresan a la *lagunita*, la capa de nieve que cubre los coches hace difícil el regreso.

En su libreta chica de pasta azul escribe unos renglones sobre la expropiación, pero no le dice a nadie nada de lo ocurrido dos días antes. Los telegramas de solidaridad de todo el país le daban confianza en que podría afrontarse cualquier reacción de las compañías o los países afectados.

A todos les advierte que no quiere que se hable de la expropiación.

—Venimos a disfrutar —les ordena.

¿Desde cuándo había pensado que el paso era inevitable? El tema de la expropiación de las compañías petroleras lo había preocupado desde el inicio de sus días como presidente, pero hacía por lo menos tres meses que no lo dejaba dormir. Ahora, al fin, se había tomado la decisión.

A Amalia le dijo la noche anterior:

—Chula, creo que se debe invitar a la mujer a una participación directa y motivarla en este momento en que es urgente la presencia de todos los mexicanos. Hay que hacer labor en las escuelas, en las familias. Necesitamos hacer un llamado nacional a la unidad. Despierta a Cuauhtémoc, no importa que sean las doce de la noche.

Bajó con el niño al despacho. El general se quería tomar una fotografía con su Cuate para que el hijo no olvidara el momento. Medio dormido, recargado sobre un mueble, Cuauhtémoc posa. Los ayudantes no se han ido a dormir, ni los taquígrafos, por si el general aún quiere dictar algo.

El día 19 firma el decreto a las 3 horas. Escribe con seriedad histórica, sabiendo que es quizá su verdadero legado político: «Con un acto así, México contribuye con los demás países de Hispanoamérica para que se sacudan un tanto la dictadura económica del capitalismo imperialista».

Es cosa, tan solo, de esperar las consecuencias.

* * *

La muerte está siempre más cerca de nosotros de lo que creemos. Nos pisa los talones. Lo que menos se le puede ocurrir a un simple ciudadano es salir de su edificio, acomodarse el sombrero, revisar que los borceguíes estén bien lustrados y escuchar entonces un grito espantoso de alguien en la acera de enfrente que ha visto cómo un hombre salta de la ventana de ese mismo edificio, desde el séptimo piso, y se arroja sin encontrar una salida a los problemas de su vida. Pues bien, queridos lectores —escribe aún presa de la zozobra y el pánico Eduardo Téllez esa tarde en su máquina del diario—, eso es lo que me ocurrió a mí la mañana de ayer al abandonar a las siete cuarenta y cinco el edificio Ermita para trasladarme a la redacción de este periódico.

Mi mente se hallaba en otro lado, preocupada con un caso criminal que estaba investigando y del que los atentos lectores se enterarán en días próximos, por lo que al principio, quizá por un segundo, no reparé en el grito de la mujer en la acera de enfrente. Un grito que pronto vino a instalarse en mi conciencia, porque era un alarido de terror. Miré a la persona de la que salía tan horrendo ruido. Era una mujer baja, regordeta, como de unos cincuenta años, con una bolsa del mandado que dejó caer en el suelo para señalar, aún presa del pánico, al cielo, a las nubes, yo qué iba a saber a qué cosa. Volteé de inmediato a mirar el objeto o lo que fuera a lo que su dedo apuntaba y vi caer un bulto gris, un bulto enorme, a una velocidad inapropiada para un bulto, a menos que fuera… Yo también grité entonces, sin poder contenerme, e hice aspavientos. Un hombre vestido de traje gris venía cayendo, desde los aires, a un ritmo imposible. Un hombre que pronto fue un amasijo de carne y sangre y materia gris salpicada en la acera, en las paredes, en un farol del alumbrado público. El ruido que hace un cuerpo al caer es difícil de narrar. Es un ruido primero sordo, como el de una piedra golpeando en otra, pero pronto te percatas de que ese ruido en realidad es húmedo, lleno de los líquidos del cuerpo que el golpe deja salir, expulsándolos como cataratas. Lo que quedó de ese hombre, cuya forma dejó de tener forma, estaba allí a menos de un metro de mí. Su sangre me había salpicado, mis anteojos tenían pedazos de piel o de víscera. Todos nos habíamos detenido, sin saber qué hacer. Sin ánimo alguno de acercarnos al despojo humano que en la caída, o por el impacto, había perdido uno de los zapatos. Me fijé en el otro, perfectamente lustrado. ¿No es un poco absurdo, me pregunto ahora mientras escribo esta nota, que un testigo presencial de una tragedia tan mayúscula se fije en un detalle tan insignificante como el hecho de que los zapatos del occiso estuvieran relucientes? ¿O es acaso que ese nimio hecho revela qué tan frágiles somos los seres humanos? Imagine el lector el caso. Un individuo está anudándose el nudo de la corbata, lleva un hermoso traje gris, mira sus zapatos negros muy boleados y antes de colocarse el sombrero y salir como todos los días de casa rumbo a la oficina, abre de par en par la ventana de su departamento en el piso noveno, toma impulso y sin ningún reparo se lanza al vacío.

Pues ese es, precisamente, el caso que nos ocupa y que este reportero presenció aterrado a escasos centímetros de la tragedia que, literalmente, vino a salpicarlo con todo su dolor. Fui testigo presencial de lo ocurrido, junto con la mujer de la acera de enfrente que resultó llamarse, cuando rendimos nuestras respectivas declaraciones, María Menchaca, vecina de Santa María la Ribera, y quien afirmó estar a punto de subirse a su tranvía cuando dejó escapar un hondo suspiro y ese gesto, mecánicamente, la llevó a hinchar el pulmón y a mirar hacia las nubes. El suspiro, lejos de provocarle el alivio que buscaba a sus propios conflictos en los que no abundó, se trastocó en un grito de terror cuando en lugar de contemplar una de las escasas nubes de esa mañana de marzo vino a ver, como una ráfaga, caer a un hombre entonces anónimo cuyo cuerpo quedó despedazado en el concreto. Nos dejaron ir pronto por ser de escasa valía nuestro testimonio, lo que le permitió a quien esto escribe regresar a su edificio, una joya del *art déco* construida por el arquitecto Juan Segura, por cierto, a realizar algunas indagaciones. Por supuesto que antes de atreverme a cuestionar a nadie sobre el interfecto ingresé a mi domicilio, me di un largo baño y me cambié las maltratadas ropas que pienso llevar tan pronto tenga tiempo a mi tintorería de siempre en la calle de Dolores. Ya aquí he escrito en otras ocasiones sobre lo extraño que me parece que en nuestro país el barrio chino se limite a una sola calle y sobre los misteriosos locales que guarda el lugar. Hoy solo me corresponde ponderar el aseado trabajo de Jacinta Chen y sus hijos cuando se trata de dejar albeando las ropas de sus clientes.

Dirán mis escasos lectores que me he ido por la tangente, pero recuerden que ese tiempo lo dediqué a otros menesteres en nada relacionados con la pesquisa de indagar quién era mi vecino suicida. El ascensorista es un hombre afable y dicharachero: Félix. Pues de él supe muchas de las señas. Felipe Burgos, soltero, cuarentón —no sé si eso quiera decir cuarenta y uno o cuarenta y nueve, pero en fin—, vendedor de comercio, salía frecuentemente de viaje al interior con sus muestras de textiles. Silencioso pero muy amable. No le conoció ninguna visita en su tiempo viviendo en el Ermita, tres años exactamente, ya que fue uno de los primeros inquilinos. En el Ministerio Público me había enterado de otras características recogidas por los agentes: 1.70, aproximadamente 80 kilos, caucásico, sin señas particulares. ¿Cómo va a tener señas particulares un individuo, me pregunto, cuya mayor *seña* consiste en haber quedado desfigurado e incompleto? Pero los formularios deben llenarse en todos sus apartados, caprichos de la burocracia. Si no escribí esta nota para ustedes el día de ayer no fue por pereza, vicio que me asalta de vez en cuando, sino porque estos datos en sí mismos podrían frustrar a cualquier lector. Hoy por la mañana pude enterarme de otros particulares que añaden interés a nuestra historia. Felipe Burgos era de origen taciturno, pero un jugador empedernido. Sus magras ganancias en el póquer jugado en garitos clandestinos eran seguidas de fuertes pérdidas, ya que la suerte es, lo sabemos bien quienes nos dedicamos a este duro oficio de la nota policiaca, una señora muy caprichosa. Nuestro hombre estaba en una de esas rachas malignas que los jugadores no pueden controlar. Perder es más adictivo que ganar. Siempre se piensa que algún milagro inclinará la balanza a nuestro favor. No fue el caso de nuestro suicida de marras. Durante los últimos tres meses, como el país, fue adquiriendo deudas impagables y comenzó a recibir amenazas de muerte de sus acreedores. El miedo se apoderó del viajante y la paranoia lo hizo cometer esa locura de arrojarse por la ventana. No dejó ninguna nota aclaratoria, quizá porque no tenía ningún pariente cercano, una dama querida, un hijo afligido al cual explicarle el arrebato. O porque fue eso, un arrebato que escapa a la razón. Lo triste del caso es que Felipe Burgos no nos podrá explicar nunca qué lo llevó al suicidio. Nosotros, por nuestra parte, sí podemos pensar en su caso como una advertencia para quienes se dejan poseer por el juego o el vicio y no pueden sustraerse a sus malas mañas. Toca a la policía encontrar a los perseguidores de nuestro jugador y clausurar esos antros clandestinos que han proliferado desde que nuestro actual presidente decidiera cerrar los casinos y lugares de juego en la República.

Sé que mis queridos lectores están más ocupados estos días en las vicisitudes de nuestro país, que ha tomado tan trascendente y temeraria decisión como es expropiar las compañías petroleras, y que nuestra propia suerte está en vilo. En estos momentos de zozobra, ¿qué caso puede tener ocuparse de un hombre anónimo, cuyo recuerdo nadie va a llorar? La muerte de un ser humano se conjuga siempre en presente de indicativo. Y se llora, aunque sea en silencio.

El Güero termina de escribir su reportaje, lee la última frase y siente sus propias lágrimas. Hace tiempo que no lloraba. Esas lágrimas, lo sabe bien, no son por Felipe Burgos, son por Estelita. Su desaparición, también, se conjuga en presente, y no tiene futuro. Entrega su nota y sale a la calle. Es 28 de marzo, día de su cumpleaños, y a él, como al suicida, nadie lo ha felicitado. Se va solo al bar del recién inaugurado hotel Reforma. Los bares de hotel, por estar repletos de viajeros fugaces, son menos tristes que donde los habituales dialogan las mismas penas de siempre con los cantineros.

Además, Téllez no pensaba estar solo. Había invitado a Treviño a unas copas. Ante la ausencia de Filiberto García se habían suspendido las partidas de dominó. El ministerio público, que no tenía guardia esa noche, ya estaba allí con un jaibol.

—Se esconde, mi Güero. Se nos pierde. Y de buenas a primeras una llamada intempestiva y usted se acuerda que tiene amigos.

—El trabajo, Treviño, y la mudanza reciente me han tenido fuera de servicio. Pero basta de reproches, ya estamos acá y veo que usted no se maltrata. Voy a pedir de una vez para entonarme.

—¡Salud, tunde teclas! —le dijo Treviño cuando le trajeron su bebida. Chocaron los vasos.

—Ni tanta, ¿ya vio a cómo está el dólar? Seis pesos. El doble de lo que costaba antes de la expropiación.

—Pero Lombardo tiene la solución, que todos hagamos un sacrificio económico y donemos a la nación lo que podamos, desde unos centavitos hasta nuestra enorme fortuna.

—¿Ya vio que se va a permitir el consumo de mariguana? El presidente quiere legalizar la droga. O más bien Salazar Viniegra. Bienvenidos los paraísos artificiales.

—No se puede pelear la guerra por todos los flancos. Mejor así, que el gobierno se concentre en ver cómo pagamos la indemnización por el petróleo. Los gringos nos van a acabar. Dudo que pase ese proyecto de ley. El Trompudo está preocupado por otras cosas, no por los drogadictos.

—Se rumora que serán los ingleses quienes nos invadan.

—No lo creo, Treviño. También se dice que si eso ocurre hay regimientos del ejército con órdenes de dinamitar todos los pozos petroleros.

—¡Ni para Dios ni para el Diablo!

—Y ahora Lola «La Chata» encerrada en Lecumberri. Desde allí seguirá vendiendo. ¿No dicen que cuando la agarraron en el treinta tenía su propia peluquera dentro?

—Con dinero baila el perro. Lola controla toda la venta de droga, dentro o fuera del tambo. Ya ocurrió otras veces con ella. Desde La Merced o en la cárcel va a seguir siendo quien vende. Ella y su gente.

—¿Leyó la carta de Salazar Viniegra, el director del departamento de Toxicomanía, a Dolores Estévez?

—Sí, ¿a usted qué le parece?

—«Yo tenía por cierto —contesta Téllez imitando la voz del siquiatra Salazar— que usted, Chata, digo, Lola, era una mujer joven, hermosa y seductora, y me inquietaba el momento en que usted se me presentara para ejercitar sus dotes tratando de obtener mi complicidad, porque soy (y esto se lo digo confidencialmente) hasta sensible a los encantos femeninos.»

—¡Hasta sensible! ¡Hágame el favor!

—Déjeme terminar, Treviño: «Esto dígoselo para su satisfacción: no ha disminuido mi admiración para usted. Después de esta carta casi me sentiría obligado a echarle mano, pero (y perdóneme la inmodestia) mis conocimientos en el problema no me permiten ser optimista. Espero, Lolita, que ya tendremos ocasión de seguir tratando estos tópicos. Hasta entonces».

—La agarraron en su puesto de barbacoa en La Merced y ya cantó. Acaba de caer el primero —le confiesa Treviño—, hace una hora. Nada menos que Luis Huesca de la Fuente, ¿lo conoce?

—Me ofende, Treviño. Todos estos años dedicándome a la nota policiaca. Pero si el antiguo jefe de la policía de narcóticos del Departamento de Salubridad Pública está metido hasta las narices en el negocio, hay muchos más implicados. ¿No fue él quien realizó el cateo en el cabaret Waikikí?

—El mismo que canta y baila.

—Ahí *decomisó* doscientos cincuenta papelitos de cocaína y heroína. Parece que cambió el contenido por bicarbonato y revendió el botín. La bronca es que la droga era propiedad de Lola. Y se la cobró, denunciándolo.

—Por supuesto, Güero. Pero Huesca va a ser el chivo expiatorio, nada más. Como siempre. ¿O usted cree que van a dejar caer tan lucrativo *negocito*?

—Me tocó hacer un reportaje el año pasado que, como usted no lee, pues seguramente ni vio. La idea era hacerme pasar por mariguano. Entré en el callejón de San Camilito pidiendo un poco de *cola de borrego*. Era como comprar jitomates. De verdad. Se peleaban por venderme. El Loco Luis, el Calabazo, el Polavieja y el Coronel. Todos con mejores precios. La cosa es que los susodichos, después de una lanita, me contaron de sus clientes. Puro fufurufo. Todos adeptos a *doña Juanita*. Actores, segundas tiples, músicos, intelectuales, funcionarios del gobierno. Y claro, mecapaleros, magdalenas y chulos del salón Smirna y los ya sabidos soldados y gendarmes. «¡A todos vence la mariguana que da la ciencia del Ramayana!», como dice la canción.

—¿Y sacó usted nombres?

—No me lo permitió mi director. Ahí está la bronca, todos los implicados son muy influyentes. Uno de estos días quiero hacer un reportaje más colorido y más amplio sobre el consumo de la *dama blanca*. Ahí sí que van a caer varios. El lugar donde más se vende, me han dicho, es El Silencio, en la calle Camelia. ¿Me acompaña un día?

—Nomás que regrese el capitán García. Yo ni madres voy solo sin protección. ¿No le parece más prudente, Téllez?

—En fin, ¡salud! ¡Por el futuro de la patria!

# XIII

## En la guarida del lobo

Todos sus allegados temen el telefonazo matutino. Es costumbre del general Cárdenas hablar directamente por teléfono con sus ministros muy temprano por la mañana y anunciarles intempestivamente: «Haga una pequeña petaca y véngase a Los Pinos, que salimos de gira». A los invitados especiales los convoca el secretario particular de la misma forma. Ninguno tiene idea del lugar al que irán. Ese secreto es una especie de juego privado que agrada al presidente y además le permite, como buen militar, caer en medio de la batalla sin ser esperado. Sorprender al enemigo es una de sus estrategias favoritas.

En esta ocasión confió a su secretario de Gobernación Ignacio García Téllez, a Gabino Vázquez, al coronel Manuel Núñez y al mayor Luis Rivas López, de su ayudantía, así como a su particular, Luis I. Rodríguez, el propósito del viaje hasta que estuvieron a bordo. El más asustado fue García Téllez.

—¿A San Luis Potosí?

—Así es. Hay que enfrentarse al enemigo antes de que se haga fuerte.

—Fuerte ya es, los informes que le pasé hablan de al menos cuatro mil efectivos, posibles armas suministradas por los alemanes, incluso algunos aviones. Eso no es lo más preocupante, sino todo el pueblo de su estado, que lo idolatra, posiblemente armado.

—¿Tiene miedo, licenciado?

—Sí, para qué le miento. No por mí, sino por el presidente de la República. Es usted el enemigo número uno de Cedillo.

—Vamos por partes. Yo soy amigo de Cedillo y él le ha prestado muchos servicios a la Revolución. Tengo suficiente confianza en que si voy a su casa aceptará hablar conmigo y tendré la oportunidad de convencerlo para que se reintegre a su deber.

—Con todo respeto, señor presidente, no creo que el general Cedillo esté en posición de entender. Es un hombre irresponsable. Un loco. Usted le envío hace apenas un día una carta conciliatoria y fue nuevamente grosero. No con su persona, con su investidura.

—Vamos a ver. Vamos a ver.

No volvió a hablar en todo el viaje. Se encerró en su habitual mutismo. No quiso dar audiencia ni acuerdo a ninguno de los acompañantes de su escasa comitiva. Quería reflexionar. Lo acompañaba la razón, tenía que hacer entender, si no a Cedillo sí a su gente, de lo absurdo a estas alturas de un nuevo levantamiento armado, que además sería fácil sofocar. Había que ir al lugar de los hechos no como lobo disfrazado de cordero: no se va a la guarida del lobo así, a riesgo de ser devorado. Hay que mostrar seriedad y un inamovible deseo de actuar conforme a la ley. Si el general Cedillo desiste de su negativa a reincorporarse al ejército y acepta su propuesta de ocupar la jefatura de Operaciones de Michoacán, será un triunfo completo. De lo contrario tendrá que oponerse a toda rebelión y obligarlo a salir del país. En eso él está claro y no piensa transigir. A otro con el cuento de que se dedica a la agricultura, cuando ha pedido que todos los efectivos de su estado se congreguen a pase de revista.

Antes de llegar a la ciudad pidió que detuvieran el tren, prefería entrar en automóvil, en medio de la gente. Saturnino Cedillo, a pesar de las reiteradas invitaciones a platicar, se había retirado a Palomas, desairando al presidente. Su negativa a conferenciar era previsible. Al menos había permitido que el gobernador del estado, uno de sus fieles lacayos, estuviera en la comitiva. Había que rendirle los honores al primer magistrado de la nación.

El general, mirando a la muchedumbre, decidió bajar de su automóvil y recorrer a pie la distancia que faltaba hacia la Plaza de Armas. A los lados de la calle hileras de campesinos y de indios —probablemente armados, había prevenido García Téllez, aunque sea con machetes— lo miraban sin decir palabra, mudos. Indispuestos para el vítor o el aplauso. Cárdenas no estaba acostumbrado a entrar así en ningún lugar. Había recibido confeti, aplausos, música de banda en sus últimas visitas. A la alegría y el azoro de ver por primera vez a un presidente aquí la sustituían la desconfianza y el acecho, como si todos esperaran solo una orden, una señal para abalanzarse sobre la comitiva y destruirla a golpes. La hostilidad tiene aroma, un aroma pútrido.

Camina con los suyos media cuadra, nadie se mueve en la valla humana que lo rodea, hay un ambiente de emboscada. El general Genovevo Rivas Guillén, comandante de la zona militar, lo saluda cuadrándose y luego le da la mano. Procede al fin a saludarlo el gobernador, coronel Hernández Netro. Lo saluda sin efusión, pero nota en él un especial nerviosismo. Le sudan las manos, no se atreve a mirarlo a los ojos. Los ojos claros del general Cárdenas siempre han producido miedo. Al general siempre le han molestado los saludos timoratos, las manos oleaginosas, la zalamería de los *neutros*. Múgica le había dado a leer una versión condensada de la *Divina comedia*, ahí leyó que Dante no le reserva un especial tormento a los neutrales, pero los deja vagando sin poder acceder ni al perdón ni al castigo. De los timoratos es la peor condena, una eternidad sin resolución alguna. Vamos a ver quién está con quién, se dice, y sube al balcón del palacio de gobierno, desde donde habla a los reunidos, esos hombres ofuscados, engañados, temerosos. Esos hombres de maíz y tierra que él conoce bien. El gobernador está a su lado izquierdo; a su lado derecho, el general Rivas Guillén. Esperan que pondere al mandamás verdadero de la región, que hable a favor de su verdadero jefe, que se refiera laudatoriamente a Cedillo:

—Al asumir la primera magistratura del país, me hice el propósito de velar por que en todo el territorio nacional se mantuviera la paz, ya que de ello dependen la prosperidad y el bienestar del pueblo, y entendí que la tranquilidad pública solo podría mantenerse atendiendo a los anhelos espirituales y económicos de la población mexicana, en la que representa una gran mayoría la masa que ha vivido en la miseria y en el desamparo. Por eso es que el gobierno a mi cargo ha dedicado especial atención a los problemas de la tierra, del obrero, y muy particularmente, del indígena.

Hace una pausa teatral. Los mira a todos detenidamente, como si no hablara al gentío, sino a cada uno. Nunca ha sido un gran orador, su discurso es pausado, poco enfático, pero algo en él termina por convencer, quizá porque tiene algo de predicador o de vendedor ambulante, como esos viajantes que vendían elíxires y jarabes en los pueblos más recónditos.

—Hay quienes quisieran que el poder público se desentendiera de la organización de las clases trabajadores —continúa—, abandonándolas al capricho y al criterio de los poseedores de la cultura y la riqueza. La Revolución no sigue ese criterio. La Revolución plantea y organiza para un mejor bienestar del pueblo.

Luego habla de la expropiación petrolera, del cuidado de los intereses del país frente a la rapiña extranjera. Parece tener a sus escuchas en la bolsa cuando, subiendo apenas la voz, les reclama:

—Y cuando de todo el territorio nacional concurre el pueblo a defender los intereses de la patria, amenazados por el orgullo de las empresas petroleras, penoso es confesar que en San Luis Potosí se habla de levantamientos, se alarma a los pueblos y se mantiene en constante inquietud a las familias, señalándose como causante de todo esto al general Saturnino Cedillo.

Se detiene una vez más con teatralidad. Mira al gobernador que nuevamente desvía los ojos, enrojece, está a punto de correr de allí e irse a lamer las botas de su ultrajado jefe. Cárdenas les hace el recuento de lo ocurrido con el viejo general revolucionario:

—La Secretaría de la Defensa Nacional dispuso su salida, designándolo jefe de la 21ª Zona Militar en Michoacán. Lo hicimos aun a sabiendas de la labor subversiva que venía desarrollando tanto en esta entidad como en otras de la República, por medio de conocidos agentes que han recorrido el país y el extranjero buscando prosélitos para una rebelión, sin conseguirlo. Agentes de las compañías petroleras han venido también, antes y después de la expropiación, queriendo encontrar traidores.

Mira a los militares que lo acompañan en el palco. Que les quede claro que sabe de qué habla. Que los que lo escuchan abajo sepan que sabe quiénes son esos traidores.

—El referido general Cedillo se ha negado a aceptar la oferta de la Secretaría de la Defensa y ha solicitado su baja del ejército, pretextando encontrarse imposibilitado por una enfermedad para ir a desempeñar la comisión conferida por la superioridad y el Ejecutivo federal. El general Cedillo está en condiciones de desempeñar este servicio, pero hemos acordado actuar de conformidad con su solicitud, otorgándole la baja. La prensa de la Ciudad de México me ha preguntado si se sublevaría el general Cedillo. Contesté categóricamente que no habría tal sublevación. Y aseguré esto porque tengo plena confianza en que aun aquellos elementos que actúan incondicionalmente a la voluntad de un hombre, sabrán comprender que primero está la patria. El pueblo potosino debe tener absoluta confianza en los elementos del ejército nacional que han sido destacados en diferentes lugares de la entidad. Vienen a convivir como hermanos y a darles seguridades en sus actividades de trabajo. Las autoridades locales tendrán el apoyo del gobierno federal para que cumplan con las responsabilidades que tienen, ante todo su pueblo, de atender los problemas e inquietudes.

Lo ha dicho todo. Hay unos aplausos timoratos, luego algunos ferrocarrileros gritan consignas a favor del presidente. Con frialdad la gente comienza a dispersarse cuando Cárdenas deja el balcón y se adentra en el despacho del gobernador.

Escuchan el motor de un avión, tres bombas que caen con apenas unos minutos de intervalo en las cercanías. ¿Se atreverá a atacarlo en la sede de gobierno? Nadie se inmuta. El presidente da la orden al jefe de la zona de investigar el origen de las explosiones. Son, con toda seguridad, de los aeroplanos que le quedan al dueño de Palomas. El gobernador se disculpa y convida al presidente a un banquete. Los invitados son, por supuesto, cedillistas, pero también ricos de la ciudad y algunos líderes agraristas.

Otro avión pasa volando bajo, con su estruendo que impide la conversación. Temen que sea otra bomba y que el general Cárdenas se haya venido a entregar en la guarida del alzado. Sin inmutarse, el general vuelve a pedir que vayan a ver de qué se trata. Este avión no ha lanzado ninguna bomba, solo panfletos. Cientos de miles de panfletos han venido a caer en las manos de los convocados al mitin presidencial. Las hojas volantes son una amenaza directa del viejo revolucionario, que las firma con su nombre. El gobernador vuelve a enrojecer cuando el coronel Núñez enseña una de las proclamas al presidente, quien lee:

—«¡Lázaro Cárdenas quiso humillarme, quiso despreciarme,

pero le va a costar caro! ¡Ninguno se ha burlado hasta ahora de un Cedillo! ¡Me gustaría morir como los míos, en la mera raya! ¡Así ha muerto casi toda la familia! ¡Ya traíamos la fatalidad en la sangre!»

El panfleto también está firmado por el gobernador Mateo Hernández Netro.

El presidente no se inmuta. Deja el papel sobre la mesa y sigue comiendo la sopa con desesperante parsimonia. Más tarde se retira a la finca Villahermosa, que ha sido acondicionada como su cuartel en San Luis. Un general necesita un cuartel si viene a la guerra. Y lo que quiere Cedillo, qué lástima, es un enfrentamiento a toda lid. Pero el general pasa ya de los sesenta, es casi analfabeto y tiene escaso apoyo fuera de su terruño, piensa Cárdenas y no la emprende con violencia. Se trata de hacer sentir la fuerza, no de ejercerla del todo. Y mientras el regimiento de Turrubiates —que ya se ha reportado, anunciando pequeñas escaramuzas en el interior del estado— utiliza las armas, él recibirá a la gente, otorgará perdones a quienes se desarmen, y tierras. Por la noche pide que aprehendan al gobernador cedillista. Ha huido a Palomas, le informan. Nombra al general Pérez Gallardo como gobernador interino.

Ya veremos, ya veremos, se dice esa noche antes de dormir.

Curiosamente, por primera vez en meses, duerme a rienda suelta.


Las siguientes tres semanas permaneció en la ciudad, controlando a sus *tropas* civiles. Imprimió panfletos y volantes que también tiró desde los aires en aviones oficiales. Eran distintos a los de Cedillo: invitaciones a deponer las armas, llamamientos a la lealtad. Cientos de campesinos se presentaron con las tropas federales entregando sus armas. Cárdenas y Gabino Vázquez repartían arados y mulas para la labranza. El ejército, por su lado, acorralaba al lobo y a los cercanos, que se escondían cada vez más lejos, en la sierra. No todo iba a ser sencillo. Un avión de Cedillo tiró una bomba en la propia finca Villahermosa, donde se hospedaba Cárdenas, destruyendo apenas un muro, pero poniendo sobre aviso al general. Los aviadores del ejército mexicano ingresaron al espacio aéreo potosino en respuesta, comandados por el general Lezama. Iniciaron los bombardeos y el uso de ametralladoras instaladas en los aviones federales en zonas cedillistas. El ejército recuperó un avión de los rebeldes en la población de Zenzontle. El 22 de mayo rinde parte el general Genovevo Rivas Guillén de las acciones en contra del rebelde ante el secretario de la Defensa, Manuel Ávila Camacho, que ha ido a acompañar al presidente desde la frustrada bomba contra Villahermosa.

En Rincón Hondo y Ciudad del Maíz hubo enfrentamientos más violentos de lo habitual. Fueron sofocados. Las tropas de Cedillo volaron el tren México-Laredo. Cárdenas intensificó el cerco.

Cayó la finca de Palomas, que entró en posesión del gobierno.

En La Sauceda el combate fue encarnizado desde las seis de la mañana hasta las dos de la tarde, pero terminó con el triunfo federal. A finales de mayo la rebelión había sido sofocada, solo faltaba encontrar al forajido, que estaba escondido en algún lugar de la sierra potosina.

El general volvió en el *Olivo* a la Ciudad de México a principios de junio, cuando supo que la persecución iba a durar un tiempo, pero ya fuera de peligro. Se había jurado un día que no volvería a ocurrir un Huitzilac en México, y lo había logrado.

Esa misma semana, curiosamente, recibió a Martín Luis Guzmán, que estaba de regreso en México. Le propuso que fuera a corroborar el reparto de tierras en Yucatán, que escribiera sobre ese lugar mágico del país donde al fin parecía hacerse justicia. El escritor aceptó. De su enfrentamiento con la dura realidad de la oposición oligárquica a la *casta divina* surgió un texto luminoso, *Maestros rurales, Kinchil*, pero no el optimismo que el presidente le había contagiado.

Guzmán le escribió desde Mérida una larga carta al presidente agradeciéndole la oportunidad, pero igualmente anunciándole los desvíos del programa revolucionario por parte del nuevo gobernador Canto. También incluía una copia de su relato. El general leyó el final la madrugada del 16 de junio en su despacho de Los Pinos:

> […] al tercer día de presentadas nuestras peticiones, los latifundistas hallaron modo de vengarse. Esa tarde, para cumplir deberes piadosos, Felipa Poot y otras tres compañeras fueron de visita al cementerio.

Llevaban flores a sus difuntos. De regreso, ella se retrasó. Venía sola, ya algo envuelta en la sombra de la noche, que iba acercándose. De pronto, ella absorta, le salieron al camino varias mujeres que la habían esperado ocultas entre las matas. Empezaron a gritarle injurias y a tirarle piedras. La alcanzaron; la hicieron detenerse; la obligaron a caer en una zanja. Y una vez de bruces allí, sin más defensa que su rebozo, siguieron apedreándola hasta matarla.

La muerte de Felipa Poot, crimen horrible, nos llenó de luto el alma. ¿Cejamos por eso en lo que nos proponíamos? Ni un solo paso.

Seguí con mi obra adelante.

El general llora. Hace tiempo que se contiene, pero ahora no puede. El llanto le sale sin avisar, como un brote de agua que recién empieza. Es un llanto limpio, es un río de dolor y de impotencia. Aunque Guzmán escriba que el maestro rural que ha alfabetizado a Felipa no va a cejar en su misión, aunque él mismo no piense dar ni un paso atrás, esta noche se siente solo. Se siente débil.

En los brazos de Amalia sigue llorando. Ella lo consuela. Le pregunta, con ternura:

—¿Algo malo?

—Nada, Chula. El simple oficio de servir.

\* \* \*

Filiberto García también gusta de las sorpresas. Y más aún si son gratas. Así como no le agradan los malos chistes, tampoco disfruta las malas nuevas. Pinches malas noticias, siempre llegan cuando uno no está preparado. Aunque si a esas nos vamos, tampoco se está preparado para las buenas. Cuando salió a finales del año pasado a San Luis no sabía la cantidad de sobresaltos que tendría su labor de informante para la Secretaría de Gobernación. A principios de marzo un escritor británico, Graham Greene, fue a visitar al general Cedillo a Palomas y lo enviaron a seguirlo, sin despegarse de él. Se hospedó en el hotel Progreso. Ahí cambió Filiberto su habitación. Hizo dos viajes a Palomas. Filiberto no sabía, ni le interesaba, si servía a su majestad o a las compañías petroleras. Pinche inglés, no le gustaba nada. Regresó varios platos a la cocina tras la primera vuelta al rancho de Cedillo:

—No saben a nada —le dijo a su acompañante, el jefe de prensa de la embajada inglesa—. La comida mexicana si no tiene salsas picantes no tiene nada. Carne anónima, un plato de frijoles, estos montoncitos de piel y huesos que llaman pollo.

Aprovechando que el escritor seguía bebiendo ginebra, como su amigo Téllez, hasta altas horas de la noche, se coló subrepticiamente a su cuarto. Libros abiertos encima de la cama, un reloj de pulsera, tres billetes mal doblados y una libreta pequeña en la que anotaba con una minúscula letra perfecta sus impresiones. García tuvo tiempo de copiar un par de fragmentos: «San Luis es un pequeño reducto capitalista dentro de un México socialista, regido menos por el gobernador que por el general indígena Cedillo. Hace un año que se habla de rebelión con él como su líder. No es católico, pero sí su hermana, muy devota, con la que me entrevisté antes que con el general. De hecho Cedillo sofocó la rebelión católica en Jalisco. Hay muy malos hoteles aquí. Los turistas no bajan del tren, incómodos por ello. Huelen a orines. La administración municipal es un desastre. Cortan el agua por las noches. En México no se puede escribir en pasado. Allí todo se repite, hasta los sacrificios humanos de los aztecas; la vejez de México cae sobre el espíritu como una nube».

Filiberto entiende más o menos el inglés por haber vivido un par de años en Texas, antes de la rebelión de Agua Prieta. Pero no intenta comprender, solo espera poder copiar más antes de que entre a dormir. «En Palomas está uno de los ojos de San Luis. Se ofreció un almuerzo al gobernador de Texas. Un anciano alemán, profesor de inglés y amigo del párroco, para el que traía cartas de recomendación de Acción Católica, me llevó con Cedillo. Cuatro horas en automóvil. Nos instalaron en un viejo *bungalow* junto a otro más nuevo que nos dijeron era el del general. Nos ofrecieron camas, pero preferimos quedarnos sentados. Cuando al fin lo conocí me dijo que esa noche no podía contestarme mis preguntas. Cuando amenacé con retirarme por otros compromisos, bufó y accedió a atenderme. Se sale por la tangente. Apoya y no las medidas agrarias. Tolera la religión pero no es católico. Sus amigos lo extorsionan y él extorsiona al estado para conseguir dinero. Emplea la palabra democracia solo porque se la han enseñado. Todas sus frases empiezan con un pero. Hay unas mujeres bonitas, indias solícitas y núbiles, pero una mujer en San Luis me advirtió que no las viera: el general es muy celoso. La hermana de Cedillo venía con una india y con otra mujer muy sofisticada, vestida de negro, que se veía no era del lugar. La hermana la jaló con violencia del brazo cuando se detuvo delante de mí, como si quisiera decirme algo. Me asombraron sus ojos tristes, ojos de desierto».

Filiberto García escuchó los pinches pasos del inglés y la llave introduciéndose en la cerradura. Tuvo que salir por el balcón, con sus apuntes bien guardados en el bolsillo del saco. Los balcones se comunicaban entre sí y le fue fácil escapar sin ser visto. Tres ventanas después, aprovechando que estaba entreabierta, entró a otra recámara, providencialmente vacía. La suya estaba en otro piso y hasta allí se escabulló por los pasillos, aún temeroso de haber sido descubierto.

A la mañana siguiente envió por telégrafo en inglés las frases de Greene. Por teléfono su jefe le dijo que se quedara allí un par de semanas más.

—¿Quién seguirá al escritor? Tiene boleto de tren para la capital. Sale mañana a Buenavista.

—Ya nos encargaremos de recibirlo acá. Usted mejor vea cómo penetrar en Palomas.

—Imposible. Tiene pistoleros apostados en la carretera. Y ese camino no va a otra parte, solo a su rancho. Y adentro es, por lo que dicen, como un fortín. Tendría que encontrar un pretexto, lo veo difícil.

—Entonces quédese allí y escuche. Sobre todo abra bien las orejas, Filiberto.

Pinche coronel, qué fácil decirlo desde su despacho en la ciudad. A ver si de veras tiene tan abiertos los ojos, porque hasta en eso es pendejo. Las orejas no se cierran, siempre están abiertas.


Cuando el general Cárdenas llegó en mayo a San Luis, Filiberto seguía comisionado allí, con órdenes de reportar al mismo tiempo cualquier hallazgo a la Ciudad de México y al nuevo jefe de la zona militar, el general Genovevo Rivas. Luego se le encomendó acompañar al propio secretario Ignacio García Téllez

—Ya me han comentado acerca de sus servicios prestados en esta entidad, capitán García. A nombre de la Revolución, le estamos agradecidos.

A nombre de la pinche Revolución, pensó Filiberto, pero mejor respondió:

—A sus órdenes, licenciado, para lo que se ofrezca.

—Mañana vamos a tomar Palomas. Lo necesito allí. El general Henríquez entrará con caballería después de una primera refriega aérea. La misión es capturar al propio general Cedillo *con vida* —enfatizó largamente esta última frase—, esas son las órdenes del presidente. No quiere más derramamiento de sangre. Me han comentado sus superiores que es usted muy bueno con el gatillo.

—Solo cuando se ofrece. El demás tiempo es mejor que las armas estén bien dormidas.

—Pues no la use si no es necesario.

En la operación hubo dos muertos. Un soldado federal y uno de los allegados de Cedillo, un yucateco cuyo nombre Filiberto no recuerda. La mayoría había huido antes del lugar. Al menos el hombre más buscado del país no estaba allí. En grupos de diez se dispersaron por la finca, compuesta de diversas casitas pequeñas y de una casa grande, muy nueva —reconoció el lugar descrito por el inglés como *bungalow*—. Había seis mujeres dentro, tres de ellas mayores, vestidas de luto. Todas rezaban, hincadas, con los rostros tapados por los velos. García no comandaba su grupo, pero tenía la voz cantante:

—Levántense, que no es tiempo de andar rezando.

Los soldados las *ayudaron* a cumplir con la orden de Filiberto García.

—Soy María de la Luz, hermana del general Cedillo. ¡No me maten! —gritó la que parecía más vieja.

—A nadie se le va a matar, señora —siguió García—, considérese prisionera de guerra.

—Prisionera, ¿por qué? Yo estoy en mi casa, rezando.

—En medio de un arsenal de armas.

—¿De qué se nos acusa? —dijo la otra—. Yo también soy hermana del general. Me llamo Higinia. Exijo se nos lleve con el presidente Cárdenas.

—No creo que esté en condiciones de exigir nada, pero de todas maneras nos van a acompañar de paseo a la capital. Nada más que primero a la cárcel municipal, en lo que recibimos órdenes superiores. Seguramente serán trasladadas a la Ciudad de México a responder sobre su traición a la patria.

—Ya veremos. Somos inocentes de todo lo que se nos impute. Somos campesinas y no hacemos otra cosa que sembrar nuestras tierras.

—Y rezar —dijo García.

—¿Ya rezar es de nuevo delito? —contestó la que afirmó llamarse Higinia y vino a colocarse enfrente de Filiberto, en actitud retadora.

—Soldado, conduzca a estas señoras afuera —dio la orden, pero de inmediato lo detuvo—, ¿y estas señoritas quiénes son, hermanas también del general?

—Sobrinas —respondió rápidamente la otra, María de La Luz, y se interpuso entre ellas y el capitán. Filiberto la apartó sin mucho aspaviento y luego le levantó el velo una por una a las jóvenes. Las primeras dos lo miraron con odio y sin pronunciar palabra volvieron a colocárselo, como si estuvieran en misa. Al levantar el tercer velo reconoció de inmediato a la mujer, pero antes de que dijera algo, ella lo interrumpió:

—Filiberto García, nunca imaginé que me agradaría tanto verlo.

—¡Estelita! —gritó con emoción el capitán y le tomó las manos. El azar juega también sus naipes, pensó.

—La misma, aunque un poco más flaca.

García la miró mientras los soldados sacaban a las otras mujeres al sol inclemente de la tarde.

—¡Me va a tener que contar todo, Estelita! La hemos buscado por cielo, mar y tierra.

—Y mire, me viene a encontrar rodeada de tunas.

—¿El general Cedillo la secuestró?

—Es una larga historia.

—¡Ay, Estelita! Ya me la contará en la ciudad. Le conseguiré una habitación, pero debemos comunicarnos de inmediato a su casa y con el Güero.

—Habrá que esperar, la gente de Cedillo cortó todas las comunicaciones antes de huir.

Abandonaron Palomas dos horas después, cuando quedó claro que el general Cedillo no estaba escondido en ningún lugar. No dejaron ni un rincón sin explorar. Un regimiento entero, el 59º, se quedó a vivir en el lugar durante los siguientes meses, pero a Filiberto le permitieron regresar a México en el primer tren escoltando a la novia de su amigo. Estelita era un testigo privilegiado de lo ocurrido en Palomas, pero ya habría tiempo para interrogarla, más allá de la larguísima conversación con el licenciado García Téllez. Lo que más interesaba de la estancia de más de siete meses de Estelita en Palomas no era la razón de su secuestro o cautiverio, sino la lista de visitantes que Cedillo había recibido. Por supuesto que la mujer no los había visto a todos, pues las hermanas no le quitaban la vista de encima y la obligaban a seguirlas a todos lados, pero recordaba a algunos. Sí, era cierto: había recibido a algunos representantes de las compañías petroleras a los que Cedillo les pidió explícitamente dinero para su rebelión. Y a gente de la embajada alemana. No recordaba ahora los nombres, pero tal vez si viese fotos podría reconocer a alguno. Lo que sí pudo recordar entonces fue que al general le ofrecieron parque y que poco después llegaron unos camiones con armas y un ingeniero alemán que les estuvo enseñando a armar bombas. El ingeniero se quedó más de dos meses en Palomas y cenaba frecuentemente con Cedillo. Estelita estuvo en la finca Vistahermosa unas dos horas antes de poder irse con Filiberto al hotel por una noche. El propio general Cárdenas le dio un beso de despedida y se la encargó mucho a Filiberto.

—El licenciado Eduardo Suárez la ha de extrañar, muchacha. Repórtese a trabajar tan pronto se sienta bien —le ordenó el presidente.

Estelita durmió todo el viaje de regreso.

En Buenavista la esperaban sus padres y el Güero Téllez, quien la abrazó largamente, como a una hermana perdida. La muchacha dijo encontrarse exhausta y se despidió agradecida de Filiberto García. El reportero se ofreció a acompañar a los suegros, pero ellos declinaron la oferta con tacto:

—Estelita necesita descanso y volver al hogar. Ya tendrán tiempo de verse y platicar.

Así que Téllez se quedó solo con su amigo.

—¿No quiere volver a casa, Filiberto? Ha de extrañar su cantón.

—Ese cuartucho no merece la pinche nostalgia. ¿Y si mejor me invita una torta de bacalao en La Luz? Extraño más ese sabor que mi catre.

—¡Cuente con eso!

Se encaminaron al callejón de Gante.

# XIV

## Otra vez, las tierras

El general decidió llevarse a Amalia y a Cuauhtémoc a Michoacán. Pasaron tres días en los baños termales, del 8 al 11 de agosto. El día anterior había escrito: «Siguen haciendo su negocio hombres de mala fe que bajo el manto hipócrita de servir al país, esconden su maldad y su ambición de lucro argumentando que fue perjudicial para México la expropiación, como Luis Cabrera. La nación se convencerá de que fue una necesidad moral para el país». El boicot contra el petróleo mexicano había obligado a vender a Alemania, a Italia y a Japón, que recién había comprado cien mil barriles. Ahora, en los baños termales de San José Purúa, en Angangueo, piensa pasar tres días descansando. Su idea de descanso, por supuesto, es siempre extraña, pues no dejará de trabajar. Ha invitado a Pascual Ortiz Rubio con toda su numerosa familia y a su secretario de Economía, Efraín Buenrostro, con su esposa. Ya estaban esperándolo Gabino Vázquez y su señora, también. Siempre le han revitalizado las aguas termales. Lo mismo adora venir a Purúa que a la cabaña de Los Azufres: nadar en el agua hirviendo lo reconforta y duerme a rienda suelta. Es curioso, pero el calor lo enfría. Un grupo pequeño de sus allegados se ha convertido en una especie de familia paralela —si se incluye a Juan Ge Mu y a Manuel Ávila Camacho y sus esposas—. Los hombres se separan a ratos y conversan de lo único que por ahora les interesa, de política.

Buenrostro confirma la primera buena nueva de los últimos tiempos, llenos de represalias por la expropiación:

—La corte en Middelburg ha autorizado por fin al *Lundgren*

para que siga su rumbo con las diez mil toneladas de gasolina que cargó en Coatzacoalcos. El fallo es a nuestro favor, general, pero además esto levanta el embargo y nos permite vender a Alemania vía Suecia.

—No es lo óptimo, Efraín, pero no nos dejan otra salida. Nos ataron de manos. Vamos a tener que vender el petróleo a quien nos lo compre. El secretario Hay se reunió con Wells ayer, pero no cambian en querer exigirnos la indemnización inmediata. Insistió en nuestra postura de querer ser buenos pagadores, pero cuando las condiciones nos lo permitan.

Lo que le preocupa, sin embargo, en estos momentos, no es esa presión internacional. Siente confianza en que el peso se recuperará y las aguas volverán a su cauce. El problema de la política interna lo tiene mucho más alerta que de costumbre. Ha modificado a la policía *confidencial* de la Secretaría de Gobernación y ha creado allí la Oficina de Información Política y Social, con funciones aún mayores para recabar datos de inteligencia que impidan brotes como el de Cedillo. No son los revolucionarios el dolor de cabeza, sino la derecha, oposición mucho más amarga a su programa, una oposición con la que ha tenido que luchar todo su periodo. Las estrategias de esos grupos son múltiples y provienen de diversos actores, lo sabe. La Confederación de la Clase Media no le intriga, a pesar de sus capítulos en varios estados y su liga con los empresarios, porque finalmente sus operaciones son públicas y su búsqueda de adeptos apegada a la ley, a pesar de su rabioso anticomunismo. Está claro que la llamada Confederación lo es porque reúne a las Juventudes Nacionalistas Mexicanas, la Asociación Nacionalista de Pequeños Propietarios Agrícolas, la Acción Cívico Nacional y el Comité Nacional Pro Raza. Habían sido muy activos contra la huelga de los electricistas en 36, pero estaban poco claros sus objetivos finales. Tiene información sobre el nuevo grupo que se hace llamar Comité Revolucionario de Reconstrucción Nacional, donde están Emilio Madero y Gilberto Valenzuela. Son más bien revolucionarios desplazados, enmuinados con el gobierno. Es la Iglesia con sus seglares enmascarados la que verdaderamente lo cuestiona. A esa *cofradía*, como gusta llamarla sin ambages, la tiene bien vigilada, igual que a sus órganos de propaganda.

Al segundo día en Purúa se anexa al grupo el licenciado García Téllez con el jefe de la nueva oficina —que algunos diarios, como *Omega*, siguen llamando *policía secreta*—, Humberto Anaya. Le trae un informe exhaustivo de las acciones de Salvador Abascal Infante, líder del reciente movimiento sinarquista y quien ya había dado serios dolores de cabeza, especialmente en Tabasco en el mes de mayo. Lo primero que revela el expediente es secreto a voces: el apoyo del obispo Luis María Martínez. A Abascal lo ha venido espiando porque lo conoce desde Michoacán, donde empezó sus acciones subversivas contra el gobernador Sánchez Tapia. El obispo Martínez le había asegurado que la Iglesia se abstendría de participación política gracias al reciente entendimiento logrado entre su gobierno y el prelado. Nunca se puede confiar en los curas, siempre operan en lo oscurito, pensó mientras hojeaba el legajo y escuchaba a Anaya:

—Como bien sabe, general, la organización nace de la desaparecida U que operaba en el Bajío y a la que pertenecía el padre de Abascal, con el que trabajó varios años ya titulado de abogado. Su tesis trató de demostrar la que él llama *antijuridicidad* de las Leyes de Reforma —le tendió una copia del título a Cárdenas—, luego empezó a llamar a la Revolución la *era de Huitzilopochtli*. Mire lo que escribe: *sistema anárquico y corrupto*. En 32 pone su propio despacho jurídico con ayuda económica de las familia Laris Rubio y Estrada Iturbe. Ellos lo ingresan a las Legiones, la organización fundada por Manuel Romo en Guadalajara ese mismo año.

—Querían inicialmente restaurar la guerra cristera con *métodos civiles* —interrumpe García Téllez—, pero la toma del poder por medios violentos. Se puso a dar clases en el seminario de Morelia.

—Esa parte la conozco bien, señores. Fue cuando se opuso a Sánchez Tapia y a los estudiantes nicolaítas. Tengo algunos de los textos publicados en ese entonces. Se decía predestinado por Dios, la Santa Trinidad y la Providencia para acabar con el *ratero* gobierno de Cárdenas —dijo el presidente con sorna.

—En agosto de 35 se reúne con los delegados de la Liga Nacional Defensora de la Libertad Religiosa y empieza a trabajar, sin mucha suerte, con la guerrilla cristera en Acámbaro —siguió el secretario de Gobernación.

—El licenciado García Téllez tiene razón en el objetivo de esas reuniones, pero su falta de éxito lo obligó a replantearse la estrategia. Tenemos datos de que el obispo Martínez le propone ese mismo año entrar a la Base, como usted sabe, el grupo clandestino que continuaba pagado por la curia para hacer el trabajo de las desaparecidas legiones. Es cuando Abascal da el salto nacional. En agosto de ese año forma parte de sus líderes o, como ellos gustan llamarse, del *consejo supremo*. Juran ante un crucifijo mantener el secreto del grupo, defender a México de sus principales enemigos que ellos nombran: los judíos, los ateos, los marxistas, los yanquis, los revolucionarios, Lombardo Toledano; usted mismo, señor presidente. Mencionan en ocasiones más nombres. Todo mundo es su enemigo. El último voto por el que juran es el de la obediencia, como si se ordenaran de sacerdotes.

—La Base empezó a trabajar en el norte de Michoacán a principios de 1936 fundando *comités locales*. Comunidades indígenas, rancherías, pequeños pueblos de todo el Bajío se le han ido anexando. Ese es, sin duda, el grupo que da origen al sinarquismo, señor presidente —agrega García Téllez, solícito— porque pronto entra en contacto con grupos ultra en León y Querétaro. Acá está la carta de febrero de 1935 que Abascal le envió a usted denunciando lo que llama *atropellos policiacos* en contra de la Base. Creemos que él redactó las normas, conductas y estatutos del grupo sinarquista. Es su mismo estilo, mire.

El secretario de Gobernación le entrega copia de los documentos fundacionales del grupo y textos autógrafos de Abascal. Leyó uno de los escritos: «la Revolución no es sino el más eficaz instrumento del demonio en feroz lucha contra Dios hasta el final de los tiempos».

—Nada ha cambiado, parece que seguimos en 1929, señores —dijo el presidente, mientras les servían la comida: un *aporreadillo* de cecina con salsa verde y uchepos, sus tamales favoritos—. Las condiciones de la guerra son distintas, pero ellos no distinguen el avance del programa revolucionario, ni siquiera toman en cuenta que su base campesina ha sido dotada de tierras y difícilmente se va a creer el engaño.

—El grupo tiene sus adeptos más en zonas urbanas que los cristeros, general. Y son más disciplinados. Aducen un ascetismo que llaman vida misionera mediante la búsqueda del sacrificio, la miscria, la creencia y la evangelización, como escriben en sus normas —le enseñó García Téllez otros escritos—, además tienen un concepto particular de la raza. Declaran esto, le leo: «el mestizaje mexicano ha surgido de una fusión ideológica donde las creencias hispanas fueron las preponderantes y únicas contra el paganismo precolombino». Por eso dicen que el catolicismo y los valores cristianos desde la Colonia son garante del orden social. De allí que desde su tesis de licenciatura sea un furibundo opositor de la reforma juarista. Para él don Benito Juárez y usted son los más grandes demonios que ha habido en México.

El general sonrió apenas y siguió comiendo su carne. Anaya aprovechó el silencio para concluir el reporte:

—Seguirán en lo que nombran *pie de lucha*. Para ellos la fundación en mayo de su Unión Nacional Sinarquista y el mitin en Querétaro donde juntaron más de diez mil cristianos son la prueba inconfundible de que lograrán su cometido de levantar al país en contra del comunismo. Trabajan con miembros de la Base que tenemos perfectamente identificados —le tiende la lista al general— y están en contacto permanente con el obispo Martínez. La Base, como le llaman ellos internamente, en los documentos oficiales se denomina OCA, por las siglas de Organización, Cooperación, Acción. Mire este documento que hemos confiscado.

El presidente lo lee: «Hacen falta actos públicos audaces en el corazón de las ciudades, actos que deben ser por sorpresa, militarmente planeados y ejecutados para que no puedan ser impedidos y para ahorrar sangre. Solo así podrán conmover a la Nación los dos principios básicos del nuevo Movimiento: *orden, autoridad*, en lugar de anarquía, y *todos propietarios* en lugar de *todos proletarios* del socialismo cardenista».

—Señores, hay locos a los que debemos tomar en serio. ¿Lo tiene bien vigilado?

—Sí, general. El capitán Filiberto García está a cargo del sujeto. Nos mantiene informados al detalle.

—Ponga también gente a seguir a Trueba Olivares y a Zermeño. Quiero saber si piensan hacer algo más que agitar y engañar.

De postre les trajeron nieve de pasta de Pátzcuaro. El general, en su tierra, gustaba de ser agasajado.

Y precisamente a su tierra volvió después de esos días de espionaje y baños termales, a finales de octubre. Días antes le había escrito una misiva a Roosevelt enviada por medio de su embajador Daniels, en la que le manifestaba su opinión en el sentido de que los países de América lucharan por la paz y la democracia para evitar una nueva guerra en Europa por la agresión de Alemania a Checoslovaquia. Buscaba el boicot y ofrecía que México estaría dispuesto a prohibir el envío a Alemania de materias primas, inclusive el petróleo y sus derivados ya colocados en aquel país con grandes ventajas económicas para México. Para sus adentros, en cambio, escribió apesadumbrado: «Hitler, Mussolini, Chamberlain y Daladier reuniéronse en Múnich para tratar el caso de Checoslovaquia. ¿Chamberlain y Daladier defenderán la soberanía de Checoslovaquia? Difícilmente encontrarán argumentos que oponer a Hitler y a Mussolini cuando Inglaterra y Francia mantienen aún la opresión a sus colonias. ¿A nombre de qué derechos, de qué libertad podrán hablarles? Debemos pensar que todos juntos sacrificarán a Checoslovaquia».

El 30 de octubre ya están en Pátzcuaro, ahora sí en una reunión más familiar. Su hermano Alberto y su cuñada Josefina Anaya, y como invitados, Agustín Arroyo y su familia y el general Núñez y su esposa. Van a Chupícuaro y a Uruapan. Luego se les anexan el general Múgica, el gobernador Gildardo Magaña y el gobernador Canto de Yucatán, invitados a esa nueva gira cuyo sentido para el general es puramente personal. Va a repartir las tierras de Lombardía y Nueva Italia, que conoce bien y que han estado en conflicto permanente. Había recibido a la familia Cusi —dos de los hijos de Dante Cusi, a quien trató bastante—: Eugenio y Ezio han decidido vender al gobierno su parte después del reparto. No les interesa conservar esa poca cantidad de hectáreas. Los recibió en la Ciudad de México y ante la imposibilidad de conservar sus haciendas doblaron las manos. El Banco Ejidal les integrará en efectivo su parte cubriéndoles al contado. Dos millones sonantes se han llevado los Cusi. El reto es mayúsculo, modernizar los sistemas de cultivo. Siguen trillando con ganado. Gabino Vázquez ha venido también con gente de la Comisión Nacional de Irrigación para aprovechar el caudal del río Cupatitzio. Aquí el agua no es problema, quizá por eso se desperdicia sin ningún reparo. Le entregan el reporte: 2,066 agraristas, agrupados en 9 ejidos de 61,449 hectáreas, han sido beneficiados. El gobierno ha comprado 18 mil cabezas de vacas, potros, mular, 219 hectáreas de huertas de limón, molinos, plantas eléctricas.

Otra vez serán las tierras. Lo ha reflexionado aún más que nunca después de leer el texto de Luis Guzmán sobre el reparto en Yucatán. Nada lo parará. Ni la derecha ni la llamada izquierda. No le importa que todos estén en su contra, que lo acusen de dictador cuando es un verdadero demócrata. Ya el tiempo dirá.

Lo otro que lo perturba es la agitación política por la sucesión presidencial. El gallinero ya se alborotó. Adalberto Tejeda ha regresado, a Vasconcelos lo expulsaron de Estados Unidos y algunos senadores, tan temprano, ya se manifestaron a favor del general Ávila Camacho. El senado y los diputados siempre dividen, piensa cuando lee el 29 de noviembre en *Excélsior* que otro bloque —otra vez los bloques— apoya a Rafael Sánchez Tapia, otro más al general Múgica y alguno menor al doctor Francisco Castillo Nájera, su embajador en Estados Unidos. Cárdenas, malhumorado, escribe en su diario: «Presenta graves inconvenientes que inicien manifestaciones de opinión los elementos de las Cámaras; debe dejarse que el pueblo, que la opinión no oficial, haga conocer primero su sentir».

Lo declara a la prensa por aquello de «Te lo digo Juan para que lo entiendas Pedro». Sabe por la Oficina de Información Política y Social de Anaya que Manuel Pérez Treviño ha estado en contacto con Calles y que quieren fundar un partido dizque más afín con el antiguo PNR que con el PRM —que él ha creado—, y que según ellos será de mayor tendencia democrática.

Ha convocado a sus colaboradores. Uno por uno: Sánchez Tapia, Ávila Camacho, Múgica. Les ha pedido que se separen del gabinete si quieren contender. No piensa inclinar la balanza por ninguno. Esta es su prueba de fuego como presidente, seguir la vieja costumbre de Calles de imponer su candidato sería un error. Todo el esfuerzo de estos años se vería derrotado si se debilita al partido.

—Jueguen limpio, señores —les ha pedido a los tres.

Pero sabe bien que en política jugar limpio es aceptar la derrota.

Durante tres días Téllez no se apareció. Lo extrañaron en el dominó y en la redacción del periódico. Se había instalado en casa de los padres de Estelita para entender lo que había pasado e intentar recuperar el tiempo perdido. Al principio pensó en escribir una crónica de lo ocurrido a su novia en el secuestro con Cedillo, pero fueron los padres de ella quienes lo disuadieron:

—Nuestra hija, Eduardo, no es comidilla de la nota roja. Es una mujer que ha sufrido y tiene que sanar. No va a curarse del espanto de haber permanecido tantos meses recluida, sin poderles avisar a sus padres que estaba viva, bien, en lo que cabe. Hay que respetarla, ¿no le parece?

El Güero se dio cuenta rápidamente que no podía lucrar con la historia de Estelita. Pero también su instinto reporteril le obligaba a sacar información. Varias veces había repetido su frase: soy periodista antes que amigo. ¿Era periodista antes que novio? Esa pregunta lo molestó mucho los primeros días del reencuentro con Estelita. Luego otras cosas más importantes sustituyeron esa cuestión. Porque la pregunta de todos seguía siendo el móvil. ¿Para qué carajos había querido Saturnino Cedillo secuestrar a la secretaria del ministro de Hacienda, Eduardo Suárez? Esa era, por supuesto, una pregunta política, no una pregunta personal.

Una pregunta que necesitaba respuesta. Le habló por teléfono a Filiberto, pero estaba en una encomienda en Querétaro de la que regresaría, presuntamente, hasta el fin de semana. Palavicini le había pedido que revisara sus notas sobre el caso de Alberto Gallegos y su homicidio. Hacía años había sido juzgado por el crimen de una aristócrata mexicana, nieta de Jesús González Estrada, uno de los locos que le ofreció la corona del país a Maximiliano: Jacinta, «Chinta» Aznar. La habían matado a bastonazos, espeluznantemente, y el sensacionalismo de la prensa exacerbó el caso, al punto de que lo encontraron culpable sin otro móvil que haber estado allí y a pesar de que otros tres posibles asesinos salieron libres o simplemente no se les encontró para llamarlos a declarar por encontrarse fuera del país.

—Un amigo mío, Rodolfo Usigli, planea escribir una novela sobre el caso.

—Pues que se meta él mismo en los bajos fondos e investigue. Mi trabajo me ha costado conseguir mis fuentes y mis temas.

—Este país necesita urgentemente distraerse con crímenes pasionales o simplemente con las tragedias de otros. Ayúdeme a proporcionarle datos a mi amigo escritor.

A Usigli, que acababa de regresar de un viaje de estudios, le llamaban *caballero*, y era en realidad un hombre como de otra época, atildado, peinado con gomina y con un bastón de empuñadura de marfil. Bien podría haber sido el asesino de Chinta, se dijo Téllez cuando Palavicini los presentó en El Cisne del Bosque de Chapultepec. El periodista nunca había comido en ese restaurante, asustado más por los precios que por su elegancia. La conversación giró en torno al teatro, tema del que el Güero no solo no sabía nada, sino que nada le importaba. Se mantuvo casi todo el tiempo callado hasta que entraron en materia y el dramaturgo le preguntó:

—¿Usted conoció a Gallegos personalmente durante el proceso?

—Sí, don Rodolfo. Aunque no sea muy glamoroso, mi trabajo consiste en buena medida en trabar conocimiento con los más variados criminales, como el fotógrafo Gallegos, apodado el «Conde Federico».

—Déjeme entonces preguntarle por su opinión, digamos, profesional: ¿es el asesino de Jacinta Aznar?

—Yo solo soy un vulgar periodista; *tundeteclas*, como nos llama su amigo Novo. No soy juez ni abogado.

—Pero se habrá hecho una idea, conociendo tan bien los bajos fondos como me cuenta nuestro amigo Félix. ¿Tiene pinta de asesino?

—He seguido todos los números de la revista *Criminalia*, don Rodolfo, y lamento no estar de acuerdo con la mayoría de los expertos médicos. No hay un tipo criminal. Cualquiera de nosotros, dadas las circunstancias, puede volverse un asesino.

—Coopere un poco con nuestro amigo —lo recriminó Palavicini—, usted tiene un conocimiento de primera mano del hampa y Gallegos fue ampliamente cubierto por el periódico en el que entonces trabajaba, *El Nacional*, a pesar de ser el órgano del gobierno. Entonces hasta los pasquines de Calles se interesaban por la crónica de sociales de los pobres, como llamo yo a la nota roja. Ándele, díganos su opinión.

—Les diré una cosa que sí sé de cierto: cualquiera de los entrevistados pudo ser el asesino de la millonaria. Los tres trabajadores de la Compañía de Luz, el mozo Eugenio Montiel, o el misterioso hombre del Buick negro.

—Ve usted, ahora sí entramos en materia. Nuestro querido escritor y un servidor somos todo oídos, Güero.

—Don Rodolfo seguramente conoce bien los pormenores del caso, que no tiene sentido repetir —dijo, mirándolo a los ojos. Le molestaba cierto amaneramiento en la pose del caballero, sus uñas manicuradas, el corte del minúsculo bigote, pero no sabía exactamente qué era lo que no le gustaba del escritor.

—Su versión me interesa sobremanera, Téllez. No se preocupe si cree que repite lo que apareció en los diarios. Como dice Félix, somos todo oídos.

—Bien. Traje mis notas, de cualquier forma. Pedro Alberto Gallegos Sánchez, de profesión motorista y vendedor de fotografías, con principios de calvicie y nariz prominente, según el reporte del médico, supuestamente asesinó a la señorita Aznar para robarle, aunque no se conoce que el susodicho haya sustraído nada del domicilio de la occisa —a propósito usaba la jerga de su oficio, comprobando las reacciones de Usigli ante la elección de su vocabulario amarillista—, el 15 de enero de 1932. La fecha es un cálculo hecho después de la autopsia, porque ahí empiezan las contradicciones. Ante el Ministerio Público el mozo, oriundo de Guerrero, declaró que Chinta Aznar había sido asesinada el 22 de febrero. Ese día (el 15 de enero o el 22 de febrero, váyase a saber), el fotógrafo acudió dos veces al domicilio de la señorita Aznar, sito en el número 17 de la calle de Insurgentes. Por la mañana, sin encontrarla, y por la noche, acompañado de un amigo, José Sánchez, agente de ampliaciones fotográficas, pudiendo encontrarse con la mujer a pesar de la negativa del mozo de franquearles el paso.

—¿Dos veces? —preguntó Usigli—. ¿Según sus propias declaraciones?

—Sí. Y las del mozo, en eso sí coinciden. La dueña de la casa los reconoció y les permitió pasar, invitándoles un café. En el *hall*, sin siquiera esperar un poco, Gallegos sacó su bastón y la golpeó por la espalda en repetidas ocasiones. El mozo declaró que no se detuvo hasta que su patrona estuvo muerta.

—No entiendo por qué no lo detuvo él.

—Había ido por el café cuando empezó a tundirla. No pudo hacer nada.

—Y los dejó escapar, sin más.

—Lo amenazaron y salieron de prisa. Sin embargo, el vecino, un sastre, Arturo Galicia, dice haber visto más hombres entrar y salir de la casa ese día. Un Buick negro modelo 1930 se detuvo enfrente y un hombre descrito como de mediana estatura bajó de él, estuvo hablando unos minutos con Gallegos, le entregó un sobre que el fotógrafo se guardó en el pantalón y un objeto envuelto en papel periódico.

—Presumiblemente el bastón —afirmó Palavicini, quien había permanecido absorto.

—En efecto, el bastón mismo, el *arma homicida* —a Téllez le gustaba enfatizar ciertas frases hechas, provocando de nuevo a Usigli—. Otros vecinos de la calle —ustedes la han caminado muchas veces y saben que está llena de comercios— vieron salir en múltiples ocasiones a un joven como de dieciséis años. Alguno lo interrogó y afirmó ser el mozo de la residencia Aznar. Un colega mío, el periodista David García Salinas, publicó las primeras versiones del caso. Acá las traigo para usted.

Téllez le tendió un par de notas recortadas con tijera y pegadas a unas hojas tamaño oficio, parte de su archivo personal.

—Úselas con libertad. Pero ojo: si lo que dice el mozo, Eugenio Montiel, es verdad y los hechos ocurrieron el 22 de febrero, entonces Alberto Gallegos no pudo ser el asesino, porque la muerta llevaba fría al menos un mes. El sastre declaró que ese mismo día tres hombres, que se identificaron como trabajadores de la Compañía de Luz, le pidieron una escalera para entrar por la azotea y suspender el servicio eléctrico por falta de pago. El sastre, claro, les suministró la escalera pensando que decían la verdad.

—¿Y no?

—Parece que estaban contratados por Gallegos o por alguien más, a estas alturas no lo sabremos ya, y vinieron a sacar el cuerpo.

—Me parece absurdo que pidan una escalera —dijo Usigli— para sacar un cuerpo. Se arriesgaban a ser reconocidos posteriormente.

—Este caso, estimado, es absolutamente absurdo. Para mí, no aclarado, aunque haya culpable sentenciado. El día siguiente, 23 de febrero, dos policías, Manuel Macedo y Bacilio Manjares (escrito equivocadamente con *c*), se presentan en el domicilio de Chinta alertados por un trabajador de limpia que pidió su intervención porque desde hacía días se notaba un olor fétido que salía de una de las ventanas de la casa, entreabierta, en el segundo piso. El fotógrafo Ismael Casasola y el reportero Domínguez Illanes acuden también. En nuestra profesión no hay otra manera de *cazar* la noticia que estando de guardia en las delegaciones. Ellos tuvieron suerte de ser los primeros. Acompañaron al licenciado Rafael Esteva Jr., de la 7ª demarcación de policía, a levantar el acta de hechos. Hubo necesidad de llamar a los bomberos, quienes rompieron con sus hachas las ventanas del primer piso porque, en efecto, el hedor se había vuelto realmente insoportable. La cantidad de moscas devorando el cuerpo de la mujer era, según dicen, de miles, como un verdadero enjambre.

—Entraron entonces de inmediato.

—No, tuvieron que fumigar. Llegó personal de Salubridad y Asistencia. Regaron cinco litros de insecticida. Encontraron después en el lugar dos colchas manchadas de sangre, medio quemadas, como si alguien hubiese querido deshacerse torpemente de la evidencia. Junto al cuerpo descompuesto y carcomido por las moscas había otro montón de papeles medio quemados.

—Los asesinos no eran profesionales, evidentemente —dijo Usigli.

—O era un crimen pasional. El caso es que toda la evidencia estaba allí. Hallaron también el bastón de mango dorado ensangrentado y un paquete de cuadernos que la policía también se llevó para su análisis.

—Y Gallegos, ¿cómo fue implicado? —preguntó Palavicini.

—Ya lo ha dicho Téllez, Félix, por el mozo —contestó Usigli.

—El mozo no tenía idea del nombre. Ahí, con el montón de papeles, había dos facturas de la fotografía Chie y una nota manuscrita: «Señorita Aznar, como ayer no la encontré paso mañana como quedamos. Alberto Gallegos».

—¿Mañana? ¿No regresó el mismo día?

—A decir del mozo y del sastre sí, el mismo día. Pero un mes antes, si ese fue el momento en que la asesinó. Porque debo insistir en que el cadáver encontrado, según los legistas, llevaba ya un mes descomponiéndose.

—¿Tiene los datos del doctor que practicó la autopsia? Tendré que entrevistarlo también.

—Déjeme ver. Claro: Benjamín Martínez. Tengo aquí copiadas las conclusiones preliminares: «El hallazgo de sangre a más de dos metros de la occisa revela que el medio utilizado por el homicida bien pudo ser un tubo de hierro. Los golpes se registraron en la espalda, costado y estómago. Otro le fracturó la nariz en seis piezas y dos golpes contundentes más le fueron propinados en la parte occipital del cráneo, los que le produjeron la muerte, rompiendo en cuatro porciones la parte posterior del cerebro» —leyó parsimonioso Téllez, ante la mueca de disgusto del dramaturgo y del director Palavicini. Buena plática para una comida con pato y *foie gras*, pensó el Güero divertido.

—Lo que implicó fatalmente a Gallegos —siguió Téllez— es que al arrestarlo encontraron un pantalón suyo con sangre, aunque él adujo en su declaración que se agachó al suelo donde estaba el charco para darle de beber agua a la mujer cuando estaba a punto de morir y se le manchó. Él siguió hasta el final con su misma historia. Entró a la casa por segunda ocasión a dejar la factura para cobrar sus fotos porque la puerta se encontraba emparejada y escuchó unos quejidos. En el pasillo se encontró a la señorita Aznar, quien le pidió un vaso de agua y unas pastillas.

—Me parece increíble esa historia —dijo Palavicini.

—Igual que al juez —siguió Téllez—. Y aún hay un tercero en discordia. A los dos días del arresto de Gallegos, la policía recibió un anónimo en el que se acusaba del asesinato a un tal Paco. Acá tengo mi transcripción. —Se la tendió a Usigli—: «Paco era más o menos alto, elegantemente vestido y de finos modales. Llevaba un bastón con el mango dorado que movió al salir, saludándome muy ceremonioso. Fui muy amigo de Chinta, deben creerme. Por eso no revelo mi identidad.»

—¿Dieron con el tal Paco? Una mujer como la señorita Aznar

debió tener muchas amistades de alta sociedad. ¿Cómo pudieron reconstruir su vida, sus visitantes? Todo me parece muy apresurado —afirmó Usigli.

—La policía en este país actúa apresuradamente, quizá porque se superponen los crímenes con tal velocidad que rápido hay que dar trámite y consignar a un culpable. Aunque he de decirles que sí se consiguió que declararan un par de amigas en estricto anonimato policiaco. En sus propias casas. El juez usó seudónimos para referirse a ellas en sus actas. Una tal Viviana Braniff aseguró que Paco era amante de Chinta y que esta lo presionaba para que tuvieran un hijo, por lo que huyó a España. No tenía idea de cuándo y no sabía, convenientemente, el apellido del novio.

—¿El del Buick que le paga el crimen a Gallegos y le da un sobre y el bastón? —inquiere Palavicini, que pone a prueba sus dotes de detective.

—Tampoco lo sabremos. Por cierto que el mozo adolescente, a quien también se le arrestó, fue puesto en libertad y sustituido por otro mozo, de treinta años. O nunca existió el de dieciséis. Y nadie puede dictar un arresto contra una persona que solo se llama Paco —bromea finalmente—. Así que salud, señores, por un caso más en donde el verdadero asesino es encubierto por su dinero o su poder.

Los hombres alzan y chocan las copas. Les han traído postres y café. Rodolfo Usigli, que ha tomado abundantes notas de la conversación, aún tiene muchas dudas. No le molesta afirmar entonces:

—Su conclusión, al menos así lo deduzco por su última frase, es que Gallegos era inocente, ¿estoy en lo cierto?

—O Gallegos es el autor material y Paco, o quienquiera que sea, el autor intelectual. De cualquier manera no sabremos el móvil, ni le sacaremos una declaración distinta al fotógrafo. Se los puedo asegurar. En enero de 1934, como saben, pude entrevistarlo y me dijo que no cambiaría en ese momento su declaración, pero que planeaba escribir sus memorias. Allí contaría toda la verdad, y caerían varios, amenazó. Los doctores que lo atendían me informaron que tenía una severa depresión. No pude volver a entrevistarlo porque en febrero, cuando lo llevaban a las Islas Marías, aparentemente el chofer que lo llevaba era muy parecido al mozo Montiel y empezó a gritar que lo iban a matar y que se estaban burlando de él. No alcanzó a subirse al tren que lo conduciría a Sinaloa. Le aplicaron la ley fuga.

—Es terrible que siga ocurriendo esto en México —dijo Palavicini—. ¿De qué sirve haber proscrito la pena de muerte si con tal facilidad se prescinde de reos molestos o que tienen verdades distintas que oscurecen la intervención de la justicia?

—Usted siempre tan eufemístico, Félix —le dijo Usigli—. De lo que se trata en nuestra tierra es que nunca se sepa quién es el culpable. Por eso me interesa tanto el caso de Gallegos, por lo absurdo que es matar y morir en este país.

Palavicini ofreció un habano a sus invitados. Téllez se disculpó y encendió uno de su Faros. Usigli aceptó, junto con un oporto.

—¿Sería grosero pedir una ginebra? —preguntó el Güero ante la risa del director del periódico.

Eduardo Téllez se preguntó, incómodo, qué carajos hacía allí.

# XV

## Los *pistoleros comunistas* de la República española
---

¡Cuídate, España, de tu propia España!
¡Cuídate de la hoz sin el martillo,
cuídate del martillo sin la hoz!
¡Cuídate de la víctima a pesar suyo,
del verdugo a pesar suyo
y del indiferente a pesar suyo!
¡Cuídate del que, antes de que cante el gallo,
negárate tres veces,
y del que te negó, después, tres veces!
¡Cuídate de las calaveras sin las tibias,
y de las tibias sin las calaveras!
¡Cuídate de los nuevos poderosos!
¡Cuídate del que come tus cadáveres,
del que devora muertos a tus vivos!
¡Cuídate del leal ciento por ciento!
¡Cuídate del cielo más acá del aire
y cuídate del aire más allá del cielo!
¡Cuídate de los que te aman!
¡Cuídate de tus héroes!
¡Cuídate de tus muertos!
¡Cuídate de la República!
¡Cuídate del futuro!…

CÉSAR VALLEJO

La República española ha caído. El general sabe que es el tiempo de la solidaridad. El 3 de abril había escrito en París una misiva a Julio Álvarez del Vayo donde le refería que había estado en contacto permanente con el licenciado Narciso Bassols, ministro de México en Francia, y que por él se había venido enterando de cómo se precipitaron los acontecimientos de España: «Hemos apreciado en su valor la participación leal y decidida que usted y el señor Negrín desarrollaron con verdadero sentido de responsabilidad hasta el último momento, en defensa de la causa republicana, y consideramos que estuvo fuera de las posibilidades de ustedes mismos lograr los resultados que perseguían, encontrándose como estaban frente a fuerzas extrañas que contaron con el poderoso auxiliar de una actitud indiferente o de complicidad de países que por respeto al derecho y a la soberanía de los pueblos y en defensa propia pudieron haber evitado. Hoy tendrán las democracias que enfrentarse con fuerzas que aquellos países ayudaron a acrecentar con su pasividad en los casos de España, Checoslovaquia y Abisinia».

Ha estudiado la respuesta, ha meditado las consecuencias económicas y legales que tendría el ofrecimiento que está a punto de corroborar. Con mano fuerte escribe: «El señor licenciado Bassols lleva instrucciones para los españoles que desean venir a convivir con el pueblo mexicano, modesto en sus recursos, pero lleno de emoción y de simpatía para nuestros hermanos que se ven obligados a alejarse temporalmente de su patria. Me satisface su propósito de venir a México, tendré positivo gusto de verlo entre nosotros. Y si el señor Negrín acepta alojarse aquí, lo recibiremos también con todo afecto. Lo abraza su amigo, Lázaro Cárdenas».

Desde el 23 de febrero Isidro Fabela, obligado a cruzar los Pirineos para enterarse de la fatal situación de los refugiados españoles, le había escrito un telegrama urgente al general:

> Situación española campos de concentración pavorosa, por lo que estimo deben activarse preparativos y conceder rápidamente autorización para que puedan ir México. Resolución es tanto más urgente cuanto reconocimiento Franco por Francia, Inglaterra, que es inminente imposibilitará gobierno republicano pagar por su cuenta viaje inmigrados como actualmente está dispuesto a hacerlo.

Ha decretado antes la creación de la Casa de España, propuesta de Alfonso Reyes y de Daniel Cosío Villegas. La planearon, así se lo propusieron al menos, como un centro de reunión y trabajo para los intelectuales desplazados por la guerra. El gesto del general ahora incluía a los políticos que se veían forzados a salir, y también a la gente de a pie. Si el proyecto de recibir a miles de refugiados prosperaba, necesitaría una comisión especial que diseñara el procedimiento y, de acuerdo con la demografía, fuera capaz de incorporar a todos esos nuevos brazos y mentes a los estados de la República.

Otros asuntos le causaban verdadero dolor de cabeza. El 13 de abril un descarrilamiento entre los trenes de Laredo y Guadalajara cobró 125 víctimas. El general Cárdenas envió a Agustín Leñero a investigar el caso. La prensa, por supuesto, criticó de inmediato la nacionalización y culpó a los ferrocarrileros, acusándolos de no saber manejar la empresa. El telegrama de Leñero despejaba las dudas:

> Casi totalidad de los accidentes son atribuibles haberse relajado disciplina en personal. Causas relajamiento son jefes y oficiales no imponen disciplina apropiada debido habérseles suprimido las facultades de que disfrutaban y haberlas delegado en comisiones mixtas. Por haber sido electos, dichos jefes y oficiales en general a base de recomendaciones, por temor a ser removidos a solicitud trabajadores. Por temor cláusula de exclusión; por presión comités ajustes que en muchos casos no han llegado a comprender su papel; por innumerables

requisitos exigen los contratos para la comprobación de las faltas; porque en elección jefes y oficiales se ha pospuesto la capacidad a la antigüedad en el servicio. Que las disciplinas autoriza el contrato son muy benignas. Que se han destruido muchas locomotoras, coches express, de correos, de pasajes y carros de carga, cuya falta está resintiéndose con perjuicio economía país en lo que respecta movimiento carga y turismo. No hanse podido comprobar plenamente hasta ahora actos organizados de sabotaje.

El general está de gira, revisando la repatriación de mexicanos de Estados Unidos y las obras de irrigación que dan sentido al reparto de tierras en Nuevo León y Tamaulipas. Eduardo Chávez es el ingeniero al mando de la Dirección de Obras del Bajo Río Bravo. Pernocta en el Campamento Ramírez. Supervisa las obras en El Retamal, que desviará las aguas del río Bravo a la laguna El Culebrón, con capacidad de irrigar 30 mil hectáreas. Chávez siempre lo bromea, le llama el *primer ingeniero de la Nación*. Quizá lo único que ocurre es que él entiende que sin esas obras de irrigación el reparto no llegará nunca a su cometido. Se emociona al encontrar en la colonia Anáhuac gente realmente preparada para la agricultura, que ha venido del sistema de riego Don Martín en Nuevo León porque aquella presa se encontraba escasa de agua.

Firma acuerdos para reacomodar ejidatarios y pequeños propietarios del Bajo Río Bravo. Visita El Azúcar, en Nuevo León, donde supervisa una nueva presa que almacenará dos mil millones de metros cúbicos. Escribe, entusiasmado: «Almacenar esas aguas es muy importante para México. Así podrá ya encontrarse el país en condiciones ventajosas para influir ante Estados Unidos para que México cuente con mayor volumen de agua del río Colorado para irrigar tierras de Baja California. Esto se conseguirá ofreciendo no disponer de todas las aguas del Bravo que le corresponden a México». En la capital su cuate Cuauhtémoc y Amalia están delicados. Al niño se le ha declarado sarampión con hemorragias. Habla por teléfono a casa.

A los que lo criticaron por recibir a los republicanos y no tomar en cuenta a los mexicanos radicados en Estados Unidos les estaba respondiendo con actos, como era su costumbre, no con palabras huecas. «Mientras abres las puertas de México a cientos de delincuentes vulgares que nada bueno pueden ofrecer a la nación, ¿qué harás con los miles de mexicanos que mascan su hambre en tierras de Estados Unidos?», habían escrito para golpear su iniciativa, sin querer enterarse del ambicioso programa para repatriar a los connacionales que habían ido a buscar sustento del otro lado del río Bravo. Ramón Beteta, el subsecretario de Relaciones Exteriores, tenía la encomienda de regresar a cuantos pudiera del millón y medio que se habían ido buscando un sueño que su patria les había negado. Al menos los que supieran trabajar la tierra recibirían sus dotaciones. Ya en 1935 habían regresado dieciocho mil, en 1936 catorce mil, en 1937 once mil y en 1938 doce mil. Ahora había que ser más contundentes y lograr traer a muchos más de vuelta.

Así se estará los siguientes meses. El 4 de junio, hasta Hermosillo viaja Ramón Beteta para presentarle a Julio Álvarez del Vayo y al doctor Negrín. El avión presidencial los llevará de regreso a la capital en dos días. El general les ha pedido que conferencien con Indalecio Prieto y vean cuánto dinero realmente hay en el tesoro del *Vita* y acuerden qué elementos pueden aportar para ayudar a los contingentes españoles que radicarán en México. La visita es corta, no solo en Sonora, sino en el país, pues regresarán a Nueva York y luego a París donde junto con Bassols organizarán el éxodo. El problema, claro, es mayúsculo. En Francia se encuentra casi medio millón de exiliados españoles esperando encontrar un futuro o regresar a la patria pisoteada por Franco.

El 12 de junio visita a los yaquis. Se detiene en Vícam, Tórim y Bataconcica, frente a Bácum. Mira los lugares casi fantasma, deshabitados, con menos de dos mil habitantes. Los antiguos pobladores viven ahora en los campos de cultivo. Platica con los gobernadores, se gana poco a poco su confianza. Desde 1937 su gobierno había fijado la extensión propiedad de los yaquis en aproximadamente 130 mil hectáreas. Ahora puede anunciarles la dotación de la mitad del agua que almacena la presa de La Angostura, que quedará concluida en uno o dos años. Sonora no confía en los yaquis y los yaquis confían aún menos en Sonora. A él mismo le tocó combatirlos. Ahora, mientras come con ellos, sentado en el suelo, se pregunta por qué carajos la Revolución combatió a los yaquis. El coronel

Luis Pluma Blanca, del primer batallón, lo abraza al despedirse. Ningún presidente había comido antes con un yaqui.

En agosto ya está en la Ciudad de México. Ha permanecido en contacto con el proceso de los exiliados republicanos y ha mantenido constante correspondencia con Bassols, con Fabela y con su antiguo secretario particular, Luis I. Rodríguez, quien representa a México ante el gobierno espurio de Vichy; necesita allí a alguien de su entera confianza. Ha sabido de los barcos que han llegado a Veracruz y ha anotado sus nombres. *Sinaia, Ipanema, Mexique*. García Téllez y Lombardo han recibido a los políticos mientras iban llegando durante el mes de julio. También ha leído la prensa, nuevamente injusta, que asusta a la población alertando de la llegada de los *pistoleros comunistas* de la República española a México. Nada bueno le hacen a la patria los agoreros de nefasto futuro, los que se benefician con un país dividido y lleno de rencores. Nada bueno tampoco los llamados *defensores de la clase media*, reunidos en su Confederación. La Oficina de Información Política de la Secretaría de Gobernación había interceptado desde 1936 un mensaje de esa organización a Francisco Franco: «Vivimos en México días difíciles, semejantes a los que pasó la Madre Patria en los momentos anteriores al movimiento libertador. Aquí como allá el partido de la demagogia quiere destruir todo lo que hay de noble en nuestras tradiciones: aquí como allá pugnan por implantar un régimen de barbarie. Nuestro deseo al dirigirnos a Vuestra Excelencia es solo uno, que en España se sepa el clamor del México consciente que aplaude con júbilo la victoria de la hispanidad. El movimiento de liberación de España es nuestro en la misma proporción que nosotros tenemos sangre española».

¿De qué hispanidad hablan, la de la esclavitud y el coloniaje?, piensa el general Cárdenas. La misma seguramente de Guisa y Acevedo, quien afirmó que la victoria de Franco era la victoria de Dios y de la verdadera nación del hombre. En el Casino Español la Falange mexicana realizó su homenaje a la victoria franquista también.

Los falangistas, al salir borrachos del banquete, se encaminaron hacia el edificio de la CTM, gritando vivas a España y mueras al comunismo. El general le pidió entonces al secretario de Gobernación que desconociera a la Falange. El 4 de abril García Téllez declaró que no se le reconocía ninguna personalidad, ni jurídica ni de ningún tipo.

—La hospitalidad de México está condicionada al respeto absoluto de nuestras tradiciones.

Alejandro Villanueva Plata, Genaro Riestra y José Celorio Ortega fueron detenidos en la Ciudad de México y conducidos a Veracruz para ser deportados. Al general Cárdenas no le gustó, sin embargo, la bravuconada de Lombardo en respuesta a la gresca:

—No, señoritas falangistas, lo de ayer no fue nada. Espérense y verán cómo trata el pueblo de México a sus enemigos.


Al general le queda claro que el pueblo mismo estaba dividido con respecto a la llegada de los republicanos. Publicaciones sensacionalistas conservadoras como *El Tornillo* titulaban sus portadas: «¡Bienvenida la hamponería roja! Todo para los milicianos, ¿y a los mexicanos que los muerda el perro?». De todo eso tenía él noticia, quizá también esa era la causa de su nueva ausencia de la capital. Detestaba a esas mal llamadas *clases medias* que eran en realidad los remanentes de la rancia burguesía que la Revolución había pretendido derrotar.

El muralista David Alfaro Siqueiros había ido a apedrear el *Excélsior*, quejándose de la parcialidad de la prensa que llamó fascista, y fue arrestado en medio del desmán. Cuatrocientos pesos tuvo que pagar de multa para salir de la cárcel. Los ánimos se habían revuelto.

El general escribe entonces, mientras prepara su penúltimo informe de gobierno: «¿El motivo por el que ayuda México a España? Solidaridad. México no pide nada por este acto; únicamente establece un precedente de lo que debe hacerse con los pueblos hermanos cuando atraviesan por situaciones difíciles como acontece hoy a España».

Como tantas veces, usa el informe para explicarse, para explayarse con tiempo acerca de sus ideas. Ya lo había hecho desde la tierra yaqui con los reporteros que lo cuestionaron. La agitación provocada por ciertos sectores con respecto a la inmigración española es típica de un malestar artificiosamente formado. México necesita poblarse y ninguna tan apropiada como la migración española. Los refugiados no vienen como *fuerzas de choque*. Critica la calumnia, pero sabe que de nada vale. Las fuerzas conservadoras utilizarán el tema de los refugiados para continuar su campaña repleta de falsedades en la que a él mismo lo tachan de comunista, de haber implantado un régimen dictatorial en México y otras lindezas de esa guisa.

El primero de septiembre es claro, aunque prolijo. Ya los ha acostumbrado a eso:

—El gobierno que presido ha sentado los fundamentos de la emancipación económica del pueblo y los de una nación libre de influencias extrañas que pudieran restringir el ejercicio de su soberanía. En representación de los intereses superiores del pueblo, el gobierno ostenta como esencial contenido de su programa, un propósito inequívoco de mejoramiento económico y social de las masas.

Los diputados se ponen de pie y le aplauden. Ha aprendido a no creerse estos vítores espontáneos que nada le dicen.

—La Alemania de Hitler, según todas las probabilidades, ha desencadenado la segunda guerra mundial. Hoy, al despuntar el día, sin previo aviso, la infantería y la aviación alemanas invadieron Polonia. No es la primera vez que el Reich viola la soberanía de un país, pero en los casos de Austria y Checoslovaquia la violó sin efusión de sangre. Hasta ahora Hitler había tenido el buen cuidado de legitimar sus arbitrariedades. Lo de hoy, a las cinco de la mañana, es la gota que derramó el vaso.

Y él mismo toma uno de la tribuna y bebe un sorbo, aclarándose la garganta para proseguir:

—Consecuente con los ideales de paz y de justicia nacional e internacional que han sido la norma de mi gobierno y del pueblo mexicano, ante la gravedad de los acontecimientos que han estado a punto de desencadenar la guerra entre potencias europeas, la administración que tengo el honor de presidir ha comunicado y hecho pública su simpatía y su sincera adhesión a las declaraciones formuladas por su majestad el rey de Bélgica, invitando al grupo de Oslo, que integran la propia Bélgica, Dinamarca, Finlandia, Holanda, Luxemburgo, Noruega y Suecia, para tratar con los países en conflicto, acerca de una solución pacífica por medio de convenios internacionales y de negociaciones amistosas donde se discutan sus discrepancias.

Las mantas impiden ver a muchos de los asistentes al Congreso. «¡Viva Cárdenas!» «La Confederación de Trabajadores de México Respalda al Ilustre Presidente de la República!» «Los campesinos organizados de México respaldan a su líder y le recuerdan que están listos.»

No deja de reiterarles entonces a los miembros de ese congreso:

—Está pendiente la reforma constitucional del artículo 35 de nuestro Pacto Supremo en que se concede el voto a la mujer y que desde el principio de mi encargo he venido tratando doctrinariamente para lograr se repare la grave injusticia que despoja a la mujer mexicana de derechos sustanciales. El sufragio en México debe ser complementado esencialmente por el voto de las mujeres. Hemos entrado a la etapa definitiva en que ha de resolverse el proceso electoral. Es preciso cuidar que la elección que se aproxima sea democrática, sea libre y representante de tal suma de garantías que el resultado del sufragio sea la genuina expresión de la voluntad popular.

El general, poco después, afirmará públicamente el papel neutral de México en la nueva guerra, ante los profesores y alumnos del Colegio Militar, y romperá toda relación con el gobierno de Francisco Franco.

Al terminar 1939 casi siete mil refugiados estaban registrados. Según Salvador Novo, en *Hoy*, 4,897 de ellos se quedan en la capital, 483 se van a Chihuahua, 258 a Veracruz, 186 a Puebla, 108 a Michoacán, 16 a Nuevo León, y 165 no saben dónde se meten. «Los más», afirma, «se quedan a llenar los cafés capitalinos o recorrer el paseo de la Reforma en grupos pintorescos. Alegan en voz alta, perciben resignados la disparidad de su carácter con el silencioso, mustio, discreto de los mexicanos.»

Así lo lee el presidente, que se ha hecho seguidor de los artículos de Novo, con todo y su maledicencia. Al menos no es tendencioso. Ha reconocido lo que piensa que es bueno de su gobierno. Disfruta su mordacidad contra otros *tundeteclas*, como les llama a sus colegas periodistas.

* * *

Filiberto García acompañó al general Manuel Núñez a Tampico, donde estaba atracado el *Vita*. El barco español y su tesoro eran la noticia del día entre los rumores de estafa al Comité Técnico de Ayuda a los Refugiados Españoles y de la Institución Industrial Agrícola. En el tren rumbo al puerto, su jefe le confió:

—El licenciado García Téllez está que se lo lleva la fregada, Filiberto. El general Cárdenas le encargó resguardar el famoso tesoro del *Vita*, pero luego lo sacaron de la jugada. Estos españoles se me hace que traen algo oscuro entre manos. Nosotros vamos como sustitutos por encargo directo del presidente. El secretario de Gobernación incluso le presentó su renuncia al general.

—¿De verdad? Pero si son íntimos.

—Es que así están las cosas con el tal Indalecio Prieto. Le voy a pedir que de regreso a la ciudad me lo vigile bien. Asígnele un grupo de agentes las veinticuatro horas. Quiero saber qué hace con las joyas, con quién va, a quién visita. Y sobre todo qué compra, si es que lo hace. Supuestamente el mal llamado *tesoro* de este barco es para sostener a los refugiados que vayan llegando después del *Sinaia*. La idea es que vuelva a Francia por más oro y bienes incautados a la Iglesia.

—¿Y nosotros qué pitos tocamos en todo eso?

—Debemos custodiar la carga hasta la Ciudad de México y entregársela a Prieto.

El famoso *Vita* había sido comprado a nombre de un filipino de nacionalidad norteamericana, Marino Gamboa, después se enteraría Filiberto García por boca de Francisco Méndez Aspe, ministro de Hacienda del doctor Negrín en España. Era el viejo yate *Giralda*, propiedad de Alfonso XIII. En él se embarcó en Le Havre parte del tesoro de la Caja de Reparaciones que había permanecido en el castillo de Figueras y luego con los galos.

—¿Y qué contiene el famoso tesoro?

—Nadie lo sabe a ciencia cierta. Según el licenciado García Téllez, quien iba a corroborar con sus notarios el contenido particular y registrar cada pieza, se trata de una colección numismática, una colección de relojes de oro, las joyas de la Capilla Real, entre

271

las que está supuestamente un clavo de Cristo, y otras piezas de arte religioso de valor incalculable, García. Por eso el presidente nos ha pedido que custodiemos su entrega. Pero con una salvedad: que no metamos las manos. Fuera manos mexicanas del *Vita*, ha sido su encargo. La idea de Indalecio Prieto es fundir algunas de esas joyas y costear el embarco de más refugiados.

—Pistoleros comunistas, como los llama la prensa —intentó la broma García.

—El licenciado García Téllez sigue furibundo. Me aclaró antes de venir que él no recibió el tesoro y que no se le permitió su inventario y avalúo en tierras mexicanas. El presidente le había dado órdenes explícitas de recibir el barco, contabilizar el susodicho tesoro y entregarlo a Prieto. Pero cuando habló con el dirigente español, este le dijo que era una intromisión mexicana en asuntos estrictamente españoles. Luego se fue directo a quejar con el general Cárdenas de la conducta del secretario de Gobernación. Según me cuenta García Téllez, el presidente lo llamó enojadísimo a Palacio Nacional. Como siempre en esos casos de zozobra, el licenciado tiene una carta en blanco de renuncia. La firmó y le agregó un informe confidencial sobre la actitud de Indalecio. Don Inda, como le dicen.

—Es que qué pinche nombre, no los culpo.

—Total que García Téllez redacta el informe para la renuncia, cita al notario Manuel Borja Soriano, el que iba a dar fe de lo contenido en el *Vita*, y describe el incidente con el líder republicano. El presidente incluso lo llama otra vez urgiéndolo a presentarse de inmediato. García Téllez le dice que en un momento sale para allá y se va a Palacio. Pero en el despacho del presidente Cárdenas está Prieto, y Raúl Castellano no lo deja entrar. El secretario abre la puerta y ve cómo el español se escabulle al Salón Turco al notar su presencia. El general Cárdenas se levanta y lo cuestiona gravemente. Nunca lo ha oído hablarle así. El secretario le entrega su renuncia y le dice que tenga la bondad de leerla, pero a medida que lo hace cambia el semblante del presidente, quien al final le ruega: «Rómpala, licenciado. Deme un abrazo. Ya no tendrá usted que intervenir para nada en el asunto. El general Núñez, jefe del Estado Mayor, mediará en la entrega».

—Así nomás lo relevaron.

—En una junta con el licenciado García Téllez, en Gobernación, Prieto le confió que el primer ministro Negrín le había pedido que organizara un programa de inversiones. Allí fue cuando el presidente dijo claramente lo de «Mexicanos, fuera manos del *Vita*». Le dejó toda la responsabilidad a los gachupines, aunque el barco estaba en aguas nacionales. La razón era clara: Prieto se había quejado del secretario de Gobernación diciendo que desconocía la legitimidad de la representación española y ofendía a la República. ¡Se imagina por eso el enojo del general Cárdenas!

—Pues sí, pero pinches gachupines. O pinche Prieto, se trae algún negocito personal entre manos.

—Nuestro papel, simplemente, consiste en custodiar el tesoro desde el puerto hasta la casa de Indalecio Prieto. Cuando eso ocurra, nos lavamos las manos.

Tiempo después Filiberto García supo que Prieto había mandado fundir las joyas y que, curiosamente, un joyero de la calle Madero las estaba vendiendo entre las mujeres adineradas. Igual y era un rumor infundado. El 26 de julio de 1939 Prieto maniobró para que la Comisión Permanente de las Cortes en París desconociera al gobierno de Negrín y se hiciera cargo de la custodia, depósitos y control administrativo de cuantos fondos tuviese la República fuera de España. De ese resolutivo resultó la Junta de Ayuda a los Republicanos Españoles, JARE por sus siglas, que operó totalmente en contra del organismo creado por Negrín: la SERE, Servicio de Evacuación de los Refugiados Españoles.

De regreso a la ciudad, el Güero Téllez quiso sacarle la información acerca de su viaje, pero Filiberto sabía que cualquier infidencia aparecería publicada en *Novedades*, así que calló la verdadera causa de su periplo. El periodista no era, sin embargo, ningún ingenuo y seguía las noticias:

—Es por el *Vita*, ¿verdad? No me diga que usted trajo el famoso tesoro de los gachupines a esta Ciudad de los Palacios. Es usted una especie de Moctezuma inverso, entonces.

—Déjese de pinches bromas, Téllez. Tuve bastante con el general Núñez.

—¿Así que viajó con el jefe del Estado Mayor? Definitivamente un tema central para el presidente Cárdenas. No lo niegue más, fue a Tampico por el barco, ¿verdad?

—No le digo que sí ni que no.

—Sino todo lo contrario, como Cantinflas. El que calla, otorga, capitán. Su viaje secreto, de cualquier forma, está en boca de todos. Salvador Novo publicó hoy una nota sobre el tema diciendo que durante la guerra el gobierno republicano tomó la precaución de sacar de Madrid todo el oro que pudo y de repartirlo en las manos de quienes pudieran comprarle armamento. El monto, según parece, es incalculable. Millones de libras esterlinas, quizá. Los soviéticos solo intercambiaron armas por oro.

—Seguramente Novo exagera, como siempre.

—A decir del poeta, los ministros republicanos quedaron sumamente ricos: Negrín, Álvarez del Vayo, Indalecio Prieto. Los republicanos siguieron el ejemplo de Alfonso XIII, quien también, según parece, se llevó lo suyo. ¿Será cierto?

—No tengo idea. No se ven muy ricos que digamos, pero igual y Novo tiene razón.

—Entonces, ¿me va a contar qué contiene el tesoro del *Vita*?

—No tengo la menor idea.

—No se haga, mi capitán.

—De verdad, no nos dejaron inspeccionar. Órdenes del presidente. Solo pudimos custodiarlo. El general Cárdenas lo dejó muy claro: fuera manos mexicanas del *Vita*. Ni siquiera subimos a bordo.

—Entonces a otra cosa, mariposa, Filiberto. No tiene caso seguir con el tema del barco misterioso.

El Güero Téllez mentía bajo su aparente desinterés. Finalmente sacó la nota del *Vita*, sin mencionar a su amigo. Solo apareció el general Núñez y muchos datos que Filiberto García, o no supo proporcionarle, o realmente desconocía. El reportaje del Güero, que le ganó un bono por parte del director de *Novedades*, afirmaba que el tesoro estaba valuado en cincuenta millones de dólares. Contaba la travesía desde Le Havre en donde subieron, según Téllez, cien maletas, un número indeterminado de cajas con joyas, obras de arte, lingotes y monedas. El doctor José Puche, rector de la Universidad de Valencia, había sido el encargado por Negrín de custodiar el yate de recreo de Alfonso XIII, ahora con bandera filipina, pero nunca se apareció en el puerto. El comandante de la embarcación, capitán José Ordorika, y el custodio original del tesoro, Enrique Puente, decidieron zarpar rumbo a Tampico. Cuando el barco arribó, Indalecio Prieto se encontraba en gira por Latinoamérica, en Chile, y convenció al presidente Cárdenas de esperarlo para recuperar el susodicho tesoro.

Poco después, Prieto se paseaba por la Ciudad de México en un flamante Cadillac. El 22 de abril el *Flandre* trajo a los primeros refugiados españoles acogidos por el general Cárdenas, a pesar de las protestas de miles de mexicanos. El *Orizaba* llegó dos días después con el general Miaja a bordo. El *Sinaia* arribaría con sus primeros dos mil refugiados en junio. Narciso Bassols y el ministro Negrín organizaban en Francia la salida de los exiliados rumbo a la libertad. El *Ipanema* traería 994 republicanos el 7 de julio; el *Mexique,* 2,091 el 27 del mismo mes, y el *De Grasse,* con 206, atracaría en Nueva York, desde donde viajarían en tren. En poco tiempo se contaban ya más de cinco mil refugiados. Seguirían llegando incluso con la Francia ocupada en 1941 en el *Saint Dominique,* el *Quanza,* el *Nyassa,* el *Serpa Pinto.*

El *Vita* es un tema oscuro, había escrito el Güero Téllez, en una empresa solidaria y luminosa. Ante las reiteradas críticas, el general Cárdenas fue contundente:

—No hay antipatía o prejuicio en nuestro país contra ningún país o raza del mundo. En México tratamos a todos de la misma manera, sin distinción de raza o color. Las distinciones o persecuciones a cualquier sector de la población son contrarias al espíritu y a las leyes de mi gobierno. Entre nosotros, todo norteamericano es bienvenido, blanco o negro, judío o católico, todo lo que les pedimos es que cumplan con las leyes de inmigración.

# XVI

## El baile de la sucesión

Las campañas políticas han llegado a su última etapa. Quedan menos candidatos pero el aire se siente enrarecido. Para muchos es como si lo único que ocurriera en el país fuera esa elección. Siente que el asunto no lo deja terminar su encargo como debe ser. El 5 de febrero en Mexicali, en el Territorio Norte de Baja California, un ciudadano común lanzó otro manifiesto, como el de Almazán el año anterior. Ramón de la Paz se proclamó como candidato a la presidencia de la República diciendo:

> No he necesitado ni necesito comprometerme en forma alguna para hacer mi propaganda política, ni vender puestos públicos por adelantado, ni recurrir al gastado expediente de pedir apoyo a los senadores, diputados ni gobernadores en ninguna forma, ni moral ni económicamente. He pugnado y pugnaré por que el elemento militar se aleje de la política, retirándose a sus cuarteles para cumplir con la alta misión que se le tiene encomendada.

¿De dónde ha salido este hombre, se pregunta, que además de llamarse anticomunista anuncia que una de sus actividades iniciales será acabar con concesiones onerosas a mexicanos y extranjeros y que piensa disolver las Juntas de Conciliación y Arbitraje y juzgar severamente las huelgas? Lee el manifiesto en la prensa mientras lo acicala el barbero y se hace una nota mental para pedirle a García Téllez un informe pormenorizado del *ciudadano* Ramón de la Paz. Los periódicos se han visto favorecidos con las diatribas entre los dos verdaderos grupos en pugna, los avilacamachistas y los almazanistas, llamados *Verdes*. El general Antonio Villareal paga, por ejemplo, dos páginas en las que junto con su firma aparecen las de insignes zapatistas atacando al general Almazán. El PRUN desconoce la inserción pagada y se pregunta cómo los zapatistas pueden estar con el general Pablo González y el general Villarreal. Al inicio de la Revolución, Almazán, con apenas cincuenta hombres, se había anexado en Guerrero a Manuel Asúnsolo, y juntos se fueron a unir a Zapata. Pero cuando el usurpador Huerta, Almazán atacó a Zapata —con quien había sitiado Cuautla—, a quien pidió perdón tras la caída de la «Cucaracha» —como le decían a Victoriano en la canción— y en plena pugna entre convencionalistas y constitucionalistas. Almazán terminaría desertando del zapatismo para anexarse a Félix Díaz en Oaxaca. Perdió una cruenta batalla en Cintalapa, Chiapas, y fue a exiliarse a Guatemala y luego a Estados Unidos. El Manco Obregón lo aceptó en las filas de la rebelión de Agua Prieta. A la sombra de su nuevo jefe y de Calles, fue haciéndose rico con la construcción de carreteras. Controla desde hace años Nuevo León. Ataca a Ávila Camacho, a quien llama, como lo hacen sus compañeros en armas desde hace años, el «General Espada Virgen», porque no peleó en 1926 en Colima contra los cristeros que debía combatir, y en cambio los persuadió de dejar las armas. No se le conocía una hoja militar importante. Los almazanistas publicaban inserciones con supuestas *biografías*, donde lo colocaban como cartero o participante en el motín de la Ciudadela.

El 11 de ese mismo mes de febrero, en Xochimilco, Almazán se lanza a dentelladas contra su contrincante, al que llama el «candidato oficial», y el 18 la Procuraduría General de la República arresta a partidarios del general Joaquín Amaro, quienes dicen planear una rebelión armada. El general Cárdenas ordena su liberación, ya bastante ruido hacen las huestes de los que sí luchan en la contienda electoral como para meter en prisión a tres o cuatro locos.

Morones está dispuesto a subirse al carro de Almazán. Aprovecha la ocasión para regresar a su consabida oratoria. En un mitin de la CROM ataca a Emilio Portes Gil:

—Servidor de Victoriano Huerta —lo denuncia a gritos frente a sus huestes renovadas—, insultó a la Revolución y a sus hombres, llamándolos *bandoleros robavacas*. La Revolución le dio oportunidad a este hombre y se incrustó en sus filas para hacer todo el mal que ha podido. Es y será siempre un logrero de la Revolución y enemigo público número uno de la misma. Miente Portes Gil cuando afirma que se le debe la expedición de la Ley del Trabajo. Él no sabe ni siente esas cosas, es un impreparado e incapaz de formular cualquier proyecto. Dudo que verdaderamente sea abogado, como reza su quizá falso título. Lo reto desde aquí, compañeros, a una controversia pública. A Lombardo ya ni siquiera lo considero. Lombardo apesta.

El general Cárdenas lee la respuesta de su amigo Portes Gil al día siguiente en *El Nacional* y no puede evitar la carcajada: «A Morones le pasa lo que a los burros viejos cuando se alborotan las manadas: rebuzna y patea para que no lo confundan».

En el segundo número de la revista nazi de Vasconcelos, *Timón*, se ataca a Álvarez del Vayo y se le acusa de robarse joyas y piezas valiosas. Otra vez el tesoro maldito del *Vita*, piensa.

En marzo va a Chiapas. En Tuxtla Gutiérrez le entregan una placa de bronce. Es el primer presidente que visita el estado. Él mismo no estuvo nunca antes, en los seis años de su mandato. Lo acompañó el general Ávila Camacho, ya que se estaba decidiendo quién sería el candidato del PRM a la gubernatura y eso afectaba la campaña nacional. Al segundo día en la capital del estado, el general se dio cuenta de que el candidato Ávila Camacho tenía ya su *gallo* y quería imponerlo. Lo amonestó esa misma tarde:

—Nosotros, señor general, no lo impusimos a usted como candidato del partido a la presidencia de la República. Fueron los sectores del mismo, los senadores, la CTM, el pueblo quienes así lo decidieron. ¿Cómo va a ser que usted quiera imponer a su candidato que es a todas luces el menos popular?

—Señor presidente —tartamudea Ávila Camacho—, es una promesa que le hice a mi señora madre Eufrosina en el lecho de muerte. Que yo haría gobernador al general Grajales.

—Respeto sus promesas filiales, general, pero en política hay que escuchar a la gente, por más que se haya dicho lo que fuese en la hora postrera. Mañana dejaremos que sea el pueblo quien tome la decisión. Es mi última palabra, con todo respeto para su señora madre.

Al día siguiente, enfrente del palacio de gobierno, el general Cárdenas instaló dos improvisadas urnas, una a cada lado, para que no hubiese trifulcas. Los partidarios del general Grajales depositarían su voto en un enorme vitrolero a la izquierda, y los del doctor Rafael Pascasio Gamboa en otro idéntico a la derecha. Se conminó a la gente a que fuera a votar no para la elección a gobernador, sino para algo inédito: que sufragaran para saber quién querían que fuese su candidato. Poco después de las doce, la urna del doctorcito, como lo había llamado un indígena chamula, estaba casi llena y la fila seguía siendo copiosa. La del general Grajales, paisano del candidato a presidente, se encontraba vacía y nadie más hacía cola para sufragar. A las cinco el propio presidente dio por terminada la votación preliminar y el PRM eligió a su candidato a gobernador para los siguientes cuatro años. Rafael Pascasio Gamboa, sin saberlo, había sido beneficiado por un ejercicio particular de democracia directa. En las elecciones oficiales de julio habría de ganar por un amplísimo margen.

El general detesta los homenajes, que quieran poner su nombre en las obras públicas; tiene que haber mejores formas de trascender que mediante una *plaquita*. Declina por eso en abril un tributo que le quiere hacer el Congreso Indigenista Interamericano, que está reunido en Pátzcuaro. Quieren declararlo Benemérito de los Indios de América. No necesita los títulos para saber lo que ha hecho, pero sobre todo lo mucho que resta por hacer.

Los Dorados de Roque González Garza, en el teatro Arbeu, lanzan su propio manifiesto y se asumen como *Convención* para proclamar al general Joaquín Amaro como su candidato a la presidencia de la República. En el desfile del Primero de Mayo, el general Almazán es vitoreado por unos contingentes de ferrocarrileros que lanzan naranjas, en cambio, cuando pasan por el edificio de la CTM, donde están Lombardo y Ávila Camacho.

Ese mismo día, por la tarde, entrega él personalmente al embajador Daniels la respuesta a la nota diplomática sobre el *arbitraje* en el conflicto petrolero. El abogado Óscar Rabasa la ha redactado a petición del ministro Eduardo Suárez:

Es exacto, como se afirma, que la expropiación de los bienes de las compañías petroleras acaeció precisamente cuando parecía presentarse la perspectiva de un arreglo sobre algunas cuestiones pendientes, pero el momento no fue escogido por el gobierno de México, sino que se vio obligado por circunstancias bien conocidas. Mi gobierno se ve obligado una vez más a insistir sobre lo que ha reiterado continuamente y en todas las formas, o sea, en la resolución de pagar la indemnización que corresponda, pareciendo injusto sostener que México no ha cumplido con la obligación contenida en tal principio, solo porque exige, como es obvio, se fije previamente el monto de la cantidad que debe pagar. Los fallos arbitrales sobre diferencias entre los Estados, comprueban de modo abrumador que la obligación de pagar no es exigible, sino después de que por cualquier medio pueda conocerse y se establezca el monto de la cantidad que debe ser pagada. A quien debe atribuirse el que no se haya liquidado dicha obligación es a las empresas mismas que se han rehusado sistemáticamente a que se fije el valor de sus propiedades, requisito absolutamente indispensable para poder efectuar el pago.

El propio Daniels, en privado, tras leer la nota le da la razón:
—Transmitiré el mensaje, señor presidente, en toda justicia para México.

El 7 de mayo Luis Montes de Oca lo invita a cenar a su casa donde ha convocado al general Juan Andreu Almazán, quien se manifiesta preocupado por el tinte de la contienda y desea conversar con él. El general acepta, aun a sabiendas del tono que tendrá la reunión. Desde que el 28 de julio de 1939 lanzara su *Manifiesto* le había quedado claro lo que ya intuía personalmente: no había programa social en el almazanismo. Quería crear pequeñas granjas y ranchos de propiedad privada, liberar a los obreros de sus líderes e iniciar una franca y abierta cooperación con los Estados Unidos. En el documento atacaba particularmente la labor de la escuela socialista y a los maestros rurales, a las huelgas. Su *Estado Mayor* estaba compuesto por puros cartuchos quemados, lo mismo el hermano de Madero, Emilio, que León Osorio o el general Ramón Iturbe y Bernardino Mena Brito, fundadores del infausto Comité Revolucionario para la Reconstrucción Nacional. Almazán se hacía llamar «heredero del manto de Zapata», y por eso Antonio Díaz Soto y Gama —el antiguo anarquista que había arrancado la bandera en la Convención de Aguascalientes ante la protesta de Pancho Villa— y algunos hijos del Caudillo del Sur lo acompañaban. Era un hombre rico, sin ideología. En sus discursos les decía que se trataba de elegir a Almazán y Dios o a la URSS.

Aceptó asistir a la cena para manifestarle al general Almazán su voluntad de respetar el resultado de los comicios. Montes de Oca quiso ser el perfecto anfitrión y ofreció un aperitivo en la sala de su residencia. El presidente aceptó un vermut y el general Almazán un jaibol. Brindaron por el futuro de México. Almazán no esperó con urbanidad a la comida para iniciar sus reclamos:

—Señor presidente, le agradezco muchísimo a don Luis que nos haya convocado esta noche. Tengo sospechas nada infundadas de que grupos de choque del candidato Ávila Camacho planean atentar contra mi vida.

—Es muy grave lo que afirma, general. Y es mi deber garantizar su seguridad. Le comunicaré al licenciado García Téllez su preocupación para que asigne agentes especiales para su cuidado.

—¡Ni por equivocación, señor presidente! Un infiltrado de su gobierno en mi escolta es condenarme a una ejecución por la espalda. Yo tengo quien me cuide. Lo que quiero solicitarle es que prevenga a su gente, porque lo que puede haber es un derramamiento de sangre que desestabilizaría la poca tranquilidad que le queda a este país. Muchos han asumido que la única esperanza es inclinarse por los Verdes. A lo largo y ancho de la República he comprobado su adhesión, general Cárdenas.

—No sé por qué habla de *mi gente*. Nosotros no tenemos ningún candidato que proteger o alentar. Es el pueblo el que decidirá en las urnas el 7 de julio. Yo le puedo asegurar que respetaremos la voluntad suprema del pueblo.

—Pues entonces cuide lo que resta de las campañas. Ha habido muertos en Hidalgo y en Puebla, usted bien lo sabe, debido a los enfrentamientos con los grupos de choque del general Ávila Camacho y de Lombardo Toledano. No tienen intención alguna de jugar limpio.

—Es deber del gobierno asegurar que la contienda sea pareja

y que, además, no haya más enfrentamientos. Cuenta con mi palabra, general, de que velaremos por su seguridad, como nos pide, y de que garantizaremos la democracia en todo momento.

—Usted sabe que los ánimos están caldeados y que hay mucho temor dentro de su gobierno, es decir, dentro del oficialismo, por la posibilidad de que les arrebate el triunfo. México es ya todo Verde, como seguramente le habrán informado sus espías.

—Señor general, le suplico más respeto —lo conmina el anfitrión.

—Déjelo, Luis. Está notoriamente nervioso, es natural. Esta será una contienda reñida. Pero le aseguro que no hay favorito del presidente. Nuestro papel es garantizar la imparcialidad de la contienda.

—La imparcialidad, general Cárdenas, ha sido violada desde el principio de las campañas con el juego sucio del candidato de su partido.

—La nuestra, le reitero, es una posición desinteresada. No somos juez y parte de esta contienda electoral. Será quizá la primera vez desde la Revolución en la que no haya injerencia alguna del Ejecutivo en turno. Por eso le pedí desde el inicio a mis colaboradores militares que se separasen de sus cargos si querían entrar a la contienda. Se ha conminado a los gobernadores de los estados para que otorguen también amplias garantías a los electores y candidatos. He pedido tolerancia, general Almazán, tolerancia incluso excesiva cuando se ha tratado de desmanes o de grupos exaltados.

—¿Llama usted tolerante a Rojo Gómez, cuando él mismo ha incitado a la violencia en su estado?

—Hemos pedido a todos los gobernadores, sin excepción, que sean tolerantes y colaboren con el Ejecutivo en la realización de elecciones democráticas. Esta justa debe terminar, a pesar de los enconos que ha generado, con la participación de amplios sectores sociales, general Almazán.

—No piensan lo mismo el candidato Ávila Camacho y los cetemistas que nos han atacado sin piedad.

—Tampoco ustedes, los Verdes, se han mantenido lejanos a la diatriba y a la afrenta física, general Almazán. Cuando hablé de tolerancia también incluía en esa *manga ancha* muchas de las acciones realizadas por su partido.

—No son acciones, sino reacciones. Lamento contradecirlo, señor presidente, pero estamos realmente cansados. Le exigimos respeto a la contienda y al voto.

—No necesita exigírmelo usted. Yo mismo me lo exijo y lo exijo a todos mis colaboradores. Hoy ya no estamos eligiendo desesperadamente la reivindicación de las tierras, la destrucción de los privilegios culturales, de la sumisión de los asalariados, de la falta de libertad de pensamiento. Lo que ocurrirá en julio es un acto puramente democrático que aspira a que se consoliden las instituciones de la República.

Así siguió la plática, incluso cuando pasaron a la mesa. Montes de Oca intentó llevar en varias ocasiones la conversación a otros derroteros, pero el arte de Almazán, estaba claro, era el arte de la queja.

Al general no le gusta discutir. Le agrada escuchar y tomar decisiones en privado. Odia los actos temerarios. Ser el primer magistrado exige de él no solo una conducta moralmente intachable, como le había enseñado tantos años atrás Múgica, sino de plena responsabilidad. Pensar una y otra vez cada uno de sus actos, calcular el momento propicio y cuidar siempre la retaguardia, por si la batalla lo obliga a uno a retroceder. Esas son sus tácticas de guerra política. No piensa traicionar ese credo en el último trecho de su periodo presidencial.

Esa noche, antes de acostarse, va al cuarto de Cuauhtémoc y lo ve ya dormido. Amalia también ronca a pierna suelta en su habitación. Escribe en sus *Apuntes*: «Me retiraré unos meses de la política cuando acabe mi periodo, o por el tiempo que sea necesario. Tal vez en la isla de Cozumel, en Quintana Roo».

¿Había sido la suya una utopía irrealizable? ¿Había valido la pena sacrificar a su familia recién comenzada, estar lejos de los primeros años de su hijo, que iba creciendo sin padre, con el amor incondicional de Amalia?

En su despacho llora sintiéndose él mismo abandonado. Se está muy solo en el poder, piensa, pero se está mucho más solo cuando se va a dejar el poder.

\* \* \*

Eduardo Téllez asiste el 20 de enero a un banquete por el aniversario de la *Revista de Revistas*. Está convocada la plana mayor del periodismo. Lo asignaron a la misma mesa que al jefe de redacción de *Excélsior*, Gonzalo Herrerías, con quien había coincidido antes en los toros, en la temporada pasada. Fumaba un puro gordo que parecía otro de sus dedos, nada más que con la yema encendida.

—Oiga, Güero, ¿ya va a dar su brazo a torcer y se va a venir a trabajar con nosotros?

—Uy, Gonzalo, lo veo difícil, mi corazón está ya comprometido.

—¿Con Félix Fulgencio? No le doy dos años más a tu periódico.

—No, con su primo en *Novedades*. Ayer fui a ver las nuevas instalaciones y hasta me señaló cuál iba a ser mi escritorio.

Dio una larga bocanada a su habano, como atragantándose con el humo.

—¿Ya supo lo de la revista de Vasconcelos?

—No, no tengo idea. ¡Pero si ya se le acabaron los prosélitos, hasta con Taracena se peleó!

—Está financiada por Dietrich, el jefe de prensa de la embajada alemana. Se va a llamar *Timón*.

—¿Una revista nazi? No creo que tenga muchas plumas a su servicio.

—Lo increíble es que hasta el Doctor Atl va a colaborar.

—Ese pintor es una veleta. Vamos a ver la nómina de escritores. A esa revista le doy menos vida que la que usted le pronostica a Palavicini.

—¿Leyó las declaraciones de Morones en la Arena México con los cromistas? Le ha dado por decir que hay en México escuelas moscovitas clandestinas y que está dispuesto a ir al destierro de nuevo o al paredón, pero que va a revelar todas las falsedades del gobierno. Cuando se trata de clavar un puñal en el futuro de la patria hay que evitarlo, aunque nos llamen reaccionarios, gritó con su antigua vehemencia ante sus viejos seguidores.

—Parece que todos los enemigos del presidente Cárdenas se han reunido para acompañarlo en este último año de gobierno —bromea Téllez.

Mientras conversaban llegaron a su mesa Salvador Novo y Jacobo Dalevuelta, que tenían asignados allí también sus lugares.

—¡Querido *pueta*! —lanzó la puya Herrerías—, ¿a qué debemos el honor de su presencia?

—Quizás a la misma razón por la que nosotros nos deleitamos con el horror de la suya, don Gonzalo —reviró Novo.

Téllez les comentó de lo que hablaban antes de que llegara, para romper la tensión que había producido el extraño saludo entre los periodistas.

—Las elecciones van a ser un desastre, se los puedo asegurar —vaticinó Novo—. Desde que Gómez Morin anunció el nacimiento de su partido político y *los muertos*, como llamó a los viejos revolucionarios, hicieron el suyo, hay lugar para la contienda, no para la democracia.

Dalevuelta coincide con Novo:

—El discurso de Gómez Morin fue el verdadero Grito. Mientras en el balcón de Palacio el Trompudo cambiaba la fórmula por «¡Viva la República española!», el exrector hacía votos por un nuevo despertar ciudadano similar al impulso de Madero en 1909.

Téllez se atrevió a contradecir:

—El discurso de Gómez Morin no me parece una buena radiografía del país, sino de su clase social. Cuando dice que la vida pública en los últimos años ha sido solo de explotación del poder y que los hombres del gobierno están cada vez más alejados del interés nacional, no sé en qué país vive. Creo que nunca, en treinta años de lucha revolucionaria, ha habido un presidente con más interés en la gente y que haya hecho más por resolver los problemas de México.

Novo le respondió, ironizando:

—Nos salió cardenista el reportero de la muerte. ¿Será que en la sala de autopsias se halla la verdad política de este país de nopales y ejidos?

Herrerías, sin estar del todo conforme con el juicio del poeta, se puso de su lado en un aspecto:

—¿No negará que el diagnóstico de Gómez Morin es cierto en términos electorales cuando afirma que no hay imparcialidad en la contienda y que el gobierno no puede calificar un voto si se mantiene y exalta un partido oficial único? ¡El líder de Acción Nacional lleva la razón cuando dice que el ejército también es parcial y no sirve a todos los mexicanos!

—Ustedes, ya lo veo, forman parte de quienes hacen campaña difamatoria contra el presidente, acusándolo de lo que no es —revira Téllez, quien no se encuentra a gusto entre esos catrines de la prensa.

—Y usted —le responde Novo— vive en el sueño revolucionario, Téllez. A ver si cuando se despierte no se da cuenta de que se trató de una pesadilla. Por cierto, el general Almazán también va a fundar su partido. ¿Ya supo que agredieron a los almazanistas en El Niágara de Pachuca? Los sacaron a balazos y luego los golpearon. Así se van a poner las cosas de *democráticas*. ¿Me van a decir que Cárdenas no apoya incondicionalmente a su amigo el «Papadas» Ávila Camacho? ¡Por favor, señores!

—Leí la nota. Pero Vázquez del Mercado y Olea y Leyva también amenazan al presidente —dice el jefe de redacción de *Excélsior*—, y afirman que si no se hace justicia volverán al *sistema primitivo de defensa privada*. ¿Qué quisieron decir? Simple: que va a haber balazos. Y estamos en enero, faltan casi seis meses para las elecciones.

Jacobo Dalevuelta entra a la plática de nuevo. Había estado absorto viéndole las piernas a Magdalena Mondragón:

—Ustedes preocupados por la sucesión, cuando lo de hoy es en realidad el panfleto publicado por Richberg. ¿Lo han leído? —Entonces lo saca de su chaqueta y se lo da para que lo hojeen.— *The Mexican Oil Seizure*. Ese es nuestro verdadero dolor de cabeza, la mentada expropiación. Yo aún no creo que México se salga con la suya. Este hombre es un sabueso a sueldo de las compañías y viene a lanzar una campaña a todo lo grande en contra de Cárdenas. Una campaña que va a tener repercusión internacional. Mucho más relevante que los pleitos entre viejos generales que quieren conseguir un par más de votos en Pachuca, señores.

Herrerías se había puesto a leer el folleto sin compartirlo. Se había calado los lentes y dejado el cigarro consumiéndose en el cenicero. A Téllez le parece ridículo que los hombres usen boquilla. Le parece ridículo Gonzalo Herrerías, en realidad. Habla poniendo el dedo en un renglón del escrito, y traduce:

—Las propiedades eclesiásticas han sido confiscadas al igual que propiedades de nacionales y de extranjeros, pero los trabajadores del campo siguen viviendo en la miseria y México se ha visto obligado a importar artículos de primera necesidad como maíz y frijol, a pesar de que la extensión territorial es capaz de producir cereal de sobra.

—¿Y eso qué tiene que ver con la expropiación? —pregunta Téllez.

—Richberg trata de demostrar que las expropiaciones son ilegales y producto de un país de revueltas sin orden. Dice que los extranjeros han invertido millones y millones de dólares en este país y ahora no se les quiere indemnizar adecuadamente. Además afirma que no se expropió, que se confiscó. Desde esa argucia construye su argumento.

Herrerías sigue leyendo:

—Las compañías petroleras expropiadas pueden demostrar que durante los largos años de revueltas que hubo en todo el país, para poder conservar sus vidas y sus propiedades tuvieron que hacer las paces a fuerza de dinero con los cabecillas de diversas facciones.

—La terrible conclusión de Richberg, señores, es que el presidente Cárdenas, y eso lo afirma al final, le ha confesado su insolvencia, por lo que exige la devolución.

—El propio presidente justificó los sobregiros en su anterior informe —sigue Novo—, en la danza de las cifras a la que ya nos tiene acostumbrados. Este año será la debacle, *Los siete candidatos contra Tebas*.


Por la noche el Güero cambió de rumbos. No se consideraba cardenista, pero frente a los furibundos conservadores con los que le tocó departir en el banquete de aniversario, parecía un radical. Le dio risa. Se había quedado de ver con Estelita y Filiberto en el Waikikí, para bailar. El cabaret no tenía música en vivo todos los días, pero sintonizaban la XEK, *La voz del comercio*, después de las diez. Esa noche estaban de suerte porque había orquesta y cantante, un recién llegado a la capital: Pedro Infante.

La voz de tenor le agradó a Filiberto García:

—¡Este pinche sinaloense sí que se las trae! ¿Ve usted a esos dos teutones medio borrachos en la mesa de allá, Téllez? Son espías de Hitler. Llevan medio año en México. Dicen que ya se han entrevistado con Almazán para apoyar su campaña.

Estelita y el Güero se levantaron a bailar.

Hasta cuando vengo a divertirme tengo que trabajar, qué pinche labor la de policía, se dijo y fue a colocarse a corta distancia de los alemanes, que conversaban con un mexicano. No pudo sacar mucho en claro. Tal vez valga la pena seguir al *paisano* más tarde y ver de quién se trata.

Al rato desiste. Que haga lo que le venga en gana. Hoy no tiene guardia.

—Leí su reportaje sobre el Tigre de Santa Julia hoy en *Novedades*, Güero, ¿qué no tiene nada contemporáneo como para andar contando historias porfirianas?

—Pues entonces no lo leyó muy bien, capitán. Es un reportaje sobre su antiguo jefe, Valente Quintana, y los objetos y fotografías que tiene del temido y sanguinario Jesús Negrete. Tiene incluso los grilletes que le pusieron en su última estancia en la cárcel de Belén. Se los regaló a Valente, antes de morir, el gran Pancho Chávez, un policía al que usted debería venerar.

—¿Y usted venera la crueldad del Tigre? Sí leí su nota. El robo de la administración de correos de Santa Julia, el asalto al cuartel de Azcapotzalco donde le robó las armas a los rurales. Como a tantos en este país, lo traicionó su propio amigo, Heraclio Rodríguez.

—Por cuestiones de faldas, Filiberto. Los dos querían con un dama de nombre Loreto. Lo cogieron en Puerto Pinto, en Tacubaya. Estaba defecando tras un maguey, sin la pistola, por eso lo pudieron agarrar. Lo trasladaron a la Séptima y ahí le hicieron esa única foto que posee su querido Valente Quintana.

—Al Tigre lo fusilaron en Belén antes de que se les volviera a escapar. Los malos casi siempre escapan. Por cierto, Estelita, ¿algún día nos va a contar por qué la secuestró Saturnino Cedillo, que en paz descanse? —bromeó Téllez. La noticia de la captura y muerte del líder en San Luis Potosí había hecho enojar al presidente Cárdenas en noviembre; aseguraban sus allegados que nada lo encolerizó tanto en sus años como como titular del Ejecutivo. El general Henríquez nunca fue premiado por el *favorcito* de quitarlo de en medio.

—Estaba seguro de que yo tenía datos de Hacienda sobre las compañías petroleras y los planes de expropiación. Una de sus hermanas me contó que me habían estado siguiendo al salir de Palacio por una semana, y como siempre me llevaba papeles a la casa, pensaban que eran documentos confidenciales que el licenciado Eduardo Suárez me pedía que le guardara para que no se filtraran a la prensa.

—¿Y por qué no la liberaron cuando se dieron cuenta que no era verdad?

—Primero, porque el general Cedillo no me creyó y seguía insistiendo en que le dijera qué tramaba el presidente. Luego, porque vino la expropiación y ya no tenía caso dejarme libre. Sabía yo demasiado. Él ya estaba seguro de su levantamiento y no quería que la prensa supiera que sus gentes me habían capturado tantos meses atrás.

Se le ahogó la garganta. Filiberto se disculpó:

—Lo siento, Estelita, no quería recordarle el mal trago. Es que este año es de río revuelto y va a haber tanto desmán que dudaba tener otra oportunidad para interrogarla.

—El policía siempre en vigilia —bromeó Téllez—. Ya ni la amuela, capitán. ¿No piensa bailar esta noche?

—¡Solo si Estelita me concede la siguiente pieza!

—Faltaba más —contestó la novia de su amigo.

# XVII

## Una sucia jornada electoral

El domingo 7 de julio de 1940 los ánimos se han desbordado. Los seguidores del general Almazán acusan a la campaña del general Ávila Camacho de jugar sucio, de diversas intimidaciones y golpeteos. La gente sale a votar temerosa de encontrarse en medio de un zafarrancho. Las consignas habían también subido de tono: «¡Si quieres pan, vota por Almazán! ¡Si quieres ser un borracho, vota por Camacho!». La gente, especialmente en la capital, donde estaba buena parte de los seguidores del opositor Juan Andreu Almazán, salió a votar en gran cantidad. Él mismo lo hizo acompañado de su séquito: Antonio Díaz Soto y Gama, Manuel Reachi, Luis Napoleón Morones, más de regreso que nunca. Los corresponsales extranjeros le tomaron fotos desde que salió de su rancho en Coyoacán, El Mayorazgo. Eran las diez de la mañana y el Buick de Almazán iba escoltado por decenas de automóviles que se le anexaron en una espontánea caravana. En la calle de Monrovia 1002, colonia General Anaya, se detuvo para bajar a la casilla que le había sido asignada. Poco antes de su llegada, después de las nueve, hubo una gresca entre sus partidarios y un grupo de avilacamachistas armados. Vino la calma. La alegría. Almazán no votó por sí mismo, tachó la boleta en el nombre de Manuel Bonilla. A la salida más fotos, más vítores. El candidato subió a su auto y se dirigió a la sede del PRUN a seguir la contienda. Los reportes no eran halagüeños: heridos, incluso algún muerto; casillas robadas por miembros de las fuerzas armadas y los pistoleros de Gonzalo N. Santos amedrentando votantes e incluso *limpiando* las calles de almazanistas con pipas de agua que arrojaban chorros dispersores. El general Almazán sabía de las artimañas del cruel Santos y veía con extrema preocupación que sus urnas, las urnas de los Verdes, fueran robadas y destruidas. No tenía suficientes seguidores como para cuidar cada una de las casillas y aun así los reportes le informaban que noventa por ciento de las urnas en la capital estaban resguardadas por almazanistas. Reachi le confirmó a las once y media lo que temían:

—Gonzalo N. Santos está a la cabeza de grupos de pistoleros del PRM, del Comité Pro Ávila e incluso de la Secretaría de Guerra. Le reportan el general Venecio López y Miguel Acosta, el «coyote embaucador». Tenemos que intentar documentar todas estas anomalías, general.

—Saquen fotos, consignan declaraciones de testigos. Ni el presidente podrá hacerse de la vista gorda cuando vea las imágenes de sus soldados con cascos de acero y bayonetas afiladas amedrentando votantes y robando urnas.

El presidente Lázaro Cárdenas intentó votar sin conseguirlo, en dos ocasiones, antes de mediodía. Su casilla era resguardada por los Verdes. Estaba en la colonia Condesa, en Juan Escutia 35. Más temprano que nadie llegaron las *brigadas votantes* y se enfrentaron con los almazanistas. Hubo heridos. Ametrallados, según parece. El lugar estaba no solo repleto de seguidores de Almazán, sino de los miembros del Comité Nacional del PAN, que lo increparon: Gómez Morin, Manuel Ulloa, Luis de Garay, Aquiles Elorduy se encararon con el general. Le gritaban, por primera vez vociferaban en su contra, le exigían que respetara la voluntad del pueblo.

Pudo votar en medio del caos, pero su sufragio fue el único que cayó en esa urna amenazada por los odios de los contrincantes y sus seguidores enfrentados en una lucha casi de trincheras, de barricadas, de antigua comuna. Calle a calle, casilla por casilla se libraba un combate desigual entre las fuerzas de un Estado oficialista y las del candidato opositor y sus huestes de clase media. A las once quince y a las doce treinta, lo supo de regreso en Los Pinos, mientras conversaba con el general Heriberto Jara, presidente del PRM, los almazanistas habían apedreado la sede de la CTM. Los cetemistas tenían listo un grupo de choque al que habían llamado *Checa,* compuesto por choferes de la Federación de Autotransporte Leandro Valle, de la FROC. Fidel Velázquez, Fernando Amilpa, Jesús Yurén, Alfonso Sánchez Madariaga y Luis Quintero están dispuestos a hacer lo que sea necesario. El teléfono no deja de sonar: le reporta Corona del Rosal sobre una serie de bombas que encontraron cerca de la Embajada de Estados Unidos. Unos y otros, almazanistas y avilacamachistas, se apoderan de casillas e impiden que voten sus contrincantes.

El parte no es para vanagloriarse: 30 muertos y 158 heridos.

Lo mismo parecía ocurrir, con menores bajas, en Monterrey, Puebla, Saltillo, Toluca, Juárez, Madero. La cifra de los muertos por la contienda iba en aumento y los ayudantes le informaban de nuevos conflictos.

Había dispuesto solo en la capital cinco mil efectivos de policía para vigilar 224 casillas; sabía que el general Almazán había instado a la violencia desde hacía meses, que en Coahuila preparaban ya una insurrección militar. Por cinco horas durante la mañana recorrió las calles de la ciudad preocupado por los informes. Sin escolta iba a todas las casillas, comprobando él mismo el estado de las cosas, las condiciones de la guerra electoral. Llamando al orden o exigiendo más presencia policiaca donde veía más conflicto.

A las dos de la tarde la National Broadcasting Company informa por radio en inglés que el general Manuel Ávila Camacho ha sido asesinado. La Secretaría de la Defensa lo niega terminantemente. El candidato está desde las once en el edificio del PRM en paseo de la Reforma, donde el general Heriberto Jara ha instalado una especie de cuartel de guerra. El primero en llamarlos ha sido el gobernador de Hidalgo, Javier Rojo Gómez, para informarles que la votación estatal es prácticamente del PRM y de Ávila Camacho. *Abrumadoramente.*

En la ciudad, los partidarios del que la prensa ha llamado el *candidato oficial* han recuperado buena parte de las casillas que estaban en manos de los almazanistas, y ahora son ellos quienes les impiden a sus contrincantes ejercer el voto.

A las tres de la tarde un grupo enorme de más de seiscientos almazanistas intenta tomar por la fuerza el edificio del PRM. Antes de que inicie la gresca, Jara ordena cerrar todas las puertas y calma los ánimos de los avilacamachistas, impidiéndoles salir a enfrentarse con los opositores.

A las cuatro, los almazanistas atacan a pedradas la estación del PRM, la XEOF. No dejan un solo vidrio sin romper, pero nadie resulta herido.

Después de comer, a las cuatro y media de la tarde, el general decide salir a comprobar por él mismo cómo se encuentra la situación en la calle, en su Cadillac 89995, que la gente reconoce y contra el que se arremolina. Le había pedido a Amalia que lo acompañara, como si fueran de paseo: «Vámonos a dar una vuelta». Solo van ellos dos, el capitán Rodolfo Medina, su ayudante que maneja el coche, y el teniente coronel Luis Sánchez Gómez. Ninguna escolta. No los dejan siquiera caminar. En la calle Madero la turba los detiene. Vítores a Almazán, mueras a Ávila Camacho, insultos al presidente. Lo increpan:

—¡En Monterrey hay ya tres muertos, general! ¡Respeten la voluntad del pueblo!

Empiezan a trepar al Cadillac del presidente. Como monos encima de una ceiba. Primero tres o cuatro, luego son treinta. Aporrean las ventanas, gritan. Un neumático se revienta con el peso.

El capitán Medina avisa:

—Se bajó una llanta, general, ¿qué hacemos?

Como era imposible que el coche avanzara, el general decide bajarse del automóvil. Van apenas a la altura de Vogue. Sánchez Gómez desea acompañarlo, protegerlo:

—¡Quédese aquí! ¡Quédese aquí!

—A ver, vamos a platicar —les dice a los que protestan, acostumbrado a la recepción en los pueblos. Solo que aquí no hay ninguna cordialidad. Amalia, temeraria, desciende del vehículo y alcanza a su esposo, le trenza su brazo y lo hace sentir tranquilo.

Un grupo lo increpa directamente:

—Usted había prometido que se iba a respetar el voto, general Cárdenas, y no es así. Están pisoteando la voluntad de los electores —dice alguno.

—Esto es una burla, un gran fraude —dice otro.

—Pues se les ha dejado actuar en entera libertad. Ustedes lo están viendo. Hagan su lucha. Hagan lo que tengan que hacer —les responde sin titubear.

Ingresan él y su esposa a la casa Vogue mientras arreglan el neumático. Cuando Medina les avisa que está todo listo se suben, ya sin la turba alrededor. Van al Zócalo, dan una vuelta por el centro y regresan a Los Pinos.

Son las seis de la tarde, el general Heriberto Jara ha declarado al reportero de *Hoy*:

—A pesar de todas sus tentativas, a pesar de todos sus esfuerzos desesperados, la reacción almazanista no pudo evitar el aplastante triunfo de la candidatura nacional del general Manuel Ávila Camacho en las elecciones federales efectuadas el día de hoy.

Lo contrario creen los seguidores del general Almazán, quienes se sienten ganadores.

Por la noche el parte es más sombrío. El secretario García Téllez le informa que pasan de trescientos los heridos en toda la República y hay más de cincuenta muertos. El general Heriberto Jara también está en Los Pinos.

—Parece que Almazán ha ganado y que hay que entregarle el poder —musita casi inaudible el general Cárdenas.

—La votación campesina dirige el resultado de las elecciones a favor del general Ávila Camacho. No ocurrirá el triunfo de Almazán.

—Señor presidente, mis datos son más precisos y nacionales. Tiene razón el señor secretario, pero no solo el voto campesino, también el voto urbano en muchos estados de la República. Lo conmino a esperar los resultados. Si se le entrega el gobierno a la derecha, yo mismo renuncio a la presidencia del partido y me levanto en armas para defender la Revolución.

—No nos alarmemos, señores —responde el presidente—, ni cantemos vísperas. Habrá que esperar los resultados.


Al día siguiente los periódicos —que el general lee a las cinco y cuarto, después de haber nadado veinte minutos en la alberca helada— reportan la jornada que para él ha sido una prueba de fuego. *El Universal* habla de *aturdimiento* y con claridad juzga la que llama *nuestra impreparación democrática*.

Cárdenas lee: «El estado político en que nos hallamos refleja el decadente papel que han ejercido los gobernantes desde hace cincuenta años, y por ello los actos electorales han dejado de ser actos de interés común». Lee una entrevista con Almazán en la que se declara ganador y afirma: «Yo creo que no es posible que haya fraudes en esta elección tan clara. Tampoco creo que haya quien quiera ni intente arrebatármela».

Dobla el periódico y abre *Novedades*: «No disparó ni un tiro el ejército». Alerta sobre la continuación del conflicto en las Juntas Computadoras. *La Prensa*, en cambio, a ocho columnas: «Cárdenas entregará al que haya ganado», y luego: «Se ensangrentó la metrópoli en las elecciones; grupos ametrallados en plena vía pública». Al periódico oficial siempre lo ha dejado al último. Lee en *El Nacional*: «Triunfo de la Revolución en los comicios», «Victoria de Ávila Camacho en la nación». Lo mismo *El Popular*, el periódico de la CTM, que a ocho columnas anuncia: «Rotunda victoria del pueblo mexicano en las elecciones de ayer. Ávila Camacho y los candidatos del PRM obtuvieron mayoría aplastante en toda la República. El ejército y los trabajadores del campo y las ciudades expresaron su decisión de mantener e impulsar las conquistas de la Revolución».

Aparta de un manotazo los periódicos que van a caer cerca de la mesa, con su enjambre de noticias encontradas.

Cuatro días después, las Juntas Computadoras, sin presencia de almazanistas, que instalaron las propias, llegan al recuento oficial: Ávila Camacho 2,476,641; 128,574 para Almazán y 9,840 para Sánchez Tapia. Solo computan prácticamente a sus simpatizantes, pues los almazanistas instalaron casillas paralelas con presencia de notarios públicos cuyos votos era imposible computar.

Los datos que proporciona Miguel Alemán, director de la campaña avilacamachista, son menos desproporcionados: 3,108,197 votos para Ávila Camacho, 934,452 para Almazán, los pírricos 7,301 del general Sánchez Tapia.

Pero no son los oficiales los que irritan con mayor fuerza a Juan Andreu Almazán, quien amaga con una rebelión armada cuando conoce los resultados del cómputo. A finales de julio saldrá a La Habana.

El país está a punto de estallar, piensa el general Cárdenas días después de las elecciones del 7 de julio, con la cabeza fría, sabiendo que Manuel Ávila Camacho ha obtenido el triunfo.

Nada anotará en sus *Apuntes* de la jornada.

Durante un mes sus páginas permanecen en silencio, secas de todo pensamiento. No será hasta agosto cuando su pluma vuelva al cuaderno y anote dos pequeños aforismos: «Los comunistas simpatizantes del régimen de Stalin sostienen que, con la defensa de Trotski, se sirve a la burguesía imperialista. No. Al contrario, se defiende a la Revolución en su más pura esencia», seguido de: «El clero de México, que es inculto y torpe, siempre será una rémora para el progreso del país».

Son sus pensamientos, no su diario. La anotación minuciosa de sus días públicos volverá a ocurrir hasta el 14 de agosto, cuando escribe que despachará por las tardes en la Gerencia de Petróleos durante varias semanas, para ver personalmente y de cerca la reorganización de la administración de la industria, *de acuerdo con el plan que se le señaló.*

Vuelve a ser el militar después de haber querido ser el demócrata.

\* \* \*

El 20 de agosto Eduardo Téllez está escribiendo una nota cualquiera para rellenar la sección del día siguiente. Son las cinco y cuarto de la tarde en la redacción del *Novedades.* El encargado del conmutador grita como si lo estuviesen matando:

—¡Comandante Téllez, al teléfono! —Es el mote que le han puesto en el periódico por dedicarse a la nota policiaca. Al otro lado de la línea está uno de sus más fieles informantes, el Monje, telefonista de la Cruz Verde:

—Güero, Trotski fue el que hizo la revolución en Rusia, ¿verdad?

—Sí. ¿Por qué preguntas?

—¿Es el que vive en la calle de Viena 19?

—Sí, claro. ¿Por qué pediste que me comunicaran con tanta urgencia?

—Vete para allá corriendo. Hubo una balacera de la fregada y hay muchos muertos y heridos. Me pidieron cuatro ambulancias.

Téllez sabía que el asunto requería la presencia de su fotógrafo, Genaro Olivares. Tomaron un taxi a la salida del periódico y enfilaron para el fortín en el que supuestamente se resguardaba Lev Davidovich Bronstein, el invitado especial del presidente Cárdenas. En el camino recordó el anterior atentado del 24 de mayo, que también pudo reportar gracias al chivatazo de Filiberto García. El coronel Leandro Sánchez Salazar, jefe de la policía secreta, lo había llamado con urgencia a la casa de Trotski, donde acababa de ocurrir una balacera. La llamada del capitán García lo despertó como a las cinco de la mañana y a toda prisa se fue rumbo a Coyoacán. Uno de los secretarios de Trotski le impidió la entrada, pero mientras discutía lo vio el coronel Sánchez Salazar quien, sabedor de la amistad con Filiberto, le dijo al hombre que Téllez era uno de sus ayudantes. Al menos cuatrocientos boquetes producidos por disparos de armas de alto poder. Un ataque brutal.

—¿Cómo es posible que Trotski sobreviviera a este intento de masacre? ¡Rafaguearon la casa para no dejar a nadie vivo! —le preguntó a Filiberto.

—Pinche suerte. Ya interrogamos al viejo ruso y a su esposa. Parece que ella lo despertó cuando escuchó los primeros disparos y se metieron debajo de la cama. Trotski aún medio dormido porque toma somníferos.

—Y el nieto, ¿cómo se salvó?

—Lo mismo, se escondió debajo de su catre. No salió hasta que el abuelo lo arrastró de las patas. Sigue sin poder hablar y con un pequeño roce de bala en una pierna. Lo ha curado su misma abuela, ni siquiera sangró gran cosa.

—¿Cómo entraron?

—Ese es el gran misterio, Téllez, quién chingaos les abrió la puerta. Tenían un infiltrado, de seguro.

Recorrieron cada uno de los cuartos. El Güero no entendía por qué no habían abierto las puertas para dispararles de cerca.

—El sistema de ametralladoras de Trotski es famoso en Rusia, lo han adoptado todos los dirigentes soviéticos. Estos agentes de Stalin sabían que si abrían la puerta iban a ser acribillados, por eso dispararon por la ventana y por la puerta de esta recámara contigua.

Como el Güero anotaba todo lo que le iban informando, el ruso lo increpó:

—A mí no me engaña, señor Téllez, usted no es ayudante del coronel Sánchez Salazar, nunca lo había visto. Es usted periodista.

El coronel interrumpió el ataque preguntándole directamente a Lev Davidovich sobre quiénes creía que habían perpetrado el asalto a su casa esa madrugada:

—Sin duda enviados de Stalin. Debe usted revisar todas las entradas de extranjeros a México.

—No terminaríamos nunca. ¿Sabe cuántos han venido de España refugiados por el presidente Cárdenas? Veinte mil y contando.

—Pues por allí habrá que empezar.

El coronel Sánchez Salazar no estaba de acuerdo. En las horas siguientes la hipótesis del jefe de la policía secreta, y del propio Filiberto, fue que en realidad se trataba de un *autoatentado*. Solo así se explicaba que tal cantidad de proyectiles hubiera fallado sin dar en el blanco. García interrogó, con ayuda de su jefe y en presencia de Téllez, a todo el personal de servicio de la casa. La cocinera afirmó que Trotski había reunido a los miembros de su seguridad, sin permitir que asistiera nadie de la servidumbre, y de allí, según sus palabras, *salieron todos nerviosos*. Esa pista los llevó al equívoco. Y eso los tuvo entretenidos. Sánchez Salazar arrestó a los ayudantes y guardaespaldas extranjeros, llevándolos a los separos de la Séptima demarcación. Dejó sus propios guardias, pero Trotski protestó enérgicamente.

—¡En este país mando yo y me los tengo que llevar por sospechosos! —insistió Sánchez Salazar.

Trotski siguió protestando, sin éxito. Intentó hablar con su amigo Múgica, pero había dejado su cargo y no estaba en la Ciudad de México. Finalmente exigió el regreso de sus fieles guardaespaldas con una carta por escrito al presidente Cárdenas, en la que sugería la participación de un mexicano en el intento de homicidio: el pintor David Alfaro Siqueiros. El muralista había escrito en algún momento al propio presidente exigiendo se expulsara de México a Trotski: «O se destierra al enemigo», escribía a Cárdenas, «o lo harían él y sus hombres, los combatientes mexicanos de la guerra española». De nada valió el enojo del jefe de la policía secreta cuando el general Núñez, su jefe, le pidió que los dejara en libertad.

—Si no fueron ellos, al menos nos llevarán con los verdaderos culpables.

—Mejor consiga atrapar a Siqueiros y regrésele sus guardias al ruso —terminó tajante el general Núñez.

Ni «el Coronelazo» ni uno de los ayudantes de Trotski aparecieron los días siguientes. Las preguntas de Filiberto y de Sánchez Salazar seguían siendo las mismas: ¿cómo un comando armado toma por sorpresa a seis guardias mexicanos apostados en el exterior y seis en el interior, trotskistas fieles de distintos países, su *guardia pretoriana*? Uno de ellos, Robert Sheldon Harte, estaba en la puerta y supuestamente lo secuestraron los asaltantes, con lujo de violencia según los testigos.

—¿Por qué abrió? —sigue cuestionando al aire el coronel.

—Quizá porque reconoció a alguno de los pinches asaltantes, algún *amigo* de Trotski —piensa en voz alta Filiberto García.

—O porque estaba coludido —tercia el Güero— y era quien debía franquearles la entrada.

—Lleva usted razón, Téllez. ¿Y si Sheldon es el infiltrado que pensamos y el secuestro es una faramalla?

Las semanas siguientes, después de cientos de interrogatorios quedó claro que el comando estaba compuesto por mexicanos y españoles: David Alfaro Siqueiros a la cabeza —quizá—, Antonio Pujol, Luis Arenal, Néstor Sánchez y David Serrano Andonegui. Contrataron a dos muchachas que iban a la garita de policía frente a la casa de Trotski a enamorar a los gendarmes para distraerlos. Así fue que los atacantes, disfrazados de militares, según uno de los interrogados, pudieron entrar a la fortaleza aparentemente inexpugnable de Viena 19.

Los interrogados negaron que el jefe del comando fuera Siqueiros, que se encontraba prófugo. Hablaban de un francés —unos—, un belga —otros—, un judío francés —según Andonegui—. Los indicios los llevaron a una granja en Santa Rosa, camino al Desierto de los Leones, donde creyeron que encontrarían al pintor prófugo. En su lugar dieron con la tumba reciente de Robert Sheldon

Harte, que había sido enterrado torpemente después de ser asesinado. Los testigos eran claros: Siqueiros y su esposa, Angélica Arenal, visitaban Santa Rosa. Dos hermanos de Arenal también fueron encontrados culpables de participar en el asalto a la casa de Trotski. Le informaron sobre la posible participación de Harte en el ataque, pero el viejo ruso lo negó.

—Imposible. Sheldon era el más fiel de mis secretarios. Otra vez se equivoca, coronel Sánchez. Encuentre a Siqueiros para que diga toda la verdad.

Mandó a hacer un placa conmemorativa de su colaborador esa misma tarde, en desagravio: ROBERT SHELDON HARTE. MURDERED BY STALIN. 1915-1940, que ordenó colocar en el patio.


Ahora el Güero Téllez está de nuevo en la casa fortaleza y se presenta con el coronel Sánchez. Han pasado tres meses desde el primer atentado. Esta vez ha sido un solo hombre, que mantienen arrestado *in fraganti*, y que afirma llamarse Jacques Mornard.

Cuando Téllez lo mira, bastante maltratado por los golpes que los guardaespaldas de Trotski le propinaron, lo reconoce:

—Este hombre vivía en el Ermita. Lo vi varias veces, coronel. Y bajaba al piso en el que Siqueiros tiene su oficina. El departamento que ya el capitán García ha desmantelado sin encontrar pista alguna. Un buen día este hombre desapareció del Ermita, pero no es inusual porque también es utilizado como hotel, no solo como edificio de apartamentos.

El coronel Sánchez Salazar le hace un resumen de lo ocurrido, con cierta rapidez pues debe seguir interrogando a los testigos. León Trotski ha sido trasladado de emergencia al hospital en una de las ambulancias que el Monje dijo le fueron pedidas a la Cruz Verde.

—Jacques Mornard, el atacante, es novio de la asistente de Trotski, Sylvia Ageloff, desde Europa. Conoció a su víctima el veintiocho de mayo, curiosamente cuatro días después del fallido primer atentado. Venía siempre a recogerla terminando el trabajo. Luego se hizo muy amigo de los guardaespaldas europeos, según parece, sobre todo de Sheldon. Si mi hipótesis es correcta, este cabrón es el judío francés que vino con el comando a balacear la casa, y por tal razón les abrieron. Estaba trabajando en un artículo político y le había pedido a Trotski que se lo corrigiera. Con esa excusa llegó aquí por la tarde. El hijo de la chingada le enterró un piolet en la espalda. Por eso ve usted toda esta sangre.

—¿Y no murió al instante?

—No. Acá tengo las declaraciones de Natalia, quien ha ido a acompañarlo con Filiberto al hospital. Dice que no pasaron ni cuatro minutos solos cuando se escuchó un grito horrible. Trotski dio un alarido y salió tambaleándose, sangrando, sin anteojos. Su mujer le preguntó qué era lo que pasaba y lo intentó sostener mientras llegaban los guardaespaldas: «El destino se ha cumplido. Natalia, te amo. Fue él. Fue Mornard. Yo presentí lo que iba a hacer. Le agarré la mano cuando quiso volver a atacarme».

—¿Y los guardias entonces lo dejaron como Santo Cristo?

—Lo hubieran matado si Trotski no se los impide. «¡Déjenlo vivo! ¡Necesitamos que declare que lo ha enviado Stalin a matarme!», dice su mujer que gritaba.

El coronel Sánchez le enseñó el piolet y el lugar donde cayó. Genaro Olivares comenzó a hacer sus fotos: del arma homicida, del despacho, de la sangre. Había un manuscrito encima del escritorio con el nombre *Stalin* en la primera página mecanografiada. Téllez pensó que se trataba, seguramente, de un ataque biográfico a su enemigo. Dejó al jefe de la policía secreta realizando sus diligencias y se dirigió al hospital de la Cruz Verde, en el mismo edificio de la Sexta Delegación. No lo dejaron entrar. El herido tenía protección especial autorizada por el propio presidente Cárdenas. En vano intentó convencerlos:

—Ni aunque fuera usted ministro de la Suprema Corte lo dejábamos pasar sin una orden, jefe. Lo sentimos.

Le habló por teléfono a Rubén Leñero, el director de Servicios Médicos que en otras ocasiones le había ayudado, pero se negó también a dejarlo entrar. Solo entonces se le ocurrió hablarle de nuevo al Monje.

—¡Hazme una balona, mano! Me voy a *enfermar* en la esquina de Pescaditos y Revillagigedo y me mandas una ambulancia. Necesito que me metas al hospital de incógnito. Luego te paso una feria.

El Güero Téllez iba en la camilla y reconoció al general Manuel Núñez, jefe de la policía, quien supervisaba personalmente la seguridad del moribundo.

—¿Quién viene allí? —preguntó, sin acercarse.

—Un enfermo —mintieron los camilleros.

—Métanlo al fondo y que se muera el desgraciado. ¡No quiero a nadie acá!

Ya dentro consiguió que el doctor Leñero le prestara un uniforme médico, dando su brazo a torcer, para que pudiera terminar su reportaje.

—Nomás te cubres el rostro con el tapabocas, no quiero que nadie te reconozca.

La placa de la bata blanca rezaba «Dr. Guízar».

El doctor Gustavo Baz operaba a León Trotski. También habían traído a Mornard, quien estaba vendado de la cabeza y acompañado por su novia, Silvia Ageloff. Había escrito apresuradamente una carta en francés, como declaración, donde afirmaba haber nacido en Persia, ser hijo de un diplomático belga y de profesión periodista. El doctor De la Fuente la tradujo en voz alta y se la entregó al general Núñez.

El Güero Téllez salió entonces al patio del hospital y se quitó el tapabocas para fumar cuando supo, dos horas después, que Lev Davidovich había sido pronunciado muerto. No sobrevivió al ataque de Mornard.

—¡Grandísimo cabrón! Lo reconocí desde el principio, qué doctor Guízar ni qué mis polainas. ¡Pinche Güero, lo que hace usted por un reportaje! A ver, lo acompaño a la salida, no sea que me lo lleven preso por andar metiendo las narices donde no lo llaman. Quítese la bata.

Filiberto García lo condujo a la salida, protegiéndolo de sus superiores. A toda prisa se fue al *Novedades* a redactar la nota que tituló «Caso Trotski», y que fue publicada al día siguiente. Su nota gloriosa, pues la reprodujo el *London Times* y le hicieron entrevistas para documentales de cine.

—¡Le debo una, Filiberto! —aceptó la noche siguiente, en el bar del Regis.

—Me debe todas, Güero. Mi jefe está que se lo lleva con la nota.

El general Núñez lo llamó a cuentas por haberle permitido entrar a la casa del ruso.

El propio García atrapó a Siqueiros al mes siguiente. El doctor Alfonso Quiroz Cuarón se encargó del estudio del reo Jacques Mornard, alias Frank Jacson. Un impresionante expediente de 1,359 cuartillas. El doctor Quiroz y su maestro, el doctor José Gómez Robleda, ocuparon 972 horas en intentar resolver el enigma del asesino, quien nunca en todo ese tiempo les dijo su verdadero nombre.

# XVIII

## El último día del presidente Cárdenas

Se ha preparado desde el primer momento para esta mañana inevitable. Se llega al poder para dejarlo un día, es algo que se ha repetido muchas veces a lo largo de estos años en la presidencia de la República. Tener ese horizonte siempre a la vista le ha permitido conservar la humildad, saberse prescindible. Se lamenta, eso sí, del poco tiempo real que ha tenido para gobernar. ¿Cuánto? ¿Tres años y medio? ¿Cuatro, quizá? Los primeros dieciocho meses los usó para eliminar al fantasma del Jefe Máximo. Desde ese momento en que el general Calles salió del país y él comenzó a repartir las tierras y realizar su proyecto social y económico hasta la expropiación del petróleo. Suelo y subsuelo para los mexicanos. Después de ese momento la presión internacional, la crisis económica y la Segunda Guerra Mundial le habían arrebatado la libertad de actuar que tuvo entre 1936 y principios de 1938. Y luego el baile de máscaras de la sucesión, en el que volvieron a danzar los mismos macabros personajes conservadores que tanto daño le han hecho al país. Y los *madruguetes* del propio partido, pero sobre todo de Lombardo y los obreros por él controlados, que impidieron el libre juego de los candidatos, obligando a su amigo Múgica a renunciar a su campaña antes de tiempo. La distancia de ese momento aciago los ha separado, pero él sabe que solo temporalmente. Juan Ge Mu comprenderá que él no metió las manos, dejó que las incipientes instituciones hicieran su trabajo. Había un chiste que estaba en boca de todos y le dolía, por lo incorrecto de la apreciación: «¿En qué se parecen Ávila Camacho y el *income tax*? En que son unos pinches

311

impuestos». Era difícil que él pudiera modificar ya la percepción popular, azuzada por la prensa de derechas, de que Manuel había sido su candidato. Olvidan su cercanía con Múgica, la vieja amistad fraguada en Tuxpan de los ideales, el hecho de que fuera él, Lázaro, quien le salvó la vida cuando el general Obregón mandó que se le eliminara. Su regreso a la vida política después del ostracismo dirigiendo el penal de Islas Marías, donde también introdujo reformas radicales, incluso médicas y psiquiátricas, cuando aceptó recibir al doctor Raúl González Enríquez, quien realizó el primer estudio de la vida sexual de los presos. «Es un hombre práctico dirigido por un alto sueño», le escribió a Cárdenas desde el penal. Como lo eran ellos dos, comprendió claramente el mensaje.

Sus críticos no entienden: Múgica habría sido su candidato impuesto, si él hubiera jugado el viejo truco de cartas del general Calles. Pero se juró que nunca volvería a ocurrir. No había otra manera de construir un verdadero país, con un Estado fuerte, que dejar que las cosas las acomode la voluntad popular y no la del Ejecutivo. Parece que no lo escucharon hablar en Chilpancingo, ese discurso que él quiso que fuera una especie de testamento político. Hizo el balance de su periodo y quiso responder a todos sus detractores, legión en el último momento. Hace ya nueve meses de aquello. El 20 de febrero dijo a quienes lo culpaban de la enemistad con los países después de la expropiación y del supuesto caos en el que se encontraba el país, que su gobierno no era ni comunista ni totalitario, como mentían sus enemigos:

—Ya nadie niega la justicia y la necesidad de la reivindicación de la tierra a favor de los campesinos, pero se atribuye a la ejecución de la reforma agraria, y especialmente al sistema ejidal, el descenso de la producción agrícola y el aumento del costo de la vida. Nada más falso. Los problemas del trabajo se han sucedido en condiciones semejantes a las que se mencionan respecto a la reforma agraria. El gobierno ha procurado desarrollar una política obrerista, tratando de favorecer en primer lugar la organización de los trabajadores y su unificación, pero siempre siguiendo lo establecido por la Constitución en su artículo 123.

Los aplausos interrumpieron su discurso de reivindicación del imperio de la ley y de su sostenida tesis sobre el progreso social basado en los artículos 3º, 27 y 123 de la Constitución. Para eso se luchó desde 1910 hasta ahora. Lo mismo les dice acerca de los derechos de los mexicanos sobre el subsuelo. Defiende también la educación socialista, gratuita y democrática, la libertad de prensa:

—La Revolución no ha establecido un régimen absolutista, dictatorial y totalitario, que implique la esclavitud servil de las entidades privadas que la componen. Nadie puede comprobar que el gobierno de México piense o tenga compromisos políticos con agrupaciones comunistas o totalitarias. No hay en México un gobierno comunista. Más que las formas políticas, lo que define a un régimen en este sentido es su organización económica y social. El gobierno de México no ha colectivizado los medios e instrumentos de producción, ni ha acaparado el comercio exterior, convirtiendo al Estado en dueño de las fábricas, las casas, las tierras y los almacenes de aprovisionamiento. Los casos aislados y excepcionales de expropiación de maquinaria por motivos de utilidad pública, como en la industria del petróleo, los ferrocarriles, El Mante, Yucatán y La Laguna, se han justificado plenamente por las condiciones especiales de esos procedimientos que los mismos propietarios o empresas provocaron irremediablemente con su actitud.

Volvieron a interrumpirlo los vítores. Y él siguió, por más de media hora, ponderando el régimen de la Revolución. Ahora tiene que dejar la silla, confiado en que no se traicionarán esos principios. Y a él no le quedará más remedio que quedarse callado para no caer en la tentación de sus antecesores. El nuevo presidente de México será la única autoridad, el único garante de la continuidad y la democracia.

Hoy se ha levantado temprano. Había dado órdenes de que le ensillaran el caballo retinto. Desde las cuatro y media de la madrugada anduvo cabalgando solo por el bosque, pensando. Alebrestaba al animal para que anduviera a todo galope. Necesitaba la tensión en la rienda, la fuerza de la velocidad. Quería cansarse, darse un largo baño y luego desayunar por última vez en Los Pinos. Nada, salvo esa escapada al alba, alterará la rutina de los últimos años. El barbero cortándole el pelo y rasurándolo, ajustando el bigote antes de los huevos rancheros y el café de olla. Luego se pondría un traje negro, adusto como el del primer día, y se despediría al fin de esta casa que él puso a funcionar hacía casi seis años.

Una semana atrás había hecho quemar el archivo de sus dádivas privadas ante el enojo de su sobrino, quien lo había llevado con esmero notarial por tantos años. No deseaba que se le juzgara por lo dispendioso de su corazón: había utilizado casi todo su sueldo en resolver personalmente las necesidades de quienes lo buscaban. Sus colaboradores habían dejado de llevar efectivo en sus carteras a las giras, temerosos de que el general les pidiera dinero cuando ya se le hubiera acabado el propio. Algo debía hacerse para mitigar el dolor o la pobreza, pero eso había sido realizado en la más íntima intimidad, porque le nacía a él del corazón y nada tenía que ver con su labor presidencial.

Todo lo escrito queda. Por eso él mismo había sido parco en sus apuntes del último tiempo. ¿De qué se arrepiente?, se pregunta ahora encima del caballo, mientras el sol aparece aún mustio. Quizá de que, como soldado, debía cumplir con órdenes —o darlas él mismo— con las que no estaba de acuerdo. Un río caudaloso impidió que él ejecutara al presidente Carranza por órdenes del general Calles, pero no se le olvida que fue él quien escribió, cuando era jefe de la Primera Brigada de Sonora —al mando del general Arnulfo R. Gómez— a Rodolfo Herrero, siendo él, Lázaro, apenas coronel de Caballería, desde Villa Juárez en Puebla. Cada una de sus palabras le viene ahora a la memoria:

Lo saludo afectuosamente y le ordeno que inmediatamente organice a su gente y proceda desde luego a incorporarse a la comitiva del señor presidente Carranza; una vez incorporado, proceda a atacar a la propia comitiva, procurando que en el ataque que efectúe sobre esos contingentes, muera Carranza en la refriega, entendiendo que de antemano todo está arreglado con los altos jefes del movimiento y, por lo tanto, cuente Ud. conmigo para posteriores cosas que averiguar. Como siempre me repito su atento amigo y compañero.

Las palabras quedan, nunca se las lleva el viento. Ese hecho ominoso le valió el ascenso a general brigadier. Él era un militar. Un soldado no contradice órdenes. Sin embargo, tiempo después habría de desobedecer las órdenes de Obregón en un mensaje similar: le correspondía a él terminar con el general Múgica, y lo dejó

314

escapar. ¿Qué había pasado en esos años que le permitió atreverse a romper con la disciplina castrense? ¿La gubernatura interina de Michoacán o el entendimiento de los sucios juegos de la política? Sabe ahora que obró bien en el segundo caso. Desde entonces tomó la divisa *vencer sin sangre*, que aplicó cuando le tocó, siendo ya gobernador de Michoacán, desmantelar la guerra cristera. Poco ortodoxo el método, pero no tan reprobable como el sometimiento al dictado del mando superior.

El jefe cristero Simón Cortés Vieyra no iba a pacificarse por las buenas, como otros. Le propuso armisticio a través de María Luisa Pizarro, la viuda del general José Rentería Luviano, y se negó terminantemente a aceptarlo. Un mes después envió a la misma mujer para avisarle que su familia entera estaba *recluida* en la Jefatura de Operaciones Militares. La mujer y dos de sus hijos, Magdalena y Matías, obraron lo que no pudo el pacto caballeroso que le ofrecía amnistía. El 29 de enero, al fin, el jefe Simón Cortés aceptó parlamentar con él. El general llegó prácticamente solo, con dos acompañantes: el general Miguel Henríquez Guzmán y el chofer. En Santa María un pagador del gobierno les dio a los antiguos soldados de Cortés Vieyra una gratificación, y al jefe le permitieron recoger a su familia y retirarse en Morelia, lejos de toda actividad política y bélica. Apenas llevaba el general Cárdenas cinco meses como gobernador y había logrado rendir a los cristeros. El método era lo de menos.

Al menos así pensaba entonces. Estos últimos seis años la encomienda no consistía en garantizar la paz y el crecimiento de un pequeño estado, sino de la República entera. ¿Había obrado bien? Ese examen de conciencia no le quitaba precisamente el sueño. Alguna vez en sus ya voluminosos *Apuntes* se había cuestionado: «El pueblo con sus necesidades hizo a los caudillos, ¿correspondieron?».

Y él, que se había negado a ser caudillo, ¿respondió?

El general Cárdenas es claro, y así lo ha escrito antes de salir a montar: «Me retiro con un sincero deseo de que registre el mayor éxito la administración que hoy preside ya el señor general Manuel Ávila Camacho, con quien me siento solidarizado. Me hago el propósito de no leer en mucho tiempo periódicos que hablen de política. Considero tener la fuerza necesaria para no molestarme por ataques, pero es mejor dejar de leerlos. No cometeré el error de contestar ataques de personas o de grupos que hayan o no estado en oposición a mi gobierno. Si mi administración tuvo actos que beneficiaron al pueblo o al país, la nación lo decidirá cuando se hayan serenado las pasiones de hoy. Si hubo errores, me sentiré satisfecho de que se corrijan en beneficio de la patria».

Pero hoy los ánimos no están serenos. Le duelen los ataques diarios en la prensa. No todos. Recuerda cuando Salvador Novo escribió de él: «Cárdenas es el presidente misterio. No anuncia planes, no comunica proyectos, viaja sin itinerario detallado, dice discursos sensacionales cuando menos se le esperan, resuelve conflictos desde el ángulo de la audacia menos sospechada, y lo que lo redime, lo que lo excusa de cualquier error es que no mata, no encarcela, no fabrica complots, no necesita de colaboradores que confiesen crímenes».

Así ha sido, indudablemente. Murió Saturnino Cedillo en una escaramuza que él no planeó. No quería otro Huitzilac, se lo dijo a sí mismo cuando leyó en 1932 *La sombra del caudillo* porque la novela le recordó su propia connivencia con el asesinato de Serrano, aunque hubiera sido el general Fox el encargado de perpetrarlo. Él no mandó matar a nadie, ni encarcelar a nadie. Al contrario, pidió expresamente que no se enjuiciara a quienes aparecían como sus detractores. Solo en la máxima libertad de expresión puede darse un ambiente de justicia. Ahora sus enemigos se le habían ido a la yugular, y la mordida era dolorosa, aunque no mortal.

Está por encima de esas críticas malsanas, sabe quiénes las mandan realizar. ¿Regresaría Calles a México, como ya lo había hecho Morones, ahora que Ezequiel Padilla había sido nombrado por Ávila Camacho secretario de Relaciones Exteriores? Le preocupaba menos eso que cualquier posible desviación en la política petrolera. Se lo había expresado a su sucesor explícitamente en un desesperado ruego de no claudicar frente a los norteamericanos.

Le preocupa también el ejido y sus detractores. Si se cuida, piensa él, la organización del ejido, los campesinos lograrán absorber toda la tierra que hoy queda fuera de su jurisdicción. Le dijeron incansable, y lo fue. Ahora lo mira con cierto orgullo: repartió 18 millones de hectáreas de tierra a casi un millón de ejidatarios. El ejido contenía ya casi la mitad de la tierra cultivada a lo largo y ancho de la República. En algunos lugares pensaban que él había hecho milagros. Era solo fruto de la voluntad y del trabajo. De la idea de servicio.

Le preocupa Vicente Lombardo Toledano, quien se ha convertido en un poder en sí mismo; no desea que se transforme en un nuevo Morones, aunque con otra tinta y otros métodos.

Está empezando a leer una novela: *Huasteca*, de Gregorio López y Fuentes, que acaba de aparecer en librerías. Esas páginas son una concesión, también, a la nostalgia.


Un hombre camina por los jardines de esa casa que no es suya, que fue prestada, como fue prestada la patria por seis años para arreglarla un poco. No es ya joven, pero aún posee el vigor del muchacho que salió huyendo de Jiquilpan a hacerse hombre y a juntarse con los bandidos de la Revolución. El mismo que le prometió, sabiendo que no lo haría, a su madre Felícitas que regresaría pronto. Recuerda a su maestro Hilario de Jesús Fajardo y su amor por los árboles, mientras mira ya crecidos los pinos de la residencia. Recuerda el sueño en el que en una noche borrascosa se vio por las montañas liberando a la patria del yugo que la oprimía. Iba, en el sueño, a la cabeza de una numerosa tropa a la que comandaba.

Ahora vuelve a estar solo, sin tropa alguna, acompañado únicamente de su sombra, a la que ya no teme. Suspira con alivio, sabedor del deber cumplido. Tacha un renglón entero de sus apuntes, se arrepiente de lo escrito. Las palabras son eternas, como las grandes hazañas, los enormes retos. Las decisiones irrevocables.

Al general Cárdenas, al fin, ya no le toca tomar decisión alguna.

\* \* \*

—¿Se va usted otra vez de la Ciudad de México, Filiberto?

—No voy, me llevan.

—¿A dónde, se puede saber?

—A espiar Verdes almazanistas del otro lado. O al mismo general Juan Andreu. Los rumores de una sublevación siguen canijos.

—¿No disolvió el general Emilio Madero el llamado *Congreso Almazanista* en septiembre?

—Sí, y Almazán llamó a San Antonio Texas a sus allegados: Vázquez del Mercado, González Rubio y Salvador Azuela. Se sigue temiendo que tramen algo. La verdad es que no la amolaron los diputados del colegio electoral al declarar ganador a Ávila Camacho por casi dos millones y medio de votos y haber dicho que Almazán solo tuvo ciento cincuenta mil. ¡Cómo no se van a alebrestar, si por lo menos acá en la ciudad dicen los enterados que se llevó de calle al Papadas! Se dice que hay almazanistas armados en este lado de la frontera, que le compraron armas a un tal Kats por más de quince mil dólares. Melchor Ortega había prometido levantar Chihuahua, ¿se acuerda? Todavía tiene gente dispuesta. Aunque Almazán parece retirado por completo de todo intento de sublevación, la gente del general Héctor López, quien se proclamó presidente sustituto constitucional, está dispuesta a secundar un alzamiento.

—El presidente Cárdenas negó al final de su periodo que hubiera levantamientos, y lo mismo dice ahora Ávila Camacho. Nomás para tapar el ojo al macho, entonces. Agarraron a Andrés Zarzosa en Monterrey también a finales de septiembre. Parecía que los seguidores de Almazán eran puros huertistas. Yo creo que por eso se hartó.

—Más bien se dio cuenta de que sus seguidores eran puro jarabe de pico. Ya para finales de octubre había desistido. ¿Se acuerda de las declaraciones del general Castro, otro de sus súbditos?: «¿Qué le reprocho a Almazán? Que no supo ser caudillo. ¡Qué lástima que el león de Guerrero se haya convertido en la gallina de Chipinque!». De verdad, Filiberto, nunca pensé que el almazanismo siguiera vivo.

—Más bien moribundo. Habrá uno que otro grupo alebrestado, pero no tienen líder. Es capricho de los jefes ir a corroborarlo en el norte.

—¿Así que va hasta Texas?

—No sé si valga la pena. Igual y me quedo de este lado. Nuevo León, Tamaulipas. Voy a obtener informes. Espero que no haya nada y me regrese rápido. Almazanistas sin Almazán, Verdes disfrazados de otros pinches colores. No voy a encontrar nada.

—Se me hace que sus jefes se lo quieren quitar de encima. Por eso lo mandan a buscar al Hombre Invisible.

—Igual y sí. El caso es que salgo en el ferrocarril de mañana. Por hoy, a disfrutar.

—Pues le deseo suerte, siempre regresa con algún regalito. Mejor váyase a Hollywood, dicen que ahí está Salvador Novo intentando escribir guiones. Se llevó a su novio, el luchador, Panchito Urrutia.

—¡Qué pasó, pinche Güero, no se mande! Yo no bateo chueco.

—Nomás decía, mi capi.

—Por cierto, ¿ya supo que dejaron libre al Coronelazo Siqueiros?

—No le creo, Filiberto. Con el odio que el presidente Ávila Camacho le tiene a los comunistas.

—Este es un caso especial. Resulta que el pintor, cuando era revolucionario, fue superior en rango a don Manuel y le salvó la vida.

—¿Y cómo se ha enterado, capitán?

—Mi jefe, Sánchez Salazar, está indignado. Ni siquiera empezó el juicio y resulta que hasta se va del país, a Chile. Él me contó lo de la vieja amistad con el Mantecas —el apodo de nuestro presidente— en la *revolufia*. Resulta que una noche lo recogió cuando venía enfermo de neumonía, le dio cobijo en su casa de campaña y le consiguió un doctor.

—¿Y a Chile por qué, si puede saberse?

—El nuevo cónsul, Pablo Neruda, fue quien urdió la liberación de Siqueiros, que dizque para mandarlo a pintar un mural en un pueblito que se llama Chillán. Puro pinche pretexto. Chillán está devastada por un terremoto que ocurrió el año pasado, no creo que tengan paredes listas para el Coronelazo.

—¿Así que fue Neruda quien le concedió la visa chilena? ¿No llegó el poeta a México con Cárdenas? Recuerdo haber leído que él le otorgó el *exequatur*.

—Dice Sánchez Salazar que Neruda es también un agente de Stalin. Vaya usted a saber. Lo único cierto es que su salvoconducto sirvió para que el Mantecas le permitiera salir de Lecumberri. ¿De qué sirve la labor de la policía, Téllez, si el Ejecutivo indulta a quien le da la gana?

—Le debieron echar al menos veinte años, como a Mornard.

—Le debieron al menos iniciar un juicio. Ahora no creo que regrese a México, es un reo antes que un pintor. Pero lo más grave, según me contó mi jefe, es que de por sí lo dejaban salir clandestinamente de la cárcel, por órdenes de Ávila Camacho, para reunirse con sus amigos comunistas y con el poeta Neruda. Estuvo en el consulado chileno un par de veces antes de que le estamparan la visa en su pasaporte y se fuera del país como si nada.

—¿O sea que el presidente no lo indultó?

—No, cómo cree. Se hizo de la vista gorda, como todos en este país. Si te quieren chingar te refunden, pero si tienes un amigo encumbrado las condiciones serán particulares. ¡Mire que dejarlo entrar y salir de Lecumberri como si fuera un hotel!

—Así mismo. Y la policía a parir chayotes.

—Por cierto que han traducido un par de artículos de su amigo, el escritor inglés Graham Greene.

—¡Qué amigo ni qué la chingada!

—Bueno, a usted le tocó el grato placer de perseguirlo en sus andanzas mexicanas.

—Con el general Cedillo y luego, cuando le traje de regreso a Estelita, me asignaron para seguirlo a Morelos.

—De su estancia por esas tierras es la perla que publicaron. Mire, léala usted mismo.

Le tiende la nota recortada a la usanza del Güero y pegada en una hoja tamaño oficio, de las que usan para las declaraciones ministeriales. Filiberto García lee en voz alta:

Cuernavaca tiene por lo menos lo que no tiene Taxco, el interés histórico; aunque no tiene mucho más, salvo algunos excelentes hoteles, las casas de campo de los diplomáticos, lo que antaño fue el Palacio de Cortés (entregado a los políticos y a los frescos sentimentales de Rivera), y pequeños hombrecitos obscenos de hueso, con falos móviles, vendidos subrepticiamente por los niños cerca de la terminal de camiones.

Es la capital de Morelos, en un tiempo uno de los estados más ricos de México, arrasado y arruinado por la inútil insurrección de Zapata. Lugar de fin de semana para los habitantes de la capital, se encuentra a dos mil pies o más debajo de la cresta montañosa que separa el estado de Morelos y la meseta mexicana. Nadie que haya leído el relato de la señorita Rosa King de sus vicisitudes cuando la insurrección de Zapata, puede ascender a la meseta por esa larga colina de serpiente, entre la maleza y los arbustos espinosos, sin recordar a los refugiados que se apiñaban allí, las mujeres y los niños aplastados en esa huida provocada por el pánico, pisoteándose entre sí hora tras hora mientras los hombres de Zapata apuntaban cuidadosamente a la retaguardia. No hace mucho más de veinte años de eso.

Ahora se puede ir en taxi de Cuernavaca a la capital —unas sesenta millas— por dos chelines. Pero en México la historia tiene que ser muy antigua para que uno se sienta a salvo de su influencia; cualquier día, esta carretera puede volver a oír los mismos tiros, y en verdad, a lo largo de todo el camino entre Taxco y México, uno se encuentra con pequeños destacamentos militares que vigilan la carretera para que el turista pueda recorrerla a salvo, casi a salvo.

—Ya ni la amuela el pinche escritorzuelo. Nomás no se halló en nuestro país. Pero es de mala educación hablar mal de tus pinches anfitriones.

—Dicen que va a escribir una novela sobre Garrido Canabal.

—¡Que el señor nos agarre confesados —bromea el capitán Filiberto García y le regresa el recorte en signo de despedida. Luego se toca el ala del sombrero, enciende uno de sus cigarros sin filtro y desaparece entre la lluvia de la tarde.

Por supuesto que Filiberto García no encontró ningún sublevado y regresó dos semanas más tarde. Al primero que le habló fue a Treviño. Reanudaron sus partidas de dominó en la Séptima al siguiente miércoles. Por la noche, despelucado por sus amigos, no se resistió a una invitación a celebrar su retorno.

—Vamos a llevar al hijo pródigo al Olímpico.

—Pero primero al cine. En el Hipódromo proyectan *Mientras México duerme*, y leí en *El Universal* que vale la pena —sugirió Téllez.

—Entonces no vamos a ningún cabaret —propuso Filiberto—. Que el señor por fin nos invite a su cantón, que está en el mismo edificio. ¿Tendrá un coñaquito para los amigos, pinche Güero?

—¡Faltaba más!

Ya en casa del periodista la conversación giró sobre la película.

—Me suena conocido el caso. Se me hace que es una versión del asesinato de Nava, el boticario. El de la farmacia Bucareli, ¿se acuerda, Téllez? —preguntó después de brindar el capitán García.

—¡Cómo no! Pero yo no lo cubrí. Recuerdo que el pobre Nava se metió con una banda de traficantes y se lo echaron. ¿Usted atrapó a los culpables? No recuerdo.

—Anaya solo pudo agarrar a la amante del jefe de la banda, como en la película. Pero tampoco recuerdo si se llamaba Federico. ¿Le gustó *Mientras México duerme*, Treviño?

—No me gusta ir al cine a ver mi trabajo —respondió lacónico y malhumorado el ministerio público.

—A usted no le gusta nada, pinche Treviño. A mí sí me agradó, la verdad. Así son los bajos fondos de esta ciudad en los que nosotros tres nos movemos.

—No estoy de acuerdo con usted, capi. Me parece muy gringa. Así serán los gánsters allá, pero los criminales de medio pelo con los que yo me topo a diario, y ustedes también, no tienen estilo. ¿Dígame de uno que haya agarrado, Filiberto, que se parezca a Arturo de Córdova?

—Si a esas nos vamos, tampoco me topo todos los días con mujeres como Gloria Morel. Pero es una película. A mí lo que más me gustó fue el ambiente. Sí me parece realista, Treviño —respondió el Güero—, pero ya no nos pongamos solemnes. Mejor sí nos vamos al Olímpico, acá parece que estamos velando un muerto.

De buena gana los tres la emprendieron para la colonia Guerrero.

# XIX

## Por última vez la música nos canta

El general ha regresado a Jiquilpan. Necesita descansar de veras. No leer periódicos, no recibir visitas. Recluirse del todo, volver a ser él mismo. Han pasado sus años en el poder y apenas ha cumplido cuarenta y cinco. Estos últimos seis, en particular, se le clavan en los huesos y le encorvan la espalda. Tiene fama de incansable, y se la ha ganado a pulso. Pero ahora solo busca el reposo del alma y la sombra de los árboles que tanto ama. El final ha sido difícil, pero él sabía que ese iba a ser el tono de los últimos meses. ¡Muera el rey, viva el rey! Los descontentos de quienes se sintieron afectados por las reformas, el odio de unos cuantos con sus periodistas a sueldo. Él se mantuvo incólume, sin mandar callar a la prensa como sus antecesores. Se lo propuso siempre: que critiquen, que hablen, que propongan alternativas distintas a su proceder. Eso es una democracia. Le dolieron los distanciamientos de amigos, particularmente el de Múgica. Se sintió afectado por una decisión que no fue suya, sino del partido y de los *madrugadores*, como Miguel Alemán en Veracruz y Lombardo con su CTM. Ellos dieron el viraje demasiado rápido por Ávila Camacho y él también se había hecho el firme propósito de no participar, faltaba más. Le dolieron algunos epigramas, particularmente el que rezaba:

*Un presidente obcecado*
*de proletaria manía*
*es peor que un chivo enjaulado*
*en una cristalería.*

*Paloma viajera,*
*as de peregrinos,*
*que vas recorriendo*
*todos los caminos.*

*Comes en cuclillas,*
*duermes en el suelo,*
*aunque los rancheros*
*te tomen el pelo.*

*Ya no nos des patria,*
*ya no nos redimas,*
*ya no nos prometas*
*cosechas opimas.*

*Y si has de hacer algo*
*en nuestro favor,*
*córtale las uñas*
*a tu ilustre hermano.*

*De Lombardo y Dámaso*
*líbranos, Señor.*

Raúl Castellano, su particular de entonces —Luis Rodríguez, infatigable, había terminado después de su periplo diplomático por sustituir a Jara en el partido—, le había pasado las coplitas. El general no se inmutó. Le preocuparon las críticas de los viejos revolucionarios, como Soto y Gama y su Comité Revolucionario de Reconstrucción Nacional, opuesto a todo lo que oliera a Cárdenas. Ya lo había realmente perturbado también lo dicho por Carlos Pereira en una obra voluminosa, *México falsificado.*

Aceptó de buena gana ciertas despedidas, en particular un baile en el Casino Militar. Sus colaboradores lo acompañan en tres mesas de honor. Hay caras largas, de tristeza.

El día llega. El día en que todo termina. No se siente cansado, al contrario, aliviado de la carga. Al llegar a la Cámara lo reciben entre aplausos. Piensa que varios lo ovacionan porque se va, pero muchos otros son sinceros. Mira a Amalia sentada en un palco, con las esposas de García Téllez y de Buenrostro y Mariana de Romero, la mujer del embajador de Cuba. También está Alicia entre las mujeres. Le sonríen y él devuelve el gesto. Después de entregar la banda al general Ávila Camacho y sentarse, lo escucha desvivirse en elogios a sus seis años de trabajo. En algún momento tuvo que contenerse porque el llanto lo ahogaba. El general vio las lágrimas detenidas en los ojos de Ávila Camacho.

Su amigo y antiguo compañero de armas es ya el presidente. Abriga esperanzas en Manuel, y también ciertas dudas. Quiso cerciorarse de que lo escuchaba una última vez, y por eso lo acompaña de la Cámara —no tomó posesión en el Estadio Nacional como él— a Palacio Nacional. En el que ahora es su despacho le entrega una carta que le escribió a su posible sucesor:

Algo de lo muy importante y trascendental en la vida de México, para los hombres que asumimos el poder, es cuidar de que entretanto no haya una declaración categórica del gobierno de Norteamérica, en el sentido de que abandona su teoría de reconocer la nacionalidad de otros países, no debe aceptarse aquí a nuevos inversionistas de la nación vecina. Si se descuida este importante aspecto, tendremos que lamentar más reclamaciones indebidas y conflictos graves para México. Aunque los extranjeros, de acuerdo con nuestras leyes, están obligados a renunciar a toda protección diplomática, lo cierto es que los gobiernos de Norteamérica no han respetado este principio que es ley suprema en nuestro país y por ello se hace indispensable tener previamente una declaración oficial del gobierno norteamericano. Nuestra cancillería debe seguir trabajando hasta lograr el respeto absoluto de la soberanía de la Nación.

Espera a que Manuel Ávila Camacho lea entera la misiva. Cuando el nuevo presidente la dobla en tres y la vuelve a guardar en su sobre, se atreve a aconsejarle:

—General, este hermoso país queda en sus manos. Le he escrito esas palabras porque considero de vital importancia que los vecinos no se metan en nuestros asuntos. No voy yo a venir a aconsejarle cómo gobernar, solo le voy a pedir que siga ese principio inalienable de respeto irrestricto a nuestra soberanía.

—Descuide, general, sabré honrarlo. Y le pido por favor que me permita seguir contando con usted como consejero.

—Seré su amigo, señor presidente, pero mal haría en entrometerme en sus asuntos. Usted es ahora el único presidente de México.

Se dieron un abrazo y, fiel a su costumbre, no expresó nada más. Salió como había entrado seis años antes, por la puerta principal, sin permitir salvas ni vallas ni soldados cuadrándose. Le daba alegría salir de Palacio como un civil. Se había hecho soldado por necesidad, no por gusto.

La carta entregada a Ávila Camacho le había salido del alma. Supo de las visitas del jefe de su campaña, Miguel Alemán, a Sumner Welles para ofrecerle la ayuda de México en el caso de que Norteamérica entrara en la guerra. Doblaba las manos, en un recuerdo de los aciagos Tratados de Bucareli. Una parte del discurso del nuevo presidente le había causado especial incomodidad, por lo veloz del descaro:

—Nada nos divide en esta América nuestra. Las diferencias que puedan existir entre nuestros pueblos son superadas para confundirse con ellos, en el elevado sentimiento de hacer perdurable una vida continental de amistad. Lo que importa es que todas nuestras naciones sientan la evidencia de que la defensa de América es causa común: de que en ella están involucrados el destino de nuestros países, la condición de nuestros hijos, nuestra responsabilidad histórica frente a los más altos valores de la humanidad entera. Todo el continente unido por una misma causa, manteniéndolo a cubierto en todo sitio vulnerable, será invencible.

Sabe que la mano de Ezequiel Padilla, ahora flamante nuevo canciller, está detrás de esas palabras que alegrarían a su antiguo jefe Calles. ¡Qué rápido el viraje!

Él ha cumplido con alertarlo. Sube a su auto y se dirige a casa.

La calle de Wagner estaba ya llena de autos. Adentro de la casa sus colaboradores y amigos ya lo despedían. Amalia salió a la puerta a recibirlo y lo abrazó. Ese abrazo largo y cálido le decía muchas cosas, sobre todo le decía sin palabras: *Te he recuperado, Lázaro, al fin regresas a casa.*

En la madrugada escribe: «Me esforcé por servir a mi país y con mayor empeño al pueblo necesitado. Cancelé muchos privilegios y distribuí buena parte de la riqueza que estaba en pocas manos». Había sembrado un pino cuando nació Cuauhtémoc y el árbol está ya grande, aunque aún flaco, como su propio hijo. La comparación le da risa.

Le duele la incomprensión, pero ese es su inamovible examen de conciencia. Por eso se prometió no leer periódicos por un buen tiempo. Evitarlos por completo. Y salir de la ciudad. Huir del ruido de los políticos y los posibles reclamos. No quería un peregrinar de agraviados en su domicilio, como le ocurría al general Calles en sus fincas. Irse lejos. Olvidar. El 2 de diciembre el presidente lo invita a Bellas Artes a presenciar unas danzas de ejidatarios de Jalisco. Decide no ir, le pide a Amalia que ella asista. El 7 organiza un día de campo en el Desierto de los Leones con Agustín Arroyo, Raúl Castellano y sus familias. Van también Amalia y su hija Alicia. Tres días después deja la Ciudad de México y se refugia en Cuernavaca, en Palmira. Los viejos colaboradores asisten a la finca a saludarlo con sus familias. El general Hay, Antonio Villalobos, el profesor Chávez Orozco, Gonzalo Bautista, recién electo gobernador de Puebla. Empieza el besamanos que no tolera. Es el turno de los generales, Antolín Piña, Elpidio Perdomo, Pablo Díaz. Sale a pasear a Tepoztlán con su hijo y su mujer y anota los dieciocho kilómetros de ida y los dieciocho de vuelta como si fuera un agrimensor.

El 14 de diciembre toma sus cosas y su familia y se va para Acapulco. Sigue siendo el general Cárdenas, aunque no lo desee. Se tiene que detener en Chilpancingo a saludar al gobernador, el general Alberto Berber, quien los alcanzará dos días después. Toman nieve en el Hotel del Monte. Camina por la playa. Busca afanosamente la soledad. El tiempo. En una gira, habrá sido tres años o cuatro antes, se percató de que todos sus acompañantes estaban dormidos antes de arribar al pueblo. Los regañó:

—Despiértense, la gente los va a ver así y va a pensar que están borrachos. Dense una salpicada de agua.

Un periodista le preguntó:

—Y usted, general, ¿cómo es que no se duerme?

—Porque pienso.

Ahora necesita un poco de soledad. Va a Pie de la Cuesta en la tarde del 16 de diciembre. Algunos de sus antiguos colaboradores llegan hasta el puerto a felicitarlo por su onomástico. Los espanta como moscas: él, lo saben bien, no acostumbra festejar su santo. Firmó mucho tiempo L. Cárdenas, porque odiaba su nombre. Pero el nombre es inevitable y terminó por acostumbrarse a él, aunque no le agradara. El 19 de diciembre regresa por carretera a Palmira: tarda nueve horas. Durante todo el trayecto toma notas sobre cómo mejorar el camino, que se corta abruptamente y tiene muchas veces una ruta caprichosa. Parece ingeniero en lugar de militar.

El 27 de diciembre sale de Palmira a México. Amalia está triste. Él ha decidido entregar la finca para una escuela de agricultura que administrará su amigo el doctor Parrés. Dejó repartidas parcelas a los trabajadores más antiguos del rancho. Nunca prosperó del todo económicamente, quizá porque si alguien quería un animal, al final él lo obsequiaba. El 31 de diciembre, sin hacer caso a su propósito de no frecuentar la prensa, toma un diario que han dejado algunos visitantes. Lee las declaraciones del general Calles desde La Jolla, California, pidiendo el apoyo de los connacionales y del presidente Ávila Camacho «para salvar a la nación en estas horas de inquietud mundial con un gobierno de orden, seriedad, sensatez y honradez, porque el pueblo se había vuelto pesimista tras una larga agitación anárquica, experimentos sociales estúpidos, desorden administrativo y falta de justicia». El *sexenio del desgarriate*, le habían llamado a sus años de presidente los miembros de la Unión Nacional de Veteranos de la Revolución.

Entiende el enojo del viejo maestro, su encono, pero qué manera de resumir los seis años de su antiguo discípulo en la presidencia. Eco de la basura que publican los otros diarios en su contra y que ha oído en boca de los ayudantes y la cocinera. Amalia también lo sabe, y sufre, pero no se atreve a decirle nada.

Desea pasar el primer día del nuevo año, en el que no tendrá que transmitir ningún pensamiento a la nación, en Jiquilpan.

Hace tanto le prometió a Felícitas que volvería. Lo ha hecho muchas veces en estos años, ha embellecido el pueblo, ha sembrado árboles en la plaza y los alrededores. Hay nuevas escuelas, una clínica. Regresa a casa, aunque sabe que el lugar ha cambiado. En su última gira a Chiapas —no había, váyase a saber por qué, visitado la entidad en todo su periodo presidencial— quedó prendado de San Cristóbal de las Casas; en algo le recordaba a los parajes sembrados por Vasco de Quiroga. Le dijo al regresar a la ciudad a Amalia:

—Ahora que acabe de presidente nos vamos a ir a vivir a San Cristóbal. Podemos comprar una finca pequeña de café y retirarnos a descansar, Chula.

—Ay, Lázaro. Yo me asusto de regresar a Jiquilpan, pero no me encierres hasta Chiapas. Quiero seguir viviendo en la ciudad.

Ahora, aunque sea solo por un mes, está en el pueblo de sus mayores. En febrero va a su otra finca, Galeana, a la que sigue llamando California. La había adquirido en recuerdo de sus juventudes revolucionarias por la zona de Tierra Caliente. La fue comprando de a poco, hasta quedarse con todo lo que se llamaba San Antonio. Allí, después de unos días de luna de miel en Quinta Eréndira, en Pátzcuaro, habían pasado el inicio de su matrimonio Amalia y él. Ahora estaba también Cuauhtémoc, su Cuate. El expresidente es un ejidatario más, supervisa la siembra de palma de coco, de limón, de sandía. Volverá en junio a ver cómo avanzan las huertas.

También supervisa la reforestación de los cerros de Jiquilpan. Más de veinticinco mil árboles. Esa actividad frenética lo protege de las críticas en la prensa, que se vuelcan en ríos de tinta. Ríos llenos de odio, de rencor, que no lo alcanzan.

¿Qué es más difícil, ser presidente o ser expresidente?, se pregunta. Se conocieron tan a fondo los problemas del país que puede tenerse la tentación de creer que se conocen todavía las soluciones. Escribe, como si estuviera hablando de otro: «Se excitó a las masas a organizarse cívicamente y no se impidió la formación de partidos antagónicos, ni la crítica pública. Hubo grupos que usaron la diatriba contra el gobierno y se les dejó expresar libremente».

Del árbol caído todos hacen leña.

—La suerte de los feos —bromea Filiberto García cuando su amigo le anuncia que va a haber bodorrio. Estelita y el Güero se van a casar en un mes y le piden que sea el padrino de anillos. Pinche Téllez, pinche Estelita. Pinche felicidad de los felices. Y ahora va a tener que apoquinar una lana para los anillos de los tórtolos.

—Ustedes los escogen y nomás me dicen cuándo y dónde voy a pagarlos. Nomás por usted hago una excepción y voy a un casorio. No asisto a bodas ni a funerales —sigue bromeando.

—A funerales claro que no, usted los provoca, capitán.

—Ya me gustaría provocar una boda también, pero no soy hombre de compromisos. Prefiero la soledad y la compañía fiel de mi arma —le dice y se toca la pistola, como siempre en la funda del sobaco.

—Accedí a casarme por la iglesia para darles gusto a los papás de Estelita. A cambio permitieron que el bailongo sea en el Mata-Hari.

—Admiro la holgura de sus progenitores. Seguro no conocen el cabaret.

—No piensan ir, de todas formas. Y ya cerramos el lugar esa noche solo para nosotros. Ya pagué la orquesta. O más bien Treviño. A él le tocó ser padrino de música.

—Menos mal que a mí me otorgó el privilegio de regalarle las sortijas.

El Mata-Hari estaba en Bucareli 30, esquina con Artículo 123, en la planta alta de una casona que vivió mejores épocas. En la planta baja estaba la cantina y licorería La Reforma. Era frecuentado por periodistas y había sido una escuela de baile. A Téllez le gustaba la sordidez del lugar, con el cielo raso cayéndose a pedazos, pero sobre todo los precios que la dueña le había dado por organizar allí su baile nupcial.

—¿Cómo ve lo de la Gringa, capitán?

—Las ironías con las que termina este pinche sexenio. El general Lázaro Cárdenas decide reglamentar la mariguana y se pone a instalar esos dizque centros de regeneración y le sale el tiro por la culata.

—Dispensarios para toxicómanos, no le ande cambiando el nombre a la popular medida.

—Popular entre los mariguanos. Se la van a echar abajo los gringos. Ya se anda diciendo que el embajador Daniels amenazó con una medida del Departamento de Estado norteamericano si no dan marcha atrás. No abastecerán de medicinas a México.

—Lo único que nos faltaba. A mí se me hace que a Daniels le importan más los accesorios de su Cadillac que los drogadictos mexicanos.

El 9 de marzo de ese año, por iniciativa de la Oficina de Toxicomanías del Departamento de Salubridad Pública, había abierto el primer dispensario para adictos. Estaba en el número 33 de la calle de Sevilla, a tres cuadras del edificio de Salubridad. Un boletín lo había anunciado con bombo y platillo: «En este dispensario se tratará gratuitamente a todos los toxicómanos que lo soliciten y se ordenarán las internaciones que sean necesarias al Hospital de Toxicómanos, las que se acordarán solamente en casos de gravedad y después de haberse visto que la curación de tales enfermos solo puede hacerse mediante su hospitalización». El director del dispensario, Heberto Alcázar, fue presentado por el doctor Siurob, quien había regresado a su puesto luego de la renuncia del hermano de Almazán, entre porras y música de la banda del Estado Mayor. Hablaron los doctores Roberto Treviño Zapata y Ricardo Alduvin. El doctor Siurob ponderó los esfuerzos realizados en México para el combate a la toxicomanía y, más que nada, los cambios habidos en los métodos para tratar esos vicios de forma más humana y efectiva, resumió Téllez ante el enojo del policía.

—Son unos pinches criminales, no son enfermos —contestó—. Ahora se les trata como si tuvieran paludismo.

—Son criminales, muchas veces porque son enfermos. Lamento no concordar con usted. Leyó el artículo de *El Nacional*: «El comercio de drogas heroicas morirá en México». Eso va a pasar si se elimina su penalización. ¿Sabe cuántas personas son atendidas diariamente en el dispensario?

—La mitad de esta ciudad —bromeó García.

—Quinientas. Además de contarlos se les clasifica y ya se les tiene en un censo, lo que hará más fácil controlarlos. A ver, Filiberto, usted que sí sabe de estas cosas: una dosis de heroína en el dispensario cuesta ochenta centavos, afuera en la calle el gramo vale cuarenta y ocho pesos, y casi siempre adulterada.

García hizo cuentas:

—Un gramo en el dispensario sale a tres pesos con veinte centavos. Con razón están felices sus *enfermos*, Güero. El gobierno les está subsidiando su medicinita.

—Yo escribí también un reportaje muy favorecedor a la medida. He estado allí y he visto cómo una simple inyección de morfina, y luego los cuidados hospitalarios del caso, pueden rehabilitar a un vagabundo que se hubiera muerto, o hubiera robado y matado para obtener la droga. Conseguí entrevistar al famoso Rompepechos, que estaba internado allí. Arturo Muñoz, para más alias, veterano de la Primera Guerra Mundial. Adicto hasta el tuétano. Lo están ayudando, y él está de acuerdo con los doctores en que su enfermedad es causada más por los menjurjes con los que mezclan la droga los traficantes que con su maldita adicción, como él la llama.

—Está bien, supongo que tiene usted razón. Y ya vio lo que ocurrió en la Penitenciaría del Distrito Federal desde que se despenalizó el consumo de drogas. No hay quien se dé abasto para suministrarlas. Ha de haber ya leído las declaraciones de su director, Manuel Ochoa, que se queja de que en la peni no hay ningún dispensario para ayudarlos.

—La postura de la autoridad es clara. Los presos que estén dentro por consumo saldrán libres, los que venden la droga se van a quedar refundidos. Es lo justo.

—¿Y los famosos también van a ir al dispensario? Tengo informes de que a Agustín Lara, el músico, un doctor va diario a ponerle su inyección a su casa para que no lo reconozcan.

—Sí, a mí me han dicho también de otros casos de gente muy encumbrada que se ha beneficiado con la medida. Los estudiantes de Medicina de la UNAM son quienes van ya a la penitenciaria a inyectar, así que no se necesita el dispensario para solucionar ese asunto.

—Yo conozco bien a uno de los chales de Dolores, Santiago Chiu. Agarró el vicio desde Sonora. Es cantinero. Anda bien feliz con su inyección casi gratis. Aun así, perdóneme Téllez, pero creo que vamos de mal en peor. Mi jefe, el general Manuel Núñez, nos ha pedido que desalojemos a las fritangueras de la esquina de avenida Chapultepec que sirven a los andrajosos que entran y salen del dispensario. La embajada de Estados Unidos está en el mismo barrio y han aumentado mucho los robos, asaltos con arma blanca, de todo. Así pasó con la Gringa, por eso le preguntaba qué le parecía el caso.

—De risa, estoy de acuerdo. Pero siempre va a haber un vivales, Filiberto. No culpemos al gobierno de un peladito astuto.

—El tipo es un hampón. Yo estaba de guardia cuando se quejó con el general Núñez de que la policía lo perseguía injustamente y que él estaba dispuesto a regenerarse. Como prueba sacó las recetas del dispensario de las últimas semanas. Mi jefe, con toda ingenuidad, le dio una especie de carta de recomendación para que no lo molestaran en la calle y le ayudaran a obtener trabajo. ¿Y qué hace la pinche Gringa? Se va a robar y se le ocurre al pendejo hacerlo con el automóvil del embajador. Le desvalijó todos los accesorios antes de que lo agarrara un policía de la embajada.

—Lo bueno es que ya está en la cárcel.

—Como deberían estar todos los demás. Ya le dije. Este caso prueba mi argumento: son unos pinches criminales. La bronca es ahora del general Núñez que tiene que responder ante el propio presidente por el robo de las partes del Cadillac del embajador, ya que se supo del famoso salvoconducto que le extendió a la Gringa que dizque porque se iba a rehabilitar.

—Según su teoría, entonces, Agustín Lara es un criminal, por eso lo inyectan cada día.

—Algo de mafioso tiene, ¿no ve la cuchillada en el cachete? Lo abrieron como a un pinche puerco en matadero. Dicen que en una cantina. No me equivoco, Güero. El que anda en malos pasos no se regenera.

Eduardo Téllez mejor cambió la conversación y quedaron de verse al día siguiente en la calle Madero para comprar los anillos de boda.


El casorio se realizó en el templo de Corpus Christi, lo que agradó a García, pues podía irse a desayunar a Dolores antes de la misa. Necesitaba un café con leche bien cargado para despertar de una cruda mortal. Pinche dolor de cabeza. Ya ni la amuelo, pensó, llegar así a la boda de un amigo. Pero el desayunó lo rehabilitó y le devolvió algo de su antigua humanidad.

En la primera fila acompañaban él y Treviño al periodista. Cuando el papá de Estelita, un chaparro que se parecía a Rodolfo Fierro, se la entregó, Filiberto le comentó al ministerio público:

—Pinche Estelita, está bien bonita hoy, ¿o no, compadre?

—Tengo la teoría, capitán, que todas las novias se ven bonitas. No por agraviar a la dama del Güero, la verdad. Como que la felicidad les inyecta la mirada.

—O el miedo, no se me haga tarugo.

Hacía siglos o hacía nunca que Filiberto García había estado en una iglesia, escuchando misa. Quizá de niño, aunque su memoria no le alcanzaba para registrarlo. Le pareció lento y aburrido y el sacerdote desentonadísimo se atrevía a cantar. Pinches padres, ya ni la amuelan, por eso no tienen clientes.

Al final arrojó sus puñados de arroz a la pareja, pero las risas y las fotos y los abrazos no consiguieron disipar su tristeza. Pinche matrimonio, quién sabe a qué loco se le ocurrió inventarlo.

En el Mata-Hari el ambiente se compuso. Había un trío cantando boleros y las primeras parejas ya bailaban. El local estaba lleno de humo y Filiberto prefirió fumar que inhalar el tabaco de los otros, a pesar de que tenía una ronquera muy molesta desde hacía una semana, consecuencia de un catarro mal atendido por estar de guardia. El año había sido complicado por la sucesión política y las encomiendas alternadas de Núñez en la policía y de Anaya en Gobernación: el que a dos amos sirve, se decía, con los dos queda de la chingada.

Cuando la pareja nupcial hizo acto de presencia, como hubiera escrito el Güero si hubiese redactado la nota de su propia boda, los invitados se levantaron de sus mesas, los músicos guardaron silencio y todos les aplaudieron. Estelita se había cambiado el traje blanco por un vestido color pistache que acentuaba sus caderas. Pinche Estelita, se volvió a decir Filiberto y decidió, sin más, pedirle el primer baile.

—Al fin que yo le salvé la vida, ¿no?

A regañadientes su amigo lo dejó bailar con su flamante esposa. En medio de los compases de un vals mal tocado, el capitán le dijo:

—Me cuida mucho al Güero, Estelita. Ahí como lo ve, con su aire de señorito de barrio y muy fufurufo con su nuevo periódico, sigue siendo un sentimental. Y se le parte el corazón.

Estelita se le quedó mirando, le sonrió cómplice y le dijo al oído:

—Usted disfrute esta pieza que de Eduardo me encargo yo esta misma noche.

Dos jaiboles después, cuando miraba bailar a los novios, se dio cuenta de lo que en realidad le ocurría. Le daba nostalgia el matrimonio de su amigo. Nostalgia no del pasado, sino de un futuro que él se había negado a tener con su oficio de matón y espía. No era envidia, qué va. Estaba muy contento por el Güero. Era por él mismo que lloraba en silencio. Treviño se dio cuenta del estado de ánimo de su amigo y lo bromeó:

—Mire a esa señora, bien entrada en carnes y en años, no le quita el ojo de encima, mi capi.

Una prima de Téllez, igual o más vieja que el propio Filiberto, lo estuvo rondando hasta que la sacó a bailar, más por buena gente que por otra cosa. Y para callarle la boca al pinche licenciado Treviño.

Después de esa canción se fue del Mata-Hari, sin rumbo, medio a la deriva. Como un cachalote que ha perdido la brújula y va a encallar en una playa desconocida.

Para su suerte solo vino a caer, borracho, en su catre de siempre.

# DESPUÉS

1961

# XX

## Un atentado fallido en contra del general

Es 1961 y la agitación en México por la invasión norteamericana en Cuba es la noticia del día. El general sale de su aparente letargo, pero sobre todo de su mutismo. No puede quedarse callado, es un atropello a la libre determinación de los pueblos. Recuerda tanto sus propios miedos de una intervención en México después de la expropiación. Siempre se ha dicho que solo pudo gobernar porque el presidente del poderoso vecino fue Roosevelt. Y por su amigo Josephus Daniels, un embajador como no ha habido otro. De lo contrario, la amenaza y la presión quizá lo hubiesen obligado a claudicar. Pero la doctrina del buen vecino y, sobre todo, la paciencia casi religiosa de Daniels, le permitieron capotear más de un vendaval.

Al fin el presidente Adolfo López Mateos ha accedido a darle audiencia. El general toma un vaso de agua en la antesala. Está en la casa que él decidió, años atrás, consagrar a la vivienda del jefe del Ejecutivo cuando se dijo que había que abandonar el vetusto Castillo de Chapultepec, con su pasado de derrota y miseria, y en esa zona del bosque erigió Los Pinos. Debió sembrarlo de aquellos árboles para justificar ese nombre simple, de bosque, con sabor a agricultura y no a emperadores y presidentes de jaqué. Pero la austeridad del lugar ha cambiado y ahora se nota cierta opulencia de nuevos ricos que le repele. La casa original de Los Pinos está dedicada a oficinas. Miguel Alemán construyó otra más grande, donde ahora lo reciben. No está aquí, claro, para comentar los gustos burgueses del nuevo inquilino, sino a solicitar la compasión presidencial con los presos políticos. Ha regresado de un largo viaje por la URSS, por China y otros países socialistas, tema que sabe no agrada al actual presidente, aunque se proclama como el primer presidente *socialista* de México. No se le nota molesto; sin embargo, sigue conservando la hierática compostura que le mereció el apodo de Esfinge de Jiquilpan. Últimamente el pasado, su propio pasado, le da risa, nunca nostalgia. El secretario particular lo conduce finalmente al despacho de López Mateos, quien le pregunta sobre el viaje.

—En Rusia han suprimido la pobreza y las condiciones de educación y salud son óptimas. Me encontré con Nikita Kruschev y fue muy elogioso con nuestro país. Creo que están en condiciones de otorgar más libertad de opinión y pensamiento, pero no sé cuándo ocurra —le responde y bebe un poco de agua—. Le felicito por cierto, señor presidente, por sus declaraciones en Estados Unidos afirmando que nuestro país se negará a reconocer el gobierno de Franco y que Cuba no es comunista.

López Mateos le pregunta:

—¿Por qué tanta urgencia de verme, general?

—Por los ferrocarrileros presos. El veinticinco de febrero pasado, un día antes de la huelga, usted lo recordará, le pedí a Lauro Ortega que le transmitiera que los directivos estaban dispuestos a atender las sugestiones que se les hicieran y pedían audiencia con usted. Querían demostrarle, señor presidente, que la empresa y otros organismos venían asumiendo una actitud de provocación para que declararan la huelga, y ellos querían evitarla. Es injusta la detención de los trabajadores sindicales que están en contra del proceder de la empresa y no contra el gobierno que usted preside.

—Tengo otras informaciones, general. Se trataba de una conjura bien planeada contra el gobierno. Los que usted considera bien portados dirigentes sociales han sido apresados por el delito de disolución social.

—Esa reforma al Código Penal que introdujo el presidente Alemán, don Adolfo, es posible usarla para todo. Tenía un fin específico de liberarnos de posibles agentes nazifascistas. Estos hombres son simples presos políticos.

—Lamento contradecirlo tajantemente. No son reos políticos, son delincuentes que las autoridades tienen que juzgar. No deben salir libres. ¿Libres para agitar más? Mire al tal Valentín Campa. No ha dejado de agitar.

—Se ha abusado con represiones y encarcelamiento en varios estados de la República. El gobierno de la Revolución no tiene por qué utilizar la coerción y la represión social, sino el convencimiento. En el istmo han encarcelado a más de trescientos ferrocarrileros. Otros tantos andan huyendo por los bosques. Me permito, con todo respeto, comentarle que siempre he pensado que el presidente de la República, y toda autoridad, no pueden disgustarse o manifestar enojo en sus funciones oficiales…

—¡No deben! Sí, señor, no deben. Tienen que revestirse de serenidad para poder proceder con justicia y para inspirar confianza al pueblo. ¡Serenidad ante todo para aplicar la ley! —Golpea el escritorio con el puño y el vaso de agua del general se derrama un poco. Ninguno de los hombres se inmuta.

—Un caso distinto, para que usted pueda entender que no pretendo una defensa a ultranza de un grupo en específico: el del licenciado José Guadalupe Zuno, detenido en Guadalajara por la policía federal. Lo han traído hasta aquí con un grupo de estudiantes porque supuestamente es un agitador social. Usted conoce a su padre.

—Cada caso merece una explicación particular, tiene usted razón. La policía federal tiene evidencias de lo que está ocurriendo en la universidad en Guadalajara, y obra en consecuencia. El subprocurador Óscar Treviño y el general Olachea están a cargo de impedir toda disidencia.

—Es ilegal mantenerlos detenidos, señor presidente.

—¿Ilegal? ¿Tan ilegal como cuando usted envió al extranjero al general Calles? —pregunta el presidente sin obtener respuesta de Cárdenas.

La conversación siguió así, en un diálogo de sordos, por unos minutos. El general Cárdenas, con delicadeza, se levanta para irse y agradece la audiencia.

—¡Quédese a cenar, general! —le ofrece—. He estado muy preocupado, ¿sabe? Esta misma tarde he enterrado a una tía muy querida.

—Le ofrezco mis condolencias, presidente. No lo sabía, hubiese aplazado la reunión.

—No, descuide. ¿Se queda?

—Es mejor que lo deje descansar, le agradezco su hospitalidad.

El presidente López Mateos lo acompaña caminando y se despide de él con un abrazo.

Ya en su despacho revisa el expediente que el general Olachea ha preparado del expresidente Cárdenas. Si no fuera por su fama y por lo que la gente lo quiere, podría aplicársele la misma ley que busca derogar, *disolución social*, piensa López Mateos. Participa activamente en el Movimiento de Liberación Nacional, simpatiza con la Central Campesina Independiente y el Frente Electoral del Pueblo. Aparenta lealtad a las instituciones, pero si por él fuera las dinamitaría. Habrá que mantenerlo vigilado muy de cerca. Además del secretario de la Defensa, le encargará al licenciado Treviño Ríos que lo investigue profundamente. A lo mejor le toca la misma suerte del general Calles y haya que *invitarlo* a abandonar el país. Que se vaya a Rusia, si tanto le agrada.

En la madrugada del sábado 15 de abril de 1961 ocho aviones A-26 con bandera cubana bombardean los aeropuertos militares de Ciudad Libertad y San Antonio de los Baños, y el aeródromo Antonio Maceo en Santiago de Cuba. Por la mañana el embajador cubano en la ONU, Raúl Roa, denuncia el plan de una invasión norteamericana a su país, y el domingo el presidente Fidel Castro ante una multitud armada con fusiles, declara por vez primera el carácter marxista de su revolución. El 17 de abril fuerzas de invasión desembarcan en Playa Girón y comienzan las escaramuzas por tierra y aire. El general Cárdenas, que escucha todo lo acontecido por la radio, toma una decisión temeraria a sus sesenta y seis años: ir a combatir a Cuba en apoyo a Fidel, a quien años antes había ayudado a salir de prisión en México. Hizo un par de llamadas y convocó a algunos de sus más cercanos a anexársele. A Roberto Blanco Moheno, que se encontraba en su casa, le dijo:

—Vaya y prepare una petaca pequeña, nos vamos a combatir a Cuba.

Amalia sabía que era inútil disuadirlo. Al día siguiente lo acompañó al aeropuerto con César Martino, Pedro Ledesma, Gonzalo Martínez Corbalá. Muchos amigos del general estaban presentes, acompañándolo. La noticia de la incorporación de Cárdenas a la lucha antiimperialista se había propagado en un par de horas. Intentó tomar un avión de línea pero le fue imposible. *Excélsior* daba cuenta a ocho columnas de su decisión de trasladarse a Cuba. La nota de Jorge Davó Lozano era explícita: «El expresidente agregó que usaría cualquier medio de transporte para llegar a su destino, y contestó cinco preguntas que le formuló el reportero sobre su inesperado viaje. El divisionario michoacano acaba de presentar en la Procuraduría General de la República una denuncia de hechos sobre ataques calumniosos y críticas difamatorias de que ha sido víctima en algunos periódicos capitalinos, y saldrá hoy hacia Cuba».

El presidente López Mateos había cancelado todos los vuelos comerciales a Cuba. Habló entonces con Roberto Fierro, que lo había llevado antes a la zona chiclera de Tabasco.

—Está lista, general, puede subir.

Al acercarse a la aeronave se dieron cuenta de que estaba rodeada de soldados y amarrada con cadenas.

—No podemos salir, general.

—Yo me voy a ir a combatir, ¿no puedes conseguir otra máquina?

Más de media hora después el aviador regresa contrariado:

—Hay órdenes, señor, directas del presidente de la República, de que no se le deje salir a usted del país.

Contrariado subió a su automóvil con su esposa, después de despedir a los amigos y a los frustrados acompañantes, y regresó a su casa.

—Va a ser peor para el gobierno no haberme dejado salir de México. En Cuba saben perfectamente de nuestras intenciones de ir a combatir a su lado.

—No te preocupes, Lázaro —le decía Amalia—, tal vez las cosas se aclaren en un par de días.

—No, Chula. Son órdenes del presidente, que me tiene miedo. De alguna forma tengo que declarar públicamente. Yo, en cambio, nunca he tenido miedo.

La oportunidad le vino de inmediato. El día 18 de abril se convocó a un mitin en la Plaza de la Constitución en apoyo a Cuba. El general pidió que se le invitara. Había una enorme multitud, gente de todo tipo. Estudiantes, amas de casa, obreros y sindicalistas.

El general salió de un camioncito en donde lo llevaban. Lo reconocieron de inmediato:

—¡Cárdenas! ¡Cárdenas! ¡Ahí está Cárdenas!

Ante la imposibilidad de encontrar una tarima o algún lugar más alto desde el cual hablar, se subió al toldo de un automóvil y desde allí escuchó cómo le gritaban los estudiantes:

—¡General, encabece un movimiento y lo seguimos!

—Mi tiempo ya pasó, muchachos. Encabécenlo ustedes, empiecen ustedes, los jóvenes. Háganlo ustedes.

Los gritos ensordecían al orador, que hacía tiempo no hablaba ante tanta gente, mucho menos ante tanta gente enardecida:

—Esta manifestación de la juventud de México, manifestación de solidaridad con el pueblo de Cuba, que en esta hora se ve agredido por fuerzas extrañas a su territorio, es muy significativa porque puede contribuir a evitar una de las más graves crisis bélicas, no solo para los pueblos de Latinoamérica sino para todos los pueblos del mundo. Cuba está siendo agredida y es necesario que los pueblos todos de Latinoamérica manifiesten su solidaridad en forma tal que se revele ante el mundo la fuerza moral de nuestros propios pueblos.

Había gritos, pocos podían escucharlo, pero él seguía hablando no solo para los congregados, sino para el día siguiente, para la prensa, para Cuba misma:

—Si los gobiernos de Latinoamérica no quieren que intervenga, por ejemplo, la Unión Soviética sobre la agresión que está sufriendo el pueblo de Cuba, ¿por qué no asumen nuestros pueblos el papel que les corresponde y le dicen a Estados Unidos: somos los defensores de nuestros propios hermanos? No necesitamos que vengan a ayudarnos. Quieren sacrificar a Cuba, que no ha hecho otra cosa que tratar de elevar las condiciones de vida de su pueblo. ¡Debemos organizarnos, que se organice la juventud de toda Latinoamérica, que se organicen los sectores intelectuales, los obreros que respondan a su compromiso y obligaciones, que en cuanto al sector campesino, este se organiza solo!

Lo aplauden. Hace una pausa y grita, enfático:

—Es necesario que se abra el bloqueo, que se deje al país cubano libertad para moverse en el mar, para moverse en el aire, para hacerse oír por cable en todo el mundo, pero que no lo sigan bloqueando.

—Mueran los caciques. Mueran sus corifeos —grita alguien y otros lo secundan.

—No debe haber caciques. ¿Se refieren ustedes a la prensa? La prensa misma, la prensa llamada *grande*, ¿qué representa? Representa la negación de la prensa libre, porque es parcial y actúa dictatorialmente. ¿Y qué son también los escritores que no dejan de escribir contra los intereses del pueblo? Son caciques de la pluma. Contarréstenlos ustedes con prensa nueva. Los felicito, jóvenes, por este acto grandioso en el que se manifiesta la dignidad de nuestro país frente a los interés colonialistas del imperialismo internacional.

Termina y otro joven, a quien no conoce, lo ayuda a bajar del capacete del Oldsmobile. Hace tiempo que él mismo no se sentía tan joven, tan lleno de energía, tan seguro de que se pueden cambiar las cosas.

—Aunque no pueda ir físicamente a Cuba, Chula, sí puedo iniciar un movimiento continental de solidaridad. La gente espontáneamente piensa lo mismo, que debemos defendernos de toda injerencia. ¿Se imaginan si yo me hubiera amedrentado con las amenazas cuando la expropiación? Si nos invadían íbamos a quemar los pozos. Y la amenaza fue real, especialmente de los británicos que nunca entendieron que ya no podían hacer nada para recuperar sus minas de oro negro.

Lo que seguía perturbándolo en casa no era la invasión a Cuba, sino la estulticia de la prensa vendida. Por eso presentó la denuncia de hechos ante el subprocurador Óscar Treviño —el procurador no salió a recibirlo—, quien actuó como primer sustituto del ministerio público. El general se sentó a la izquierda y dictó la denuncia:

—Por el diario *Excélsior* de fecha 27 de marzo último me enteré que el Partido Nacional Anticomunista, presidido por el licenciado Mario Guerra Leal, pidió el 25 del mismo mes a la Procuraduría General de la República se me consigne por traición a la patria, de acuerdo con el artículo 123 del Código Penal Federal. La acusación se basó, según la información mencionada, en que a decir del licenciado Guerra Leal, el dieciocho de marzo, a propósito del aniversario de la expropiación petrolera, yo había convocado y organizado una junta en Uruapan, Michoacán, en la que, según se dice falsamente, hice uso de la palabra y ante numerosos testigos y en forma expresa invité a los presentes, incluyendo a los extranjeros, a luchar por cambiar el sistema de vida democrático que rige en nuestro país e implantar un régimen totalitario de tipo comunista. Se pretende crear un clima que impida el libre ejercicio de los derechos ciudadanos y que a la postre comprometa el régimen de derecho que la Constitución establece, por lo que pido que el licenciado Guerra Leal, que no puede comprobar lo dicho en su denuncia, sea llamado a declarar. Las calumnias en mi contra se han agudizado desde que tuvo lugar en México la Conferencia Latinoamericana por la Soberanía Nacional, la Emancipación Económica y la Paz, en la que intervine como orador. Esto pone claramente de relieve que ciertos órganos de la prensa no se limitan a ejercer los derechos que el sistema jurídico del país les garantiza, sino que sistemáticamente abusan de ellos y lesionan los derechos de los demás. Ciudadano procurador, debo hacer de su conocimiento que salgo hoy para Cuba y que tan luego como lo requieran las autoridades regresaré a esta ciudad.

Así concluye la denuncia, con el aviso de su frustrado viaje. El 28 de abril vuelve a Los Pinos. El presidente López Mateos ha accedido de nuevo a recibirlo. Son las siete. Está molesto, sabe que se notará en su tono, que es de suyo comedido. Le pide que se siente luego de estrecharle la mano y darle una palmada en la espalda. El presidente le habla de la situación internacional, de la presión norteamericana y de inmediato, sin que Cárdenas haya introducido el tema, le dice:

—Créame, general, estoy muy preocupado por su anuncio de ir a Cuba. Muy peligroso su viaje.

—¿Peligroso? ¿En qué aspecto, señor presidente? ¿En lo personal? Considero que la vida de un expresidente tiene relativa importancia y no preocupa su final. En el orden político no creo hacerle mal al país. En el caso de Cuba me siento comprometido, obligado a servirle en los precisos momentos en que la aviación y escuadra norteamericanas invaden su territorio. Pero la suspensión oficial de los vuelos de México a Cuba, y aun de México a Mérida, me impidieron trasladarme a aquel país como cualquier ciudadano. Incluso con un aeroplano rentado por mi propio peculio se me impidió abandonar el territorio.

—General Cárdenas, le hubiese sido imposible llegar antes de la aviación y marina enemigas.

—No habría importado, señor presidente, llegando o no hubiera cumplido mi deber de simple ciudadano ante la agresión a un país hermano, y más recordando que fue Cuba el único país que nos auxilió con un barco con mercancías cuando Norteamérica quiso agredirnos económicamente con motivo de la expropiación petrolera.

—No entiende, general, que mi deber es protegerlo del peligro. Y sí, también del peligro político. No se entendería su salida intempestiva sino como consecuencia de una radicalización de su pensamiento.

—Mi salida a Cuba no habría causado daño alguno ni a su gobierno ni a nuestro país. Eso lo ha hecho creer la prensa. Y pláticas de elementos oficiales que han estado espiando mis actividades como si fuera un sedicioso.

—México pasa ahora por una situación difícil, general. Nuestro ingreso por concepto turístico se ha reducido. La campaña en el exterior es muy intensa. Me parece que estamos comprando pleitos ajenos.

—Me parece y se lo digo respetuosamente, señor presidente, que ante todo está primero la solidaridad que debe México en la defensa de la soberanía de los países latinoamericanos, como es hoy el caso de Cuba. La trayectoria de México siempre ha sido defender la soberanía de los pueblos.

—Estamos sorteando un caso muy peligroso, espero lo entienda.

—Hay que confiar en la fuerza moral de los pueblos, no imponérsela.

—Necesitamos para desarrollarnos obtener de nuestros vecinos todo lo que se pueda en beneficio del país.

—¿No sería oportuno recordar las prevenciones de nuestro Benemérito de no comprometer a los países con empréstitos? Nos vamos a endeudar nuevamente más allá de nuestras capacidades.

El presidente alza la voz, visiblemente molesto:

—Eso ya pasó a la historia. Fueron circunstancias de otros tiempos.

—Nunca cambian *esos* tiempos, los de los norteamericanos. Siempre prestan bajo condiciones lesivas. ¿Y además pretenden que nuestro país se calle la boca ante la agresión a un hermano?

—Tal vez no se da cuenta, general —ahora sí manotea en el aire el presidente enojado—, pero se dice que los comunistas lo están encerrando a usted en una madeja peligrosa.

—¿Cuáles comunistas? Si no lo sabe usted, esta campaña proviene de los intereses de los Estados Unidos. Los enemigos de mis amigos, y cuyos enemigos fueron amigos de usted en sus antiguas actividades político-sociales, llegaron a considerarlo a usted mismo comunista. Usted bien sabe que quienes luchamos por el progreso de México y por la defensa del patrimonio nacional no somos desleales al país. Queremos el cumplimiento de los postulados de la Revolución consagrados en la Constitución de mil novecientos diecisiete. Es cierto que el momento es difícil, presidente, no solo para México, para toda Latinoamérica. Usted es el primer magistrado de la nación. No pierda la serenidad, confíe en su propia investidura institucional y no permita se descienda al odio y se recurra a la fuerza en casos que basta la fuerza moral del gobernante para dar solución a los problemas.

El presidente se levantó de la silla, caminó por el despacho con las manos tras la espalda, siempre en silencio. Tal vez cavilaba la respuesta, quizá las palabras no le llegaban para contrarrestar la réplica del general.

Luego, como si no hubieran tenido la plática anterior, le comentó sobre las obras públicas que realizaba en el sur del país y lo invitó de nuevo a su gobierno:

—General, hágame el favor y acepte ser vocal de la Comisión del Balsas. Nadie cómo usted ha trabajado por los sistemas hidráulicos del país.

—Si ingreso a su administración, don Adolfo, la campaña de prensa se intensificará y ahí sí lo salpicaría.

—No lo creo. Pero quizá pueda hacerse cargo de nuevo del partido. El PRI lo necesita, general.

—No soy ya apto para el puesto, señor presidente, estoy muy viejo para dirigir un instituto político moderno.

—¿Le pido que consulte con la almohada lo de la Comisión del Balsas?

A todas luces Adolfo López Mateos prefería tenerlo cerca, controlado. Al fin, cuando se despedía de él, el presidente lo entendió del todo: no era el viaje a Cuba lo peligroso. Era él, Lázaro Cárdenas, quien se había vuelto un peligro para los intereses económicos de los nuevos gobernantes.

Un gobierno que encarcela a sus disidentes es un gobierno débil, inseguro. Recuerda a Trotski, de quien tanto supo por Múgica. No quiso visitarlo en Coyoacán para evitar más maledicencias, pero pensaba ofrecerle una casa en Michoacán para que siguiera sus pensamientos y escritos cuando él saliera de la presidencia. Imaginaba largas conversaciones con el ruso hablando de lo que ambos soñaban: la igualdad del pueblo. Su artero asesinato lo impidió. Por única ocasión en su vida, al salir de la entrevista con López Mateos en Los Pinos, sintió temor de ser asesinado.

Curioso, piensa, que solo hace unos días le dijo a Amalia:

—Quiero que nos entierren en Jiquilpan.

—Yo no, Lázaro. Yo quiero tener mi tumba acá, en la ciudad. Además a ti te van a querer enterrar seguro en el Monumento a la Revolución.

—No los vayas a dejar. La Revolución ha sido pisoteada tanto que lo único que queda de ella es justamente eso, un monumento. Llévame mejor a Jiquilpan.

—Ya dejemos esas pláticas, Lázaro. Estamos muy vivos.

—Tienes razón, Chula.

\* \* \*

—¿Sigue usted en la policía, Filiberto, o ya se pasó al bando de los buenos? —le pregunta Téllez esa tarde de 1961.

—Sigo en este piche oficio de encerrar a los inocentes y dejar libres a los criminales, tiene usted razón, Téllez.

Se habían dejado de frecuentar a mitades de la década de los cincuenta, cuando Téllez aceptó un trabajo como jefe de prensa del entonces gobernador de Tabasco y se llevó a toda su familia a ese estado. Estelita y sus dos hijas. Había sido padrino de bautismo de la primera, Bernardina, hágame el pinche favor, por el nombre del padre de ella. Se las va a mentar cuando crezca, Téllez, pero allá usted y su mala cabeza. Luego un día supo que trabajaba en *El Día*, pero en la página política. La nota roja no los había vuelto a unir.

—Usted sí es famoso, Filiberto, la prensa publicó en grandes titulares su desmantelamiento del que llaman «El complot mongol».

—Suerte de principiante en el espionaje internacional y ojo de buen cubero en saber que los pinches gringos y los pinches soviéticos no son de fiar.

—Ni los pinches chales tampoco.

—Esos menos. Son a toda madre, pero misteriosos como película de Fu Manchú.

—¿Y a qué debo el honor de su llamado, capitán? ¿O ya lo ascendieron?

—Pinches jefes, qué ascensos ni qué aumentos de sueldo. Sigo en lo mismo. En la policía de Gobernación, Güero. Nomás que ahora se llama Dirección Federal de Seguridad. Con el presidente López Mateos tenemos dos jefes, porque hay que reportar al subprocurador de la República, Óscar Treviño Ríos. Un tamaulipeco de lo peor con lo que me he encontrado en mis años de servicio. El mulato se siente gringo. En su despacho tiene una foto del presidente junto a otra de Kennedy. Dicen que trabaja para la CIA, pero váyase a saber. Es muy mal hablado. Cómo será que hasta yo me considero fino a su lado. El método es la intimidación y la tortura, y hay que llevársela por la buena y hacerle caso. Es el verdadero procurador en funciones. Se le ha metido que todos los mexicanos son comunistas, Güero, y que hay que encerrarlos en la cárcel.

—¿Y a eso se dedica, Filiberto, a atrapar comunistas?

—A armar expedientes. Es un paranoico y hay que intervenir conversaciones, grabar a los sospechosos en restaurantes, ir engrosando informes enormes, de miles de páginas, con tontería y media. Con quiénes hablan, a qué hora, de qué temas. Hasta las cuentas de banco revisa. Todos los giros, transferencias, depósitos. Se acabó la vida privada en este país. Qué lástima que ya dejó la nota policiaca, le daría para un libro entero, mi Güero.

—¿Y arriesgarme a estar en el bote, como los ferrocarrileros? Ni madre.

—Pues el pinche subprocurador me tiene desde hace un mes espiando al expresidente Cárdenas, hágame el favor.

—¿Y qué ha descubierto, que es el mismo demonio encarnado, como pensaba Salvador Abascal?

—Nada. Todo de lo más común y corriente. Los mismos amigos y compadres, las mismas costumbres, sus viajes a Los Azufres a bañarse en las aguas termales. Una que otra visita de viejos políticos a los que tengo que llamar *camaradas* para justificar mi empleo.

—Pero los actos del «Tata» Lázaro son públicos, no se anda escondiendo de nadie.

—Por eso, Eduardo, se me hace más absurdo mi trabajo. Espiar a un expresidente que no oculta sus preferencias, que lleva una vida sosegada. La cosa es que ha participado en muchas conferencias y mítines y ha declarado a favor de Cuba. Eso lo ha convertido en el enemigo público número uno del subprocurador y del presidente.

—¿Usted cree? Yo lo veo inofensivo.

—Ellos no. Han alertado de una posible revuelta convocada por el expresidente en Uruapan. Yo estuve en la reunión de colado o infiltrado, como quiera, y nada de lo que dice la prensa expresó Cárdenas. Pero cómo convencer a mis jefes de lo contrario. Me dicen que abra bien los ojos y no deje pasar ni un detalle.

—¿Se reúne en privado con agitadores?

—¡Qué va! Con puros políticos medio quemados. Martínez Corbalá lo acompaña a todos lados. Y da pocas declaraciones, pero cuando habla los pone a temblar.

—¿Habla? ¿La Esfinge? Ahora sí que he estado fuera del ajo.

—¿Se va de juerga conmigo, como en los viejos tiempos, Téllez?

—Si usted invita, acepto.

—Lo invito al Belvedere del hotel Continental. Le va a gustar y se va a olvidar de los tugurios de mala muerte que frecuentábamos hace años. ¿Todavía toma *gin and tonic*?

—¿Hay otra bebida?

Dos semanas después, Filiberto García telefoneó asustado a su viejo amigo:

—¿Conoce a alguien que tenga una buena relación con el general Cárdenas? ¿Alguien íntimo, al que le haga caso?

—¿Pasa algo grave?

—Muy grave, pinche Güero, se lo van a echar.

—Déjeme pensar cómo le hacemos.

—¿Dónde podemos vernos?

—En La Ópera. Lo veo en una hora.

—Ahí estaré.

La premura del capitán Filiberto García no era infundada. Unas noches antes le había tocado participar en un cateo sin orden de juez alguno —las órdenes de hecho las llevaban en blanco— en el domicilio del exgobernador de Baja California, Braulio Maldonado, al que se le acusaba del delito de sedición. En otras épocas eran él y unos cuantos agentes quienes se encargaban de operaciones similares. El subprocurador gustaba del lujo de la violencia. A casa de Maldonado llegaron doce camionetas con parque y estupefacientes para sembrar como evidencia. La operación venía acompañada de periodistas afines al régimen para atestiguar la peligrosidad del indiciado. Rompieron las puertas y comenzaron a amenazar y a gritar. El exgobernador se hallaba con su esposa y una empleada doméstica. Los tiraron al piso y esposaron a Maldonado, llevándoselo a golpes a los separos de la Procuraduría General, donde lo estuvieron golpeando por dos horas, obligándolo a declararse culpable. Se negó a seguirles la corriente a sus captores, a pesar del dolor y las amenazas, hasta que entró Óscar Treviño:

—No has entendido un carajo, hijo de la chingada. O te declaras culpable de todos los delitos que has cometido o te carga el chamuco. Pero antes te vamos a hacer sufrir de verdad. Mira este expediente, es una copia del que tiene el presidente. Son sus órdenes, grandísimo cabrón. No estás con tu amigo don Adolfo. Estás conmigo y es como si te hubieras encontrado al mismísimo diablo. O cantas o te lleva la chingada.

—No tengo idea de qué habla, licenciado, ni qué se me imputa. Soy un ciudadano retirado de la política y un antiguo revolucionario y servidor público.

—Eres un comunista sedicioso planeando el levantamiento armado en el país, junto con tus cómplices. No lo niegues o te parto toda tu pinche madre.

Pidió que los agentes, entre ellos Filiberto García, lo golpearan con dureza en las partes blandas, que lo patearan. Braulio Maldonado no parecía un exgobernador, sino un vulgar criminal retorciéndose en el suelo.

—Esto lo hago con consentimiento y a nombre del propio presidente de la República. Es tu última oportunidad, malnacido, de decirnos la verdad. ¿Estás al servicio de Fidel Castro y de Nikita Kruschev?

—No tengo idea de lo que habla, licenciado. Le juro…

—Me jura tu chingada madre. Mira tu expediente —le enseñó un pesadísimo legajo de papeles—, aquí tengo todo el proceso ya iniciado en tu contra por órdenes expresas del ciudadano presidente de la República. Y los delitos que has cometido, particularmente el de disolución social, no lo va a tumbar nadie. Te lo digo porque yo soy abogado. No estás tratando con tu amigo el licenciado López Arias, estás tratando con tu peor enemigo, grandísimo cabrón.

Lo volvieron a golpear.

—¿Está implicado el expresidente Cárdenas en tu alzamiento?

—¡Está usted loco, licenciado! Hace años que no hablo con el general Cárdenas, que es un patriota de verdad. Además ni él ni yo estamos planeando levantamiento alguno.

—Él ha llamado a destruir el sistema democrático de este país y a sustituirlo por el comunismo. ¿Te vas a hacer pendejo que no lo sabes?

—Nunca he oído declarar al general Cárdenas tal cosa. No lo imagino actuando en contra del gobierno de la República.

—¡Hazte pendejo! —el propio Treviño Ríos le dio dos patadas en las costillas que lo hicieron revolcarse.

La intervención, dos días después, de un general de división amigo suyo, de quien Filiberto no supo el nombre, lo sacó del aprieto, pero lo hizo enterarse de que el siguiente en la lista negra era el propio Cárdenas. García escuchó la conversación:

—Tienen un expediente como el tuyo, pero más voluminoso, que ya han entregado al presidente. El problema es que el general

Olachea está involucrado y han pedido la anuencia del presidente López Mateos para ejecutar su plan.

—¿Su plan?

—Un atentado en contra del general Cárdenas. Hacerlo parecer un accidente. A ti, Braulio, te quieren alebrestado y que te vayas al monte y de verdad te levantes en armas para perseguirte como una presa salvaje y acusarte con razón de comunista y sedicioso. Traidor a la patria, vamos.

Filiberto había visto, alertado por la conversación, el expediente contra Cárdenas. Era cierto. Se lo querían echar. El plan tenía incluso un nombre estúpido y obvio, *Operación Tarasca*.

Ahora tenía que decírselo a Téllez con la esperanza de que pudiera, él o sus amigos, alertar al general. A él quién carajos le iba a creer una cosa tan macabra. A las cinco llegó el Güero a La Ópera. Pidieron caracoles. De beber, Téllez su ginebrita y él un menjul. Le encantaba cómo los preparaban ahí, tan ricos como en Córdoba. Se dijeron salud y chocaron las copas y otra vez salud, esas pendejadas entre dos hombres que lo que desean es darse un fuerte abrazo, pero no pueden por temor al qué dirán.

Filiberto le contó todo lo que había visto y oído en el arresto a Braulio Maldonado. Le comentó acerca del expediente y del posible ataque en contra del general.

—¿Se sabe cuándo puede ocurrir?

—Solo están esperando el beneplácito del presidente, quien según parece está harto de la defensa que el general hace de los líderes ferrocarrileros.

—¿Y cuándo es la cita con López *Paseos*?

—El lunes es el acuerdo con el presidente. Olachea y Óscar Treviño llevan todo con la esperanza de que les den el visto bueno.

—Le voy a hablar a Paco Martínez de la Vega, él tiene derecho de picaporte con Cárdenas. A ver qué puedo hacer. Si el lunes el presidente lo aprueba, ¿cuándo se lo escabechan, como dice usted, capi?

—Antes de que termine abril.

Fue entonces que vino la invasión de Bahía de Cochinos, el intento de irse a Cuba a luchar por la revolución. Martínez de la Vega le comentó lo que había escuchado de los labios alarmados del Güero Téllez, en quien confiaba plenamente.

—Así que me piensan matar. ¡Que se atrevan!

—No sea temerario, general. Lo mejor es que se vaya un tiempo del país. Estos están locos y sirven al gobierno norteamericano. Tengo información de que el subprocurador es agente de la CIA, empleado de ellos. Y váyase a saber si el general Olachea también. Así que este no es un asunto interno, por lo que puedo entender le han pedido su cabeza a López Mateos. ¿Se ha enterado de que les quería permitir usar Campeche para la invasión de antier a Cuba?

—No tenía idea. Han salido de Guatemala, ¿no?

—La presión pública. El general es un timorato. Usted debería irse del país o intentar hablar con él y calarlo de veras.


No hubo necesidad. El 28 de abril, después de despachar al viejo general Cárdenas, el presidente López Mateos recibió al general Olachea en Los Pinos. El militar tenía la esperanza de recibir el beneplácito del presidente para sus planes de eliminar al agente comunista Cárdenas, como lo llamaba en privado. Su sorpresa fue enorme y no pudo guardar la calma cuando el presidente se negó a ejecutar el plan del secretario de la Defensa.

—Todavía no, Olachea. Todavía no.

—¿Y entonces cuándo? Ahora tenemos todo a nuestro favor, después de lo que ha declarado a la prensa y su participación con los estudiantes en el Zócalo a favor de Cuba. Nadie nos va a culpar, señor presidente.

—Se lo digo con toda claridad, todavía no es tiempo de eliminar al general Cárdenas. Guarde usted su expediente.

Filiberto García se enteró dos días más tarde de lo ocurrido en Los Pinos, gracias a un teniente coronel que había conocido en San Luis en la época del levantamiento de Cedillo y que trabajaba con Olachea. Volvió a telefonear a Téllez:

—Por ahora se han frustrado los planes contra el general. El presidente no está de acuerdo en quitárselo de encima. ¿Martínez de la Vega le avisó al Trompudo del plan para eliminarlo?

—Sí, pero al general no le importó. Siguió en lo suyo y en sus planes de irse a Cuba. Aunque si leyó la prensa sabe que el presidente no lo va a dejar salir de México. Están cancelados todos los aviones a Cuba y a Mérida.

—Menos mal, Téllez. La pinche Revolución tiene un respiro. La salvamos.

—No, querido capitán. La Revolución está difunta, bien muerta. La Revolución solo existe en los libros de *Historia Patria*.

—¿Me acepta una copa esta noche, Güero?

—¿Una sola? ¿Por qué tan codo? Mejor yo invito.

# Apunte final

Carlos Fuentes le hace decir a Manuel Zamacona en *La región más transparente*: «La Revolución. Sí, ese es el problema. Sin la Revolución mexicana, ni usted ni yo estaríamos aquí conversando de esta manera; quiero decir, sin la Revolución, nunca nos hubiéramos planteado el problema del pasado de México, de su significado, ¿no cree usted? Como que en la Revolución aparecieron vivos y con el fardo de sus problemas, todos los hombres de la historia de México... Pero si la Revolución nos descubre la totalidad de la historia de México, no asegura que la comprendamos o que la superemos. Ese es su legado angustioso, más que para ustedes, que pudieron agotarse en la acción y pensar que en ella servían con suficiencia, para nosotros». Estas palabras me han guiado en la búsqueda que me acompañó durante la escritura de esta novela, quizá porque ningún presidente encarnó a la Revolución mexicana con la pasión y la fe en su utopía como lo hizo Lázaro Cárdenas. Ningún otro presidente, por otro lado, dedicó tal cantidad de tiempo y páginas a dejar constancia de su paso por la tierra. En 1972 Gastón García Cantú y su hijo Cuauhtémoc publicaron en la UNAM los cuatro tomos de sus esenciales *Apuntes*, a los que se agregó un tomo curioso de diario inicial, medio críptico pero exquisito, conocido como *Anexo*, que agrupa las memorias infantiles y de adolescencia. Todos sus discursos públicos e intervenciones fueron publicados por Siglo XXI en tres copiosos tomos y su epistolario, igualmente voluminoso, salió a la luz posteriormente en la misma editorial. Si uno revisa la bibliografía inicial sobre su legado fácilmente distingue entre el hagiógrafo —Townsend—, el biógrafo —Benítez— y el historiador sintético —Luis González y González—, pero todos abrevan casi sin mencionarlo de Alfonso Taracena y su imprescindible *Crónica de la Revolución mexicana*, seguida de *La Revolución desvirtuada*, que posteriormente Porrúa, en 1992, pondría en circulación en once apretados tomos llamados *La verdadera Revolución mexicana*. En su crónica casi diaria, Taracena *atrapa* los años que cubre y nos narra pormenorizadamente las polémicas, las diatribas, la prensa vendida y opositora con buena pluma y feroz vasconcelismo. La crónica de Salvador Novo sobre la época, antologada por José Emilio Pacheco en *La vida en México en el periodo presidencial de Lázaro Cárdenas*, es esencial para reconstruir el periodo.

A los imprescindibles tres tomos de Fernando Benítez: *Lázaro Cárdenas y la Revolución mexicana*, el de Luis González en su *Historia de la Revolución mexicana 1934-40* dedicado a *Los días del presidente Cárdenas*, seguido de los que él mismo coordinó de Alicia Hernández Chávez: *La mecánica cardenista*, y del propio historiador de San José de Gracia en el volumen que titula *Los artífices del cardenismo*, hay que sumar la clásica biografía de William Cameron Townsend: *Lázaro Cárdenas: demócrata mexicano*, y la muy cuidada de Enrique Krauze en sus Biografías del Poder que titula, en un nada velado homenaje: *El general misionero: Lázaro Cárdenas*. Roberto Blanco Moheno, además de su novela *Nos han dado la tierra*, logró plasmar a manera de crónica su apego por el personaje en dos libros: *Tata Lázaro* y *El cardenismo*. Su anunciado tomo *El anticardenismo* nunca vio la luz. Existe una curiosa *Biografía ilustrada* de Gustavo Casasola y otra breve de la Comisión Nacional para las celebraciones del 175 Aniversario de la Independencia Nacional y 75 de la Revolución Mexicana, publicada por el entonces llamado Instituto de Investigaciones Históricas de la Revolución Mexicana. Los libros de memorias de John W. F. Dulles: *Ayer en México* y de Josephus Daniels: *Diplomático en mangas de camisa*, me permitieron contrastar la visión norteamericana, pero el lado humano del personaje solo pude conseguirlo gracias a las memorias de Amalia Solórzano de Cárdenas: *Era otra cosa la vida* y a las conversaciones de esta interesante mujer con Luis Suárez: *Cárdenas, retrato inédito*.

El gran intérprete de su sueño imposible es, claro, Adolfo Gilly: *El cardenismo, una utopía mexicana*, pero también con su menos leído *La revolución de madrugada* y sus *Cartas a Cuauhtémoc Cárdenas*, ha contribuido a esa imagen más compleja del general. Igual le debemos una lúcida interpretación de su política obrera a Arnaldo Córdova: *La política de masas del cardenismo*.

Eitan Ginzburg ha abordado con esmero el periodo entre 1928-1932 en su *Lázaro Cárdenas, gobernador de Michoacán*. No tan fiable, pero interesante por su furibundo anticardenismo, es el libro de Victoriano Anguiano Equihua: *Lázaro Cárdenas, su feudo y la política nacional*, con un prólogo iracundo de Vasconcelos, o el polémico ensayo de Marjorie Becker: *Setting the Virgin on Fire: Lázaro Cárdenas, Michoacán Peasants, and the Redemption of the Mexican Revolution*, y la reflexión también local de Salvador Pineda incluida en su *Morelos, Ocampo, Cárdenas: tres caras de Michoacán*.

Para el exilio republicano he leído más de treinta libros, pero me quedo con dos: *De la posrevolución mexicana al exilio republicano español*, coordinado por Mari Carmen Serra Puche, y el excepcional trabajo de Mario Ojeda Revah: *Mexico and the Spanish Civil War: Political Repercussions for the Republican Cause*. Sobre la llegada de Trotski a México y su asesinato, el clásico de Olivia Gall: *Trotsky en México y la vida política en tiempos de Lázaro Cárdenas (1937-1940)*, la enorme novela de Leonardo Padura: *El hombre que amaba a los perros*, y el libro de José Ramón Garmabella sobre el médico forense Alfonso Quiroz Cuarón, del mismo título, me fueron imprescindibles. El levantamiento de Cedillo conoce en el libro de Carlos Martínez Assad: *Camino de la rebelión del general Saturnino Cedillo*, a su mejor historiador hasta la fecha. Rosalina Estrada fatigó en su memoria una visita a Juan Gutiérrez, el líder ferrocarrilero, y me consiguió la transcripción que está recogida en los *Cuadernos del CIHMO*, de mi alma máter. Gloria Tirado, en ese congreso con los viejos ferrocarrileros, escuchó y conservó el testimonio de uno de los métodos favoritos del presidente Cárdenas para resolver los conflictos y la pincelada está incluida en esta novela que, aunque plenamente basada en la información documental, aspira a la autonomía del arte, a sostenerse por sí misma como un relato sobre la última época en que un gobernante y un pueblo, así fuera efímeramente, creyeron que nuestro país estaba llamado a hacer justicia a la mayoría y distribuir mejor su riqueza. El excepcional e insuperable estudio de Silvia González Marín: *Prensa y poder político. La elección presidencial de 1940 en la prensa mexicana*, me sirvió muchísimo al imaginar los últimos meses del sexenio cardenista.

La parte policiaca de esta novela política le debe también a Garmabella la lectura de su *El Güero Téllez, reportero de policía*, la mejor recopilación de nota roja de los años treinta, un periodo poco estudiado. El clásico libro de Pablo Piccato: *Ciudad de sospechosos* termina en 1931, y el libro sobre la nota roja de Monsiváis empieza en 1940. Quien en esta novela se llama Eduardo Téllez es, sin embargo, un personaje de ficción libremente construido sobre el periodista del mismo nombre. No tiene nada que ver, sin embargo, con el verdadero, aunque investigue alguno de sus casos. Mi Güero Téllez, por ende, puede ser amigo de otro personaje que solo existe en la ficción, Filiberto García. Gracias a Bernardo Fernández, Bef, quien realizaba un homenaje a Rafael Bernal, pude incluir en *¡Esto es un complot!*, un cuento que aquí ha sido reelaborado y que me permitió pensar, desde el principio, que el detective de esta novela (suerte de precuela de *El complot mongol*) sería Filiberto. Agradezco a los herederos de Rafael Bernal el permitirme usar al detective que, si seguimos la novela original, asesinó a un general villista y vivió en San Luis en la época de Saturnino Cedillo, como ocurre en las páginas de esta novela en la que es, además, discípulo del gran detective mexicano —ese sí de carne y hueso—, Valente Quintana. Debo a las *Memorias de Valente Quintana,* publicadas originalmente por Carlos Noriega Hope en *El Universal*, el feliz hallazgo de uno de los libros fundamentales para entender a la policía mexicana y a este curioso detective que, una vez fuera del gobierno —le había tocado en su famosa y larga carrera no exenta de periodos en la cárcel de Belén interrogar a León Toral después de la muerte de Obregón—, puso la primera agencia de detectives privados en México y una escuela. El estudiante graduado recibía —es cierto— una lupa y una gorra réplica de la de Sherlock Holmes. También David García Salinas con la serie que entregó a *Populibros La Prensa, Crímenes espeluznantes, En la senda del crimen, La mansión del delito, El capitán fantasma*, entre otros, me permitió abrevar de las formas sensacionalistas que el reportaje de nota roja iba adquiriendo en un país donde la violencia poco a poco se convertía en forma natural de convivencia.

El ambiente de los tugurios de la Ciudad de México de la época pudo ser reconstruido gracias al delicioso libro de Armando Jiménez —el mismo autor de la célebre *Picardía mexicana*— *Sitios de rompe y rasga*. El historiador Ricardo Pérez Montfort consiguió tratar el tema de la droga y la prohibición en la posrevolución y el cardenismo con un celo de archivista único en su libro: *Tolerancia y prohibición: aproximaciones a la historia social y cultural de las drogas en México, 1840-1940*.

Las historias policiacas de esta novela ocurren, salvo alguna que el lector sabrá encontrar, exactamente en el mismo tiempo en el que sucedieron afuera de estas páginas. Una historia paralela del crimen en nuestro país —y de la policía— aún está por escribirse. Solo quiero, como en las películas, terminar la historia trágica de María Elena Blanco en estas páginas finales. Quien me ha seguido hasta aquí, de todas formas, sentirá curiosidad por la *vida real* de una novela documental. Una vez juzgada y encontrada culpable ocupó la celda 16 en Lecumberri, junto con la famosa Chole, la Ranchera y la reciente asesina y presunta princesa, Concetta de Nigeratzi. El Escuadrón de la Muerte engrosaba sus filas. María Elena amistó con Ana Saavedra, otra mujer que había asesinado a su marido.

Su novio, recluido en la crujía F, Gonzalo Ortiz Ordaz, realizó semanalmente su visita conyugal hasta que encontró la muerte a manos de uno de los internos traficantes de droga con el que quiso competir por el control de estupefacientes en el penal. María Elena Blanco escapó de prisión a finales de 1940, pero fue encontrada en casa de uno de los celadores, quien se había enamorado de ella: Augusto Manjarrez. Finalmente se casó con el cartero de la cárcel, Antonio Rangel, y fueron trasladados a las Islas Marías a petición de la mujer, quien quería vivir con su nuevo marido. Pero en aquel penal se encontraba Óscar Bazet. A la semana de haber llegado murió el cartero víctima de la malaria. Bazet fue liberado el 25 de agosto de 1952, por buena conducta. María Elena, o Esperanza, envejeció en las islas, sobrevivió al terremoto de 1960 y murió enamorada de Gonzalo Ortiz, cuyo nombre repitió en la locura, quizá senil, de las terribles Islas Marías.

El historiador Víctor Macías me puso en la pista del edificio Ermita y me recomendó las hermosas memorias de Concha Méndez dictadas a su nieta Paloma: *Memorias habladas, memorias armadas*. A él le debo también la anécdota travesti de Salvador Novo —Adela— y los capitanes de la Escuela Militar, que se convierte aquí en otra nota roja. También me sirvieron mucho el libro de Ageeth Sluis: *Deco Body, Deco City, Female Spectacle and Modernity in Mexico City, 1900-1939* y los volúmenes sobre vida cotidiana en México coordinados por Pilar Gonzalbo, particularmente el tomo V, volumen 1, *Campo y ciudad*, coordinado por Aurelio de los Reyes, y el volumen 2, *La imagen, ¿espejo de la vida?* Amelia M. Kiddle coordinó el volumen *Populism in 20th Century Mexico. The Presidencies of Lázaro Cárdenas and Luis Echeverría*. Estoy de acuerdo con lo que dice Cuauhtémoc Cárdenas en el prólogo: es un error acusar al general de populista. Era otra cosa el cardenismo. Una utopía, una cierta reorganización del caos posrevolucionario, pero compararlo, como han hecho muchos, con Perón, es un error que impide indagar en la especificidad cardenista.

Fernando Carmona coordina un libro importante, *Vigencia del cardenismo*, que junto con los tres volúmenes coordinados por Ricardo Pérez Montfort: *Lázaro Cárdenas, modelo y legado*, inician una revisión historiográfica del periodo y del hombre. En esos últimos libros el trabajo de Adolfo Gilly: *Una cierta idea de México. Presencia, nostalgia y persistencia del cardenismo*, el de Alan Knight: *La última fase de la Revolución: Cárdenas*, el de Eitan Ginzberg: *El retorno de la ideología: la presidencia de Lázaro Cárdenas 1934-1940*, y el de Javier Garciadiego: *La oposición de las clases medias al cardenismo: el contexto en el que nace Acción Nacional*, me fueron fundamentales. Para ese periodo final de la *derechización* del país conté además con el catálogo de la exposición del Museo del Estanquillo: *Dos miradas al fascismo. Diego Rivera y Carlos Monsiváis*, curada por El Fisgón. De él mismo *La raíz nazi del PAN*, y el libro de Ricardo Pérez Montfort —multicitado amigo e historiador espléndido— *Por la patria y por la raza: la derecha secular en el sexenio de Lázaro Cárdenas*, son centrales.

Más de treinta libros sobre la expropiación —y un tanto mayor de artículos sobre temas específicos—, se coronan aún por dos. El imprescindible trabajo de uno de los miembros de la comisión,

Jesús Silva Herzog: *Historia de la expropiación de las empresas petroleras*, publicado en 1964, y el clásico de Antonio Rodríguez: *El rescate del petróleo*. De la misma manera, el caso del reparto en Yucatán se benefició enormemente por el trabajo del propio Antonio Rodríguez: *El henequén, una planta calumniada*, y por el ensayo de Marie Lapointe: *La reforma agraria de Cárdenas en Yucatán, 1935-1940*. La hemeroteca —digitalizada— de *El Siglo de Torreón* y el delicioso volumen de José Reyes Pimentel: *Despertar lagunero*, libro que relata la lucha y triunfo de la Revolución en la comarca lagunera, de septiembre de 1937, me permitieron narrar más cercanamente ese reparto pionero. *En el principio fue La Laguna* y las fotos de Enrique Gutmann me ayudaron a entender su epopeya.

El último capítulo de esta novela ha seguido lo contado por Braulio Maldonado en su *De las cosas que me contaron y de las cosas que me sucedieron*, y por el espléndido trabajo de Renata Keller: *Mexico's Cold War. Cuba, the United States, and the Legacy of the Mexican Revolution*, así como el de María Emilia Paz: *Strategy, Security and Spies. Mexico and the U.S. as Allies in World War II*. El periodo justamente anterior vio la luz gracias a un curioso volumen del general de división Pedro J. Almada: *99 días en jira con el presidente Cárdenas*, y a las breves memorias de Francisco J. Múgica: *Estos mis apuntes*. Antonio Mendoza Tabares, uno de los libreros de viejo más eficaces y amables, me consiguió a lo largo de estos años en Guadalajara algunos valiosos ejemplares que ni siquiera el gran sistema de préstamo bibliotecario de Estados Unidos y de mi universidad, Tufts —con sus excepcionales bibliotecarios—, lograron proveerme. A él también se deben buena parte de los descubrimientos únicos de esta novela documental.

En una cena reciente con el nuevo cónsul de México en Boston, Emilio Rabasa Gamboa, platicamos de la novela cuando estaba realizando su revisión final. La anécdota sobre Manuel Ávila Camacho en Chiapas y la participación de su abuelo —director jurídico de la Secretaría de Hacienda en los tiempos de Eduardo Suárez—, quien redactó la respuesta mexicana al posible amparo de las compañías extranjeras utilizando la jurisprudencia norteamericana, fueron hallazgos que pude incorporar finalmente. Y es que una novela como esta se va haciendo no solo de lecturas, sino de largas charlas. Las que tuve con Ignacio Sánchez Prado y Adela Pineda —en cuya casa cené también hablando de lo mismo con Pablo Piccato—, y las conversaciones digitales con Alberto Castellanos, Sonia Kosegarten y sobre todo con Ivonne del Valle —en Berkeley— cuando armábamos un libro de ensayos que buscaba revisar el mismo periodo del que yo me ocupaba en la novela, fueron esenciales. Ese libro aparecerá casi al mismo tiempo que esta ficción política y policiaca, ficción documental. En el volumen *académico* pude continuar la conversación que estas páginas buscan con Tanalis Padilla sobre las normales rurales, con la propia Olivia Gall, Juan Moreno, Bruno Bosteels, Samuel Steinberg, John Ackermann, Horacio Legrás, Marco Calderón Mólgora y Lorena Ojeda, y su estudio de los *indigenismos* cardenistas; eso y la revisión del reparto en forma no de ejido sino de pequeña propiedad en la colonia Anáhuac que hace Cristina Rivera Garza —a quien le he venido escuchando espléndidas conferencias sobre Revueltas y Cárdenas— fueron tremendamente estimulantes.

Por supuesto agradezco a mis editores, Gabriel Sandoval y Carmina Rufrancos, con quienes he mantenido un diálogo de más de una década que ha sido fundamental para mi escritura y mi concepción de la literatura mexicana y de la novela como género en pugna con el mercado y los fieles lectores que quieren *otra cosa*. Luis Carlos Fuentes ha trabajado con precisión y meticulosidad dentro de sus páginas y su trabajo ha mejorado mucho este manuscrito. Porque una novela como esta requiere el concurso de muchos amigos a lo largo del orbe: Jesús Ramírez Bermúdez, excepcional neurólogo, me puso en la pista del reciente libro de Andrés Ríos Molina: *Cómo prevenir la locura. Psiquiatría e higiene mental en México, 1934-1950* (y me envió un capítulo central por correo); Mario Casasús, desde Morelos, me envío un par de datos sobre Greene y Neruda; Raúl Bueno, en Hannover, me consiguió en un santiamén, como escribiría Téllez, las memorias de Concha Méndez, y utilizó generosos fondos para un retiro de escritura cuando lo único que necesitaba era silencio; Diana Isabel Jaramillo, cuyos ojos entrenados en la novela histórica son fieles testigos, me ayudó a entender la época de la expropiación. En ocasiones el escritor deja ya de mirar de tanto ver, por eso su colaboración y la de Felipe Lomelí, quien me contó una anécdota que aunque no incluí en la novela por el prurito de la simetría estética, fueron imprescindibles para volver a observar desde cierta distancia crítica. Y finalmente para los Búhos, con amor, por su paciencia.

Tolstói, el gran ironista, sabía que la historia era un buen reducto para sus ficciones. Y se puso a especular con sus *Apuntes de Sebastopol*. Pero también se puso a pensar. Y llegó a una teoría de la *vida*, primero, de la que se puede desprender una filosofía de la *historia*. La vida real es repetitiva, como la novela. Los sucesos de una vida no significan nada, son *insignificantes*. Nosotros diríamos que son significantes e insignificados. Escribe el viejo conde que mientras Napoleón y el zar discutían matrimonios diplomáticos «...la vida —la vida real, con sus intereses esenciales en la salud y en la enfermedad, en el juego y en el descanso, sus intereses intelectuales en la ciencia y el pensamiento, en la poesía, la música, el amor, la amistad, el odio y las pasiones— transcurría como siempre, de forma independiente y separada de la amistad política o la enemistad con Napoleón Bonaparte».

No se trata de contar la Historia, con mayúscula, pues esta no existe así para quienes la viven. Se trata de estudiar, en la psicología de los personajes y en sus elecciones (qué otra cosa es la vida que elegir), cómo los sucesos históricos modifican, trastornan, viran para un lado u otro las vidas de los seres humanos que poblamos la tierra y las páginas de los libros. Sofía Tolstói —que se tomaba en serio a su marido, pero no tan en serio como sus discípulos religiosos finales, los tolstoianos— cuenta en su diario cómo al terminar de leer *Un viaje sentimental*, de su adorado Lawrence Sterne, Lev se asomó a la ventana, asombrado por lo que ocurría en la calle: «Ahí viene un panadero. ¿Qué tipo de persona será? ¿Cómo será su vida? Allí atrás corre un carruaje, ¿quién vendrá dentro? ¿Adónde irá sin pensar en nada particular? ¿Quién vive en esa casa de más allá? ¿Cómo será la vida dentro de ella? ¡Qué interesante sería describir estas cosas, qué interesante libro podría resultar de ello!». *Voina i Mir, Guerra y paz,* es su respuesta. Está llena de digresiones, como el *Tristram Shandy*. Se detiene, cambia de tema, se repite incansablemente. La Vida Real no avanza de forma continua —la continuidad histórica es también una ilusión, por cierto—, se detiene caprichosamente.

Da la vuelta, no toma en cuenta las señales de tránsito. A la Vida Real no puede entendérsela. No es por ello papel de la novela el conocimiento, sino la experiencia. Y solo se experimenta, en literatura, el desastre. Tolstói escribe no una novela sobre la historia, sino sobre la ignorancia; ese es el gran tema de la novela histórica. Puesto que sus protagonistas no pueden ser autoconscientes. Son seres humanos viviendo sus vidas.

En mi diálogo con Samuel Steinberg —en vivo y en su escritura— encontré también a un Lázaro Cárdenas incipiente crítico literario. Resulta que cuando aparece *La muerte de Artemio Cruz* le escribe a Carlos Fuentes: «Gracias por el envío de su novela más reciente, la que he leído con el mismo interés que las anteriores, encontrando en esta también una profunda interpretación de los sentimientos y de la actividad ante la vida de los seres que se desenvuelven en los distintos medios que usted describe en sus novelas con tanta fidelidad. Además de sus reconocidas cualidades como escritor, me parece que la fuerza de sus novelas reside en la intención revolucionaria que proyectan, unida a la fina sensibilidad del intelectual estrechamente ligado a la vida de su pueblo y la inquietud del joven escritor que busca una nueva y vigorosa técnica literaria. Esperamos con interés creciente sus nuevas obras literarias que hacen honor a México, aquí y en el extranjero».

Tata Lázaro, el hombre de carne y hueso y el personaje de ficción de esta novela, nunca dejará de asombrarnos.

*Jiquilpan-Boston-Guadalajara-Nueva York-Hanover*
*2013-2016*

# ÍNDICE

DESPUÉS
1961